周曉安著述

幻廬佛學著述二種

中華書局

弁言

世尊臨入涅槃，悲憫衆生，諄囑修身、修戒、修心、修慧，重罪輕報，得到解脫。佛言：「一切衆生，凡有二種：一者有智，二者愚癡。若能修習身戒心慧，是名智者。若不能修身戒心慧，是名愚癡。……不修身者，不能深觀是身無常、無住、危脆，念念滅壞，是魔境界。不修戒者，不能具足尸波羅蜜。不修心者，不能具足禪波羅蜜。不修慧者，不能具足般若波羅蜜。」

本書三種，一心性悟修論，二幻廬隨筆，三修學精華錄，係以修習身戒心慧爲主，並及淨土法門。此三種，本均編入獅子吼文庫，分別出版；其一二兩種，且已再版出書。現由臺灣中華書局彙編印行，名曰「幻廬佛學著述三種」。爰先撮要，略舉其內容如後：

一、心性悟修論

諸佛如來，昔本悟修心性，圓成正覺。我輩凡夫，從眞起妄，長在輪廻，經無量刼，不得眞淨。楞嚴經直說病根，佛曰：「此等衆生，不識本心」；又曰：「諸修行人不能得成無上菩提，乃至別成聲聞緣覺，及成外道、諸天魔王、及魔眷屬，皆由不知二種根本，錯亂修習。」（二種生死根本，此段經文長，從略。簡要言之，一、「衆生用攀緣心爲自性者」。便是妄認六塵緣影爲自心。二、「識精元明，能生諸緣，緣所遺者」，上二句可知，下一句便是諸緣既起，卽爲物轉，失却了本心。）因此，不揣愚昧，作此「心性悟修論」，在心性悟修上，依教作一有系統之報告；從而闡述同歸一心，本來面目，眞如不變隨緣圖表，眞心妄心，修空談空有，信解行證，眞悟眞修，修心修慧等。

佛一代時教，以說華嚴始，說涅槃終。佛於般涅槃時開示秘密藏，說一切衆生悉有佛性，三因卽正因緣因了因，人人可以修行成佛，暢演常樂我淨及大涅槃之至理。本論第十四章，特予闡述，並列舉佛說見性成佛之法門多種。

本論再版本，今酌加修整、補充及改編。第七章改爲「信解行證」。第八章改爲「眞悟眞修」，分二節：一、悟與修，二、自性自度。此章攸關行者之眞悟眞修，因地不眞，果招紆曲，故至爲重要，今重行改作，補充材料特多。又原書有關心性之「附錄」三篇，今均編入正文，增列：「第十一章因地法行」，「第十二章不立文字」，「第十三章金剛經的四句偈。」原第十章結論，改爲第十五章。其他略有修整處，不贅述。

二、幻廬隨筆

本書選集多年來獅子吼月刊所刊曉安之新舊作二十四篇。其重要者，如：㈠佛說空義與弘修般若」。此文引證大般若經，略釋佛說空義，因而談及凡夫、二乘、邪見人之種種病，菩薩則悟眞空妙有，我法雙空，以及般若要旨，修各種空觀等。㈡「色卽空、空卽色——從一對聯句說起」。約緣起性空說，性上說，相上說，最後則色空不二，諸法實相。㈢「修十想法能得涅槃」。此爲佛臨入涅槃所開示之法門，修此能得涅槃，出離生死。㈣「十二因緣名爲佛性」。此佛金口所宣，明載大涅槃經，詳述諦觀十二因緣，有四種智，卽是下智、中智、上智、上上智。世尊在菩提樹下，以上上智，逆順諦觀十二因緣而破無明，成佛道。可見十二因緣雖爲小乘，實通大乘，堪以糾正一般之錯誤觀點。

他如：「學佛八種人」，「佛教因果論」，「衆生被一個我字困縛着」，「衆生十重迷悟」，「孝道——中國文化之實質」等篇，不具述。

三、修學精華錄

本書係曉安二十餘年來修學佛道時所作札記之一部份，選集各種經論之精華，以及古今大德的著作或開示之要旨。全書共選集二百八十二則。凡性質相同者，併編一起，俾集思廣益，便於參究。故在一個標題之下，常有選集多則者。如第三類學佛法要，(玖)發菩提心，集十則；第十類淨土，(捌)念佛法門，集十六則，餘不贅。其中頗多錄自滬港兩地書刊，而爲臺灣所未見者。全書共分十類，如佛教史略，佛教宗派，學佛法要，佛教五乘，心性，唯識，修戒，修定，修慧，淨土。所集內容，詳見目錄，讀者按圖索驥，一目了然。

此次，本書又就初版本，增選下列材料，以供同修：（一）第二類，佛教宗派，「宗門教下不可支離」一則；（二）第三類，學佛法要，「兩種無明——根本、枝末」一則；（三）第四類，佛教五乘，「讀經閱經的方法」一則；（四）第八類，修定，「坐禪須知」一則；（五）第九類，修慧，「對治心疾——人我法我」，「般若不可失一句」，「邪見人自誑其身」，「見道」四則；（六）第十類，淨土，（捌）念佛法門，「事持」，「理持」，「往生須知」，「往生障礙實例」四則。

茲值「幻廬佛學著述三種」出版伊始，爰略述其因緣及內容，弁於卷首，以明梗概。

中華民國六十一年十月，後學菩薩戒優婆塞周曉安，序於幻廬，時年七十有三。

幻廬佛學著述三種總目次

心性悟修論

心外無別法

大道和尚書

（嵩山少林寺藏）

心性悟修論自序

三界唯心，萬法唯識。三藏十二分教（舊稱十二部經），無論大小、權實、頓漸、偏圓等無量法門，其所詮眞理，皆不出心性之外。各大乘了義經中，佛所說法，尤以心性爲主，印菩薩以實相法印。

我輩凡夫，無始來攀緣塵境，迷失本眞，妄以「六塵緣影」爲自心。雖終日行，而不自覺，以致枉受輪轉。惑業苦三，如「惡叉聚」，一枝三果，生必同聚。漫漫長夜，浩刼受苦。世尊大悲，雨大法雨，演大法義，令衆生出離「火宅」，了脫二種生死，直下成佛。此是世尊出世之本懷。一人出世，衆生蒙益。楞嚴會上，佛告阿難尊者：「我今度汝，已出生死。汝遵佛語，名報佛恩。」

經云：「修多羅教，如標月指。若復見月，了知所標畢竟非月。」（見圓覺經）佛說經教，如以手指，直指明月，教衆生觀月。觀月，實卽觀心。但指不是月，必須明辨。衆生因指觀月，實卽因教觀心。佛證此心，所以通常稱佛法爲心法，佛經爲內典。依文字般若，起觀照般若，然後證實相般若。所謂觀照般若，便是觀照實相妙理之智慧，亦卽是觀察心性，究事觀理之智慧。我輩凡夫，未悟以前，須依文字，研究妙理。菩薩摩訶薩求正法時，一文一字，一句一義，生難得想，乃至極少爲於一字，五體投地。半偈亡身，一句投火，可爲明證。但既悟以後，二六時中，行住坐臥，常當觀心，勤斷無明，自見本性，見性成佛。佛說法如筏喻，四十九年，不着一字。故曰：「若復見月，了知所標畢竟非月。」修學佛道，最重修證。佛一代教門，要在觀心。如圓覺經之「圓照清淨覺相」及三種法門（奢摩他、三摩鉢提、禪那）等。此外，又如天台宗之一心三觀（空、假、中）等，亦然。達摩大師，來自天竺。在嵩山少林寺面壁九年，終日默然。此種「壁觀」，即是觀心之一種。故曰：「外息諸緣，內心無喘，心如牆壁，可以入道。」實卽佛說「不取於相，如如不動」之義。大師「見此方學人，多未得法。惟以名數爲解，事相爲行」，故明白指出：「月不在指，法是我心」。論其病根，卽在執指爲月，故不見眞月。楞嚴經所謂：「彼人因指，應當看月。若復觀指，以爲月體，此人豈惟亡失月輪，亦亡其指」是也。我輩若只「解」不「行」，如何言「證」？三藏十二部經，縱能讀得爛熟，若不悟修心性，如何解脫？萬法盡在自心，不在心外，故須向自心中求！以依不覺故心動，覺則不動（起信論）。不動則無念，無念卽無分別（維摩詰經）。因此，行者觀心，方明心地。悟之名慧，修之名定。

本論，開始執筆於去年初夏，脫稿於初冬，發表於獅子吼月刊五十七年第七卷第十一及十二兩期。本年自春至秋，又連續補充六次稿，亦每月先後發表於獅刊第八卷各期。作者末學，障重慧淺，今在心性悟修上，依教闡明少分，作一有系統之報告。尚希諸方大德先進，不吝教正，實爲至幸。

中華民國五十八年十月十五日　菩薩戒優婆塞，曉安周孝庵，法名智龕，序於幻廬。

心性悟修論再版自序

我輩的大覺眞心（眞如、佛性），是生佛同具的本體，成佛的正因。大涅槃經說：「如來今日所說眞我，名曰佛性」。又說：「佛性者，名爲第一義空。第一義空，名爲智慧，名爲中道。」它是圓明空寂，不生不滅的。但一念心動，便從眞起妄，障蔽本覺妙明。最顯著的便是妄想執着，——衆生的生死因緣。「妄想」是種種分別心，「執着」是我法二執。貪瞋等煩惱，便隨着生起，造作種種有漏的業，衆生因此長在輪轉。世尊以佛眼觀察，看到衆生的清淨佛性，隱藏在貪瞋癡等煩惱中，不得顯現。所以稱作「如來藏」，亦卽所謂「在纏眞如」。世尊「在大方等如來藏經」中說：「我以佛眼，觀一切衆生貪欲恚癡諸煩惱中，有如來眼，如來智，如來身，結跏趺坐，儼然不動，乃至德相備足，如我無異」。佛爲衆生開示了「秘密藏」。

菩薩悟入佛的知見，了達念念生滅的是妄識，常一不變的是本眞。所以逆生死流，返妄歸眞，以不生滅心爲「本修因」，離妄破執，三智現前（一切智、自然智、無礙智，見華嚴經如來出現品），譬如雲散，月本圓明。由此可見：「流轉卽生死，不轉卽涅槃」。所以法華經說：「諸佛解脫，當於衆生心行中求」；大涅槃經說：「諸行無常，是生滅法，生滅滅已，寂滅爲樂」；龍樹菩薩說：「一切佛法，皆爲涅槃故說，譬如衆流，皆歸於海」。修因修此，證果證此，研教研此，參禪參此，念佛亦未嘗不念此！

修學佛道，主要認識本眞，在根本的心性上悟修，證入大涅槃，常樂我淨。倘舍本逐末，經常在枝葉上尋覓，雖修不悟，或雖悟不修，怎能見性成佛？

佛說經典，作爲明鏡，行者把自己的妄想、執着、習氣，隨時隨地都如法糾正過來，便是修證的開始，也便是到家的消息。

茲值本論再版出書，略綴數語，願共勉旃！

中華民國六十一年五月一日　周曉安謹識。

目錄

心性悟修論

周曉安著述

第一章　前　言

去年四月間，明道法師自汐止蒞臨敝寓。順便問及：「尊著幻廬隨筆，何時再版？」余答：「承讀者不棄，書早無存，再版容後再辦。」法師又問：「尊作『爲什麼不放捨重擔？』一文，隨筆初版時，未曾列入，未免遺憾。」余答：「當時因篇幅關係，臨時抽去。」法師別去後，余檢閱舊作。其中有佛說的一段：

有一次，佛對諸位弟子說：「一切善男子，善女人，爲什麼還不放捨重擔？」很多沙門都囘答說：「我沒有什麼重擔。」佛說：「貪愛自己的身體，徧計自己的壽命，便是你的重擔。自恃聰明，慢視愚人，輕藐別人，便是你的重擔。凶狠暴戾，剛愎自用，不受別人的勸諫，便是你的重擔。吃東西沒有節制，飲酒貪味，便是你的重擔。外表雖像如法修行，心裏卻存着諛諂，便是你的重擔。倘不放捨重擔，後入地獄。」

余在此文裏，曾略抒所感：「試觀上面世尊所指的「重擔」，那一種不是執着了一個「我」字？我輩凡夫，每天肩挑「重擔」，執迷不悟，不肯放捨。倘有智者對我們說：「無擔一身輕，爲什麼還不放捨呢？」我們也必像很多沙門所說的：「我沒有什麼重擔。」但是，實際上並不如此！習染五欲，內外貪求，這個放不下，那個捨不得，妄想執着，惑業纏縛，豈不都是「重擔」嗎？上面世尊所說的「重擔」，不過是概括說的。我輩在家凡夫，惡因緣纏繞，種種重擔，還很多很多呢。可怕哪！墮入地獄，也許有份呢！佛法不外一個「捨」字。楞嚴經的「狂性自歇，歇卽菩提。」歇便是捨。圓覺經的「知幻卽離，離幻卽覺。」離幻便是捨。金剛經的「法尚應捨，何況非法？」法與非法都捨，才能行於中道，證實相。（下略）」

余檢舊作竟，覺意猶未盡，擬另撰「談放下」一文，已寫數千字。經云：「凡夫之人，雖滅煩惱，滅已復生。」深覺欲談放下，須放下妄想執着。但欲放下妄想執着，必須先悟心性。欲悟心性，須修般若波羅蜜、止觀、及其他大乘經典。悟與修，缺一不可。否則，今日放下，明日又放不下。口頭放下，心裏又放不下。雖欲放下，終於放不下。輾轉放下，依然故我！經云：「言本有者，我昔本有無量煩惱。以煩惱故，無有大般涅槃。言本無者，本無般若波羅蜜。以無般若波羅蜜故，現在具有諸煩惱結。……言本有者，我本有一切法中取着之心。以是事故，現在無有畢竟空定。言本無者，我本無有中道實義。以無中道實義故，於一切法則有着心。」（見大般涅槃經）可見不修般若波羅蜜，不能斷煩惱結，不能得大涅槃。無中道實義，則於一切法有取着之心，不能得畢竟空定。放下萬緣，談何容易？不求其本，而空談放下，寧有實益？余乃決定放棄「談放下」之寫作，而改撰「心性悟修論」，但亦將放下兼攝在內，自可迎刃而解。

華嚴經云：「心性是一，如來所悟，惟是一法。」（菩薩問明品第十）諸佛如來，昔本悟修心性成正覺。學佛第一件大事，是認識本心，即是認識自己的本來面目。我輩凡夫，如欲直入如來地，修戒定以伏心染，修慧觀以斷心垢。

第二章　同歸一心

佛說一切法，如標月指，直指心源。十方三世，不離一心。萬千法門，同歸一心。衆生之所迷者，迷此。佛菩薩之所悟者，悟此。迷故，起惑造業，長刼流轉。悟故，出生死路，入涅槃城。

此心，卽眞如，佛性，又卽衆生淸淨覺地，是成佛種子。本不生，今不滅，非肉團心，無形相，看不到，聽不見，不在內外中間，周徧圓滿，無處不至。

此心，衆生本具，與佛無異，故云：「心佛及衆生，是三無差別。」平等平等，無有高下。一切衆生皆如，一切法亦如，衆聖賢亦如，至於彌勒亦如（見維摩詰經）。觀經云：「是心作佛，是心是佛。」是心是佛，是衆生本具。是心作佛，是菩薩修功。

此心，能生萬法，爲萬法之本。楞嚴經云：「諸法所生，惟心所現。一切因果，世界微塵，因心成體。」我輩凡夫，起心動念，舉手投足，皆在造因。一切世間出世間法，皆由心造。國土淨穢，成聖成凡，決於自己心性之迷悟染淨，不怨天，不尤人。種何種因，得何種果，因賅果海，果徹因源。因因果果，不出一心。

華嚴經十地品：「三界所有，惟是一心。」世間一切法，莫非因緣和合而有，都無自性，有卽非有，非有而有，皆是惟心所現之幻相。是故惟是一心，心外無法，圓明顯現，照十方剎。此之謂「相妄性眞」。今先略述梗概，至於本來面目，心之眞妄，以及悟修等等，則當於其他各章節中略述之。

第三章　不識本心

從前五祖弘忍大師，午夜傳法，爲六祖惠能大師說金剛經。恰說到「諸菩薩摩訶薩應如是生清淨心」一段的「應無所住而生其心」句。六祖啓言：「和尚，何期自性，本自清淨。何期自性，本不生滅。何期自性，本無動搖，能生萬法。」五祖聞言，知已悟本性，又開示云：「不識本心，學法無益。若言下識自本心，見自本性，卽名丈夫天人師佛。自古佛佛，惟傳本體，師師默付本心，令汝自見自悟。」兩位祖師的法語，足以啓發後代學人者，至大且深。

今爲正名，據北宋刻本，與聖寺藏之六祖壇經，六祖是惠能，非慧能。又據大師門人法海所錄之六祖法寶壇經，亦惠能，非慧能。

我輩凡夫，妄認幻相爲實有，四大爲自身，塵影爲自心。耽着五欲，內外貪求。或迷於聲色，或溺於貨利，一切都放不下。但無常一到，不放下，亦得放下。到那時，只放下了一堆白骨！聲色貨利，終成戲論！佛言：「若一有情，於一刦中流轉生死，所積身骨，如王舍城毘補羅山。」（見玄奘譯本事經）我輩須知，此山積身骨中，有種種人骨（富貴貧賤男女壽夭等），種種獸骨（龍虎牛羊犬馬等），種種禽骨（鴿雀等）。又有魚蟲等骨，不一其骨，隨業流轉於六道。人身難得，佛法難聞。世間廣造惡業，罪大惡極者，「從暗入暗」，墮入深淵。我輩現幸賴宿世善業，得生人道，得聞正法，正在修學，步入正修行路，「從暗入明」。悟修精進，「從明入明」。若復造作惡業，則又有「從明入暗」之虞！

如上五祖所言：「不識本心，學法無益。」我輩若識本心，依法修證，人人可以成佛。若不識本心，則縱修種種法門，不過在枝葉上東找西尋，猶如盲人摸象，不得要領，是舍本而逐末也！昔有僧法達，讀法華經七年，心迷不悟，請六祖開示。師曰：「外迷着相，內迷着空，於相離相，於空離空，卽是內外不迷。心行，卽汝轉法華經。不行，卽被法華經轉。心正，轉法華。心邪，法華轉。」法達言下大悟。迷悟原此一心。

第四章　佛歎奇哉

佛初成道時，以無障礙清淨智眼，普觀法界一切衆生，具有如來廣大智慧（佛性），與佛無異，但以妄想執着，不知不見，兩歎「奇哉」。故說聖道，令其於自身中得見佛性。妄想卽分別心，執着卽我執法執。衆生念念分別，念念執着，全眞成妄。以致本具之清淨佛性，隱藏於貪瞋癡諸煩惱中，不得顯現。執此五蘊身爲我，是我執。執一切法爲實有，是法執。若悟五蘊本空，原是緣生假我，破此妄執，是名我空。若悟一切法緣起性空，畢竟無體，原是假有，破此妄執，是名法空。若以金剛經之「卽非」「是名」而言（是名卽是假名），則爲：

我，卽非我，假名我。

周××，卽非周××，假名周××。

世界，卽非世界，假名世界。

諸菩薩摩訶薩，我法雙空，空亦空。

我輩學佛，須學佛之因地法行。一切如來，本起因地。其因地法行是：圓照清淨覺相，斷除無明。無明永斷，佛道方成（見圓覺經）。圓照清淨覺相，卽是觀照此不生不滅之清淨佛性，又卽觀照此無念之眞如。斷除無明，卽是斷除貪瞋癡愛等妄念。初住菩薩斷一分無明，見一分佛性。十住菩薩斷少分無明，見少分佛性。多分斷，多分見。菩薩修至七地後心，藏識轉時，妄執漸捨。等覺尚有一分生相無明未斷。修至妙覺，方以金剛智斷盡之，而且永斷，返流盡源，佛性出障，圓明普照，方成佛道，所謂「金剛道後異熟空」，是也。

各種書刊中，頗多誤引世尊初成道之言，有誤以菩薩說為佛說者，且與經文亦有不符處。茲舉誤引的一例於下：「世尊初成道時，詫曰：『奇哉奇哉，大地衆生皆有如來智慧覺性，但因妄想執着，不能證得。若無妄想執着，則無師智自然智卽時現前。』」等語。此係華嚴經普賢菩薩所說如來心第十相之前段，並非佛說。佛說一段，則在最後。比對經文，卽可了然。茲錄經文如左，以供參考：

「（上爲如來心第一相至第九相，文長不錄）復次，佛子，如來智慧，無處不至。何以故？無一衆生而不具有如來智慧。但以妄想，顚倒執着，而不證得。若離妄想，一切智自然智無礙智，則得現前。（中略）佛子，如來智慧，亦復如是，無量無礙，普能利益一切衆生，具足在於衆生身中。但諸凡愚，妄想執着，不知不覺，不得利益。爾時，如來以無礙淸淨智眼，普觀法界一切衆生，而作是言：『奇哉奇哉，此諸衆生，云何具有如來智慧，愚癡迷惑，不知不見？我當教以聖道，令其永離妄想執着，自於身中，得見如來廣大智慧，如佛無異。』卽教彼衆生，修習聖道，令離妄想。離妄想已，證得如來無量智慧，利益安樂一切衆生。佛子，是爲如來心第十相。諸菩薩摩訶薩應如是知」。（見八十華嚴經第五十一卷，如來出現品第三十七之二）

第五章　本來面目

我輩凡夫，修學佛道，須認識自己本來面目，是卽所謂「識自本心，見自本性。」今分九節，略述如左。

第一節　衆生心圖表

今先列唐圭峯山宗密大師依大乘起信論所製衆生心之圖表如下，以明概要。（見禪源諸詮集都序第八十四頁）

由眞如隨緣故，妄識成事爲生滅。

其次，作者不敏，師大師原意，今亦製列眞如不變隨緣圖表一種於後，以明十法界皆不離此一心。但六凡以迷心爲因，染境爲緣。四聖則以悟心爲因，淨法爲緣。迷悟染淨，境界各異。我輩從體起修，轉染爲淨，卽出世間。

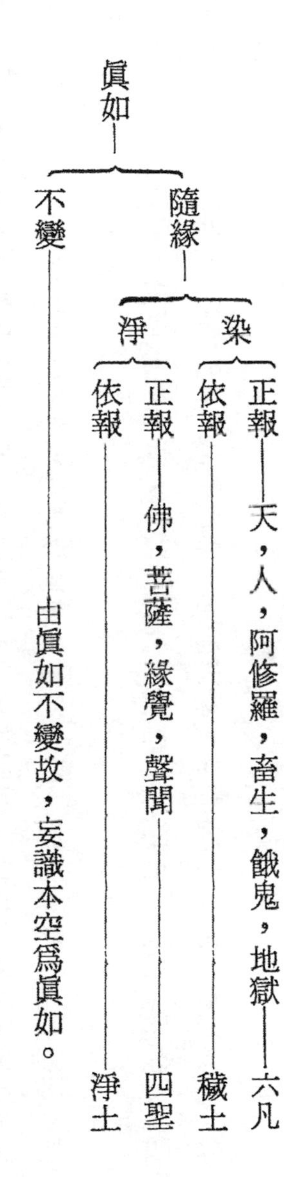

第三節　眞　心

心有眞妄二義，先談眞心。

眞心卽眞如，又卽佛性，法界，法性，如來藏，第一義諦，自性清淨心等，一體異名。此眞如心，不生不滅，不常不斷，不一不異，不來不去，便是諸法實相。起信論云：「一切法從本已來，離言說相，離名字相，離心緣相，畢竟平等，無有變異，不可破壞，惟是一心，故名眞如。」眞如離能所，絕對待，言語道斷，心行處滅，故名不可思議境。

古德以水波喻心性，謂性之體如水，心之用如波，水波一體，本不相離，一而二，二而一。

今更以水喻如來藏體，本無生滅。譬如池水，澄淸如鏡，若狂風吹動，波濤忽起。稍後風止波息，此一池之水，原本無波。風、波、吹、動等相，了不可得。眞如無念，亦復如是。正無念時，身心世界一切諸法，悉皆無有。而無念眞體，靈光獨耀，逈脫根塵，不可以言語形容，此卽眞心。本覺眞心，衆生本具，其所以造業受報，實由於不覺念起，迷眞逐妄。而最後成佛，則由於離念常住，悟妄歸眞。華嚴經梵行品云：「於身無所取，於修無所着，於法無所住，過去已滅，未來未至，現在空寂。無作業者，無受報者，此世不移動，彼世不改變。」此卽離念境界。正空寂時，卽眞性顯現，如如不動時。圓覺經所謂：「如虛空性故，常不動故，如來藏中無起滅故，無知見故，如法界性，究竟圓滿，徧十方故」是也。

是故，生滅去來，相也，非性也。造業受報，亦相也，非性也。大般涅槃經可爲明證。經云：「衆生佛性，亦復如是。雖處五道，受別異身，而是佛性，常一無變。」（卷二十七，獅子吼品）

次明體相用三大。眞如惟一絕待，眞實如常爲體，周徧法界，而無限量，故體大。眞如之體，具足無量無邊之性功德，故相大。眞如能生一切世間出世間之善因果，故用大。體相用三大，一心具足。

眞如之體，雖常一不變，但有隨緣之能。或隨染緣，或隨淨緣，成十法界。（見上第二圖表）。大乘止觀云：「心體並具染淨二性。」又云：「此心，就體相論之，有其二種。一者眞如平等心，此是體也。即是一切凡聖平等共有法身。二者阿黎耶識，即是相也。就此阿黎耶識中，復有二種。一者清淨分依他性，亦名清淨和合識，即是一切聖人體也。二者染濁分依他性，亦名染濁和合識，即是一切衆生體也。」由此可見，心體同具染淨二性，凡聖迷悟不同。依染熏，起染用，依淨熏，起淨用，故名依他性。染用則煩惱染污，有無量罪咎，爲衆生生死之根本。淨用則以淨治染，能得涅槃，爲衆生出世之根本。（詳第五節「淨念亦是妄心否耶？」）臺宗九祖荆溪大師云：「不變隨緣，故爲心。隨緣不變，故爲性。」淨性是不變之體，心隨緣而起染淨之用。須知實相無相，無不相。無相者，清淨本然，常一不變，言其體。無不相者，心隨緣起，修積功德，言其用。我輩修學佛道，讀經念佛，佛事禮懺，著述論文，講經說法，自度度人，皆是心之大用。眞如雖隨緣而不失自性，常無變異，不可破壞，惟是一心，故名眞如。故知一切幻相，惟心所現，心性不二，性相一如。

菩薩摩訶薩，終日不變，終日隨緣（以淨法爲緣），廣度衆生而不休，不着空。終日隨緣，終日不變，雖廣度而實無所度，不着有。如是不住空有，雙離二邊，此中道第一義諦也。

第四節　妄　心

現再談談妄心。

妄心卽生滅心，又卽識心。我輩凡夫，以染境爲緣，一念無明，識浪忽起。前念滅，後念生。後念滅，另一念又起。念念相續，循環往復，種種取捨，皆是輪廻。以輪廻心，生輪廻見，欲入如來大寂滅海，終不能至。起信論云：「心生滅者，依如來藏故，有生滅心。所謂不生不滅與生滅和合，非一非異，名阿黎耶。」阿黎耶卽阿賴耶，是第八識，又名眞妄和合識，種子識等。阿黎耶識，受前七識（眼識耳識鼻識舌識身識意識末那識）業力之熏，而成種子。含藏其中，故又稱藏識。卽復執持種子，現作根身（正報）器界（依報）。眞如本無生滅，爲一切法之體，妄心之所依止。眞妄和合，原是一體。妄從眞起，刹那生滅，了不可得，正顯妄心無體本空。

此虛妄心，是六塵緣影，假名爲心，三際心不可得。佛言：「六根四大，中外合成，妄有緣氣，於中積聚，似有緣相，假名爲心。此虛妄心，若無六塵，則不能有。四大分解，無塵可得，於中緣塵，各歸散滅，畢竟無有緣心可見。」（見圓覺經）。佛又言：「如來說諸心，皆爲非心，是名爲心。所以者何？過去心不可得，現在心不可得，未來心不可得。」（見金剛經）

雖然，心生則種種法生，心滅則種種法滅。當下離念，即無輪轉。但欲離念，須斷衆生病本。衆生病本，卽是攀緣。欲斷攀緣，須離內見外見。內有妄想，是爲內見。外有諸法，是爲外見。二見若離，卽無所得。（參考維摩詰經，文殊菩薩問疾品）。

第五節　淨念亦是妄心否耶？

問曰：「凡夫隨染緣，念念生滅，固是妄心，但行者隨淨緣時，亦不能無念。此念亦是妄心否耶？若非妄心，何以亦起念？若是妄心，則淨念究有何用？」

答曰：「心性隨緣而起，卽是緣起。心有所緣，卽有種種差別事相，此心卽是妄心。凡夫以染境爲緣，染熏染用，是染念。菩薩以淨法爲緣，淨熏淨用，是淨念。一染一淨，境界不同。眞如本無念，常一不變。行者隨淨緣時，亦不免動心起念，此念是淨念。從實相般若上講，不能不說是妄心，但從觀照般若上講，實爲修行用功時所必需。佛在經中，曾屢屢言及，如：「衆生幻心，還以幻滅。諸幻盡滅，覺心不動」；「以幻修幻」；「卽起諸幻，以除幻者」；「則以礙心，自滅諸礙」等，皆以淨念對治染念，方證實相。

茲又略舉數例以證之：

一、修習如來奢摩他行。佛敎菩薩及末世衆生：「堅持禁戒，安處徒衆，宴坐靜室，恒作是念：我今此身，四大和合，所謂髮毛爪齒，皮肉筋骨，髓腦垢色，皆歸於地。唾涕膿血，津液涎沫，痰淚精氣，大小便利，皆歸於水。暖氣歸火。動轉歸風。四大各離，今者妄身，當在何處？卽知此身，畢竟無體，和合爲相，實同幻化。……」（見圓覺經）此「恒作是念」之「念」，卽是淨念，又卽是觀照般若。不觀，無明不能斷，智慧不能開。是故淨念雖亦幻妄，但悟眞離染，順用入體，故曰：「實爲修行用功時所必需。」久久修習，終於幻身、幻心、幻塵都滅，幻滅亦滅，非幻不滅，卽與眞如相應。此之謂：「衆生幻心，還以幻滅。」

二、修習三三昧（空、無相、無作），新譯三三摩地，亦不能不繫念思維。此思維，卽是淨念。觀空離染，入三摩地。世尊云：「復以何義，名繫念思維？所謂三三昧：空三昧、無相三昧、無作三昧。空者，於二十五有，不見一實。無作者，於二十五有，不作願求。無相者，無有十相，所謂色相、聲相、香相、味相、觸相、生相、住相、滅相、男相、女相。修習如是三三昧者，是名菩薩繫念思維。」（大般涅槃經德王品第二十二）

三、修十想，亦以淨治染，能得涅槃。經云：「若菩薩摩訶薩，若比丘比丘尼，優婆塞優婆夷，能修十想，當知是人，能得涅槃。云何爲十？一者無常想，二者苦想，三者無我想，四者厭離食想，五者一切世間不可樂想，六者死想，七者多罪過想，八者離解脫想，九者滅想，十者無愛想。」（大般涅槃經迦葉品第二十四）

四、此外，行者修習禪那，三摩鉢提，毗婆舍那，五停心觀，四念處觀，十二因緣流轉還滅兩門之逆順觀等，亦均是以幻修幻，以淨治染。

由此可見，淨念順用入體，隨順眞如。染念違體起用，與眞如不相應。淨用染用，背道而馳。玆爲便於了解，更製列圖表於次：

- 眞如
  - 隨緣
    - 染念——違體起用——煩惱染污——六道流轉——六凡
    - 淨念——順用入體——以淨治染——淸淨涅槃——四聖
  - 不變——眞如不生不滅，常一不變

六祖惠能大師，從前在曲江縣城中大梵寺開講六祖壇經時，開口第一句便是：「善知識，菩提自性，本來清淨，但用此心，直了成佛。」此中，除「善知識」三字係大師對聽衆的稱呼外，其餘寥寥四句十六個字，開門見山，直指人心，的指衆生見性成佛的正確大道！讀壇經者，此處務請着眼。「菩提自性，本來清淨」，此兩句是從體上說，亦卽是從實相般若上說。「但用此心，直了成佛」，此兩句是從用上說，亦卽是從觀照般若上說。「體」是眞如本體，本來清淨，教人悟體。「用」是淨用，勤斷無明，本體自顯，教人起修。我輩凡夫，雖知本性清淨，僅是知解，還不够。還須從體起修，淨用其心，不爲妄想執着之所染污。因此，「但用此心」實爲菩薩「直了成佛」之基本修功！菩薩摩訶薩順用入體，藉此淨用，歷位而上。無明染，轉成眞淨體。譬如皓月當空，萬里無雲，佛性重彰，清淨圓滿，直了成佛。

第六節 性淨妙常

佛告阿難：「衆生從無始來，循諸聲色，逐念流轉，曾不開悟性淨妙常。不循所常，逐諸生滅，由是生生，雜染流轉。若棄生滅，守於眞常，常光現前，塵根識心，應時銷落。想相爲塵，識情爲垢，二俱遠離，則汝法眼，應時淸明，云何不成無上知覺？」（見楞嚴經）本性淸淨，常住不動。衆生不悟，流轉生死，由於「循諸聲色，逐念流轉。」而常光現前，成無上知覺，則由於「若棄生滅，守於眞常。」由此可見，心生滅，則墮輪廻。棄生滅，則出世間。迷悟染淨，僅一念之間而已。狂性自歇，歇卽菩提。昔之妄，卽今之眞。譬如衣中神珠，不從外得。

第七節 明照廣淨

佛以日月輪喩眞如，五翳喩妄心。若能放下萬緣，卽是我之本來面目，明、照、廣、淨。玄奘譯阿毗達摩發智論云：「佛言，當知此日月輪，五翳所翳，不明，不照，不廣，不淨。何等爲五？一雲二煙，三塵四霧，五曷羅呼阿索洛手。此日月輪，非與五翳相合相應相雜。彼翳未離，此日月輪，不明不照，不廣不淨。彼翳若離，此日月輪，明、照、廣、淨。」大般涅槃經中，佛亦曾說及五翳覆蔽日月，不贅。

第八節　離相見性

我輩修道，在明心見性。但妙性圓明，離諸名相，故非離相不能見。世尊在金剛般若會上，最後教菩薩爲人演說：「不取於相，如如不動」，（其下尚有四句偈，佛說明其原由）卽是教人觀空，離相，明見佛性。

世間一切法緣起，皆非實有。此身原亦非有。我輩若不能澈見相妄性眞，則生滅無常，執以爲常。惑業衆苦，執以爲樂。緣生假我，執以爲我。煩惱染汚，執以爲淨，此之謂「凡夫四顚倒」，（又卽世間常樂我淨，與出世間常樂我淨不同，略見本論第十四章。）顚倒執着故，貪着五欲之不暇，豈有明心見性之可言？

六祖有言：「前念迷，卽凡夫。後念悟，卽佛。前念着境卽煩惱，後念離境卽菩提。」着境離境，爲煩惱菩提之分野，亦爲凡聖迷悟之關鍵。大師所言，與佛說：「知幻卽離，離幻卽覺」，並無二致，實爲見性成佛之不二法門。

維摩詰居士告大迦葉尊者：「以空聚落，入於聚落。所見色，與盲等。所聞聲，與響等。所齅香，與風等。所食味，不分別。受諸觸，如智證。知諸法，如幻相，無自性，無他性，本自不然，今則無滅。」菩薩觀第一義空，見無所見，聞無所聞，如如不動，此見性人也！見性人，雖見諸相而不着，故不爲境轉。未見性人，處處着，故爲境轉。

金剛經云：「凡所有相，皆是虛妄。若見諸相非相，則見如來。」非相卽非眞實之相。換言之，現前雖有種種相，但皆因緣生法，當體卽空，卽相可以見性。例如：有一歌女，正在歌唱，雖尙未至老病身死，而智者已澈見其爲「非相」。所見色，是無常、苦、空、無我、般若波羅蜜之色，不以染心視美色。所聞聲，是無常、苦、空、無我、般若波羅蜜之聲，不以染心聽歌聲。故當時卽斷攀緣，心無所着，無見無聞，當下卽見如來。若認爲實有，心生貪着，逐念流轉，卽不能見如來。此四句偈之重要修功，在兩個「見」字。重要關鍵，在一個「若」字。

佛升忉利天，爲聖母說法，爲期三月。閻浮提衆生渴仰佛。優塡王造栴檀佛像，波斯匿王造金佛像，此爲世間有佛像之始。期滿，佛從天降。衆弟子爭先往迎。優鉢比丘尼，以神通力，化爲轉輪聖王，最先見佛。獨有須菩提尊者觀空，逢緣不動，不去迎佛。後來，佛告優鉢比丘尼：「非汝先見，須菩提先見佛。」（參考增一阿含經聽法品第三十六）

心器常淨，常見佛身。若心濁器破，則不得見。（見華嚴經）我輩凡夫，識得身心世界，皆是幻相，歷境驗心，把聲色貨利等一切妄念，一齊放下，多念幾聲佛，多讀幾卷經，或宴坐靜室，修習止觀。如是念佛，方能一心不亂。如是讀經，方有實益。如是修習，由定發慧。

第九節　佛典心字

復次，佛經中之「心」，有時指眞心，有時指妄心，不可不辨。現略舉如左：

一、勝淨明心，妙明眞心，常住眞心。（楞嚴經）。此三心，指眞心。（卽眞如）。

二、由心生故，種種法生。由法生故，種種心生。（同上）此二心，指妄心。

三、菩提心生，生滅心滅。（同上）上一心，指眞心。下一心，指妄心。

四、自古佛佛，唯傳本體，師師默付本心，令汝自見自悟。（六祖壇經）此心，指眞心。

五、心是惡源，形爲罪藪。（八大人覺經）此心，指妄心。（參照十）

六、諸菩薩摩訶薩，應如是生清淨心，不應住色生心，不應住聲香味觸法生心，應無所住而生其心。（金剛經）上一心，指眞心。中二心，指妄心。下一心，指眞心。

七、如來說諸心，皆爲非心，是名爲心。所以者何？過去心不可得，現在心不可得，未來心不可得。（同上）此六心，指妄心。

八、一切如來妙圓覺心，大圓覺心。（圓覺經）此二心，指眞心。

九、以輪廻心，生輪廻見，入於如來大寂滅海，終不能至。（同上）此心，指妄心。

十、當知身心，皆爲幻垢。垢相永滅，十方淸淨。（同上）此心，指妄心。

十一、三界之內，以心爲主。能觀心者，究竟解脫。不能觀者，永處纏縛。（大乘本生心地觀經）此二心，指眞心。（圓覺經：「圓照淸淨覺相」參照）。

以上各心，若常加觀照，亦用功之一法。

第六章　修空談空有

衆生本無病，病在着有。着有故，隨業流轉。着有是心垢。心垢，則衆生垢。心淨，則衆生淨。

佛昔在迦毗羅城，對阿難尊者云：「汝莫愁惱，悲號啼哭！」阿難答云：「如來世尊，我今親屬，悉皆殄滅，云何當得不悲泣耶？如來與我，俱生此城，俱同釋種，親戚眷屬。云何如來獨不悲惱，光顏更顯？」佛告阿難：「阿難，汝見迦毗，眞實是有。我見空寂，悉無所有。汝見釋種，悉是親戚。我修空故，悉無所見。以是因緣，汝生愁苦，我身容顏，更益光顯。諸佛菩薩修習如是空三昧故，不生愁惱。」（大涅槃經德王品）佛作此開示，是在琉璃王大屠殺釋種之後。足證衆生知見，與佛知見根本不同！一切法，因緣和合，本無今有，有已還無。法華經云：「破有法王，出現世間，隨衆生欲，種種說法。」阿難不修空，佛教其修空。佛初成道時，對五比丘說：「無常、苦、空、無我」，亦是教其修「空」，破其「有」執。卽是依「有」顯「空」，以「空」治「有」。諸佛世尊，從六波羅蜜、三十七道品、十一種空觀，來至大涅槃。見一切法不空者，佛呵爲魔眷屬，不得入大涅槃。是故二乘修空，原不是病，病在着空。着空故，不行中道，不見佛性，不得阿耨多羅三藐三菩提。

着「有」，以「空」治之。着「空」，則屬難治。何以故？着「有」雖是凡夫，但因緣成熟（如聽法、讀經、讀佛學書刊、遇善知識等），豁然省悟，尙可發大菩提心。若「着」空，則只求自度，獨善其身，不發菩提根芽，佛呵爲焦芽敗種。況且，二乘若執有空相，卽是偏空，亦卽法執。佛呵之曰：「但諸聲聞所圓境界，身心語言，皆悉斷滅，終不能至彼之親證所現涅槃。」

但我輩凡夫，若因佛呵二乘，便以爲不需修空，則無是處。何以故？二乘不修空，不能轉凡夫爲賢聖，不能出三界。呵者呵責，佛只呵其着空，不呵其修空！

諸法所生，惟心所現，如水中月，鏡中像。凡所有相，皆是虛妄。本覺眞心，不生不滅，常一不變。體雖不變，但有隨緣之能。隨染隨淨，出生萬法，故曰萬法惟心。約體言，是眞空，有而不有。約用言，是妙有，空而不空。卽所謂實相無相，無不相。無相，言其體。無不相，言其用。用不離體，同本一心，諸法一如。

菩薩摩訶薩，觀有卽空，空卽有，空有同時，不一不異。卽所謂「色卽是空，空卽是色。」譬如一株鮮花，種在花圃。它是因緣和合而生，並無永恒不變的自性實體。菩薩不待它日後花謝、葉落、枝枯，而已見其性空。當它「有」時，卽是「空」時。當它「空」時，又卽是「有」時。可見世間萬有，一一存在，却一一無實。一一無實，却又一一存在。凡夫見其「有」，執爲「實有」，而不見其空。二乘聖人見其「空」，偏執「但空」，而不見不空，此無異只見「色卽是空」，而不見「空卽是色」。

因此，佛雖教人修空，但又教人不取斷滅相。我輩凡夫，未悟心性，追逐塵境，遂爲境轉，起惑造業，受生死苦。學佛修功，便在轉境！修空，使知緣起性空，「有」卽非有。故應遠離幻相，一心清淨。不取斷滅相，使知「空」非斷滅，非有而有。故應發大菩提心，廣行六度！修空，卽是修般若慧。不取斷滅相，卽是修福。修福而不着，方是無漏功德。福慧雙修，方得阿耨菩提。

可見凡夫執「有」，固屬非是，但二乘偏執「但空」，亦復非合。是故金剛經云：「如來所得法，此法無實無虛」，龍樹菩薩亦云：「有無二見，皆屬此岸。二見若離，始達彼岸。」

菩薩摩訶薩，修十一種空觀。其第十種空觀是名「空空」，卽是空亦空，破空執，行中道。佛言：「是空空中，乃至聲聞辟支佛等所迷沒處。是有是無，是名空空。是是非是，是名空空。十住菩薩尙於是中通達少分，猶如微塵，況復餘人？如是空空，亦不同於聲聞所得空空三昧。」

菩薩摩訶薩，悟修寂常心性而無所住（不住六塵）。有所住，我法二執存。無所住，二執破。涉有，不住有（例如：行布施，不住布施，方是波羅蜜。其餘五度，亦同）。觀空，不住空。不住生死，不住涅槃。行於中道，亦不住中道。妄想離，諸相遣，方能契合第一義。

第七章　信解行證

信解行證，為佛道之一期。先信，次解（悟），主要在行（修），行而後能證。茲略述其意義。

一、信　佛在經中，曾明白開示：「閻浮提衆生有二種，一者有信，二者無信。有信之人定得涅槃，故名可治。無信之人是一闡提，名不可治。」信為能入，智為能度。世間福田，凡有三種：一報恩田，二功德田，三貧窮田。信仰三寶，是謂福田。臺灣地區，邪教外道，潛伏盛行。民間寺廟，年代已久，供人拜拜，神佛不分，尚少建立三寶之正信。信佛要件，言其要者，約有六項，分述如次：

①信佛法僧三寶之淨德。禮敬三寶，皈依三寶，不祠祀邪神邪鬼。皈依三寶後，方可稱居士。（男稱優婆塞，女稱優婆夷。）佛滅度後，敬僧應如敬佛。謗毀三寶，有無量無邊罪。

②信佛教五乘之教法。第一、乘五戒之行法，而生於人間者，為人乘。第二、乘十善之行法，而生於天上者，為天乘。第三、乘四諦（苦集滅道）之行法，而到阿羅漢果者，為聲聞乘。第四、乘十二因緣之行法，而到辟支佛果者，為緣覺乘。第五、乘六度（布施、持戒、忍辱、精進、禪定、般若）之行法，而到佛果者，為菩薩乘。以上一、二兩乘，雖受人天福報，但福盡還墮，依舊在六道（天、人、阿修羅、畜生、餓鬼、地獄）輪廻中，故非究竟。三、四兩乘，通常稱作「二乘」，雖已轉凡成聖，了脫生死，但不見佛性，不能成佛果，故亦非究竟。此二乘若回小向大，修第五大乘菩薩行，方成佛道。

③信一切衆生悉有佛性。心佛衆生，三無差別。善根增長，依法修持，人人成佛。

④信業力最大。衆生造作善業惡業，六道輪廻，因果報應，通於三世，自作自受。無論富貴貧賤賢愚，均不可避免。

⑤信人身難得，佛法難聞。今生雖在人道，來生不能定得人身。此生不求自度，更待何生？

⑥信念阿彌陀佛。發願求生西方淨土，離苦得樂，一生成辦，最捷最穩。菩薩修行，經一萬刼，信心成就（見大乘起信論）。從初信至妙覺成佛，須歷五十一階位（連妙覺在內，共五十二位。若不計外凡之十信在內，則歷四十一位）。即是十信（外

凡），十住，十行，十廻向（內凡、三賢位），十地（十地至妙覺，均是聖位），等覺（一生補處），妙覺（佛）。其中第一個階段，初信至十信：一信心，二念心，三精進心，四慧心，五定心，六不退心，七護法心，八廻向心，九戒心，十願心。

二、解

佛經上之「解」字，讀懈音，謂由見聞義理而生之心解。不但文字宜了解，且宜消歸自性，不即文字，不離文字。如金剛經：「聞說是經，深解義趣」，「得聞是經，信解受持」。又開經偈：「願解如來眞實義」等。修學佛道，以佛之身教言教爲重，故以佛說經典爲主。佛，開佛知見，示佛知見。衆生，悟佛知見，入佛知見，住於正知正見。經云：「雖多誦經，不解何益？解一法句，行可得道。」（見法句經）又經云：「寧當少聞，多解義味。不頗多聞，於義不了。」（見大般涅槃經）行者必須悟解佛教義理之重要性，已可見一斑。聽經看經，亦重在多解義味。經云：「聽者有四，一者略聞多解，二者隨分別解，三者隨本意解。四者於一一字一一句解。如來說法，正爲三人，不爲第四。何以故？以非器故。如是四人，分爲二種，一者熟，二者生。熟者現在調伏，生者未來調伏。」（見優婆塞戒經自利利他品）若欲深解義理，從解開悟，除自己修學參究外，須求善知識開示，不墮邪見。若遇邪師惡友，則有誤入歧途之危險，不可不愼。

三、行

三藏十二分教，不外戒定慧。菩提家鄉，舉足方到。華嚴經云：「若諸菩薩不如說行，當知是人，於佛菩提則爲永斷。是故菩薩應如說行」。解悟以後，必須繼之以

「行」。行，便是修行，因地法行。例如：「行深般若波羅蜜多時」之「行」；「因教顯理，依理起行」之「行」；「無所住行於布施」之「行」；「聞佛所說，信受奉行」之「行」等，都是。若不解而行，卽所謂「盲修瞎鍊」，毫無利益，自誤前程。但若解而不行，則又不能證得菩提，卽所謂「如人說食，終不能飽」，「但口解脫，心不解脫」等，皆是。若不解不行，白日閒過，則如到了寶所，空手而歸！經云：「解如目，行如足」，二者不可偏廢。因此，卽解卽行，卽行卽解，解行合一，漸次求證。

四、證　證是行者以正智契合眞理。如經中說：「此菩薩及末世衆生，證得諸幻滅影像故，爾時便得無方清淨，無邊虛空，覺所顯發。覺圓明故，顯心清淨。」可見但滅諸幻（妄念），眞如本體（清淨佛性），卽時顯現。在實相中，畢竟無所證之法，亦無能證之人。經文「證得」兩字，是佛善巧方便，假以言說。在實相中，證得之境界，亦無所得。若執着此種境界，卽是理障，又卽是所知障。

第八章　眞悟眞修

第一節　悟與修

「迷時師度，悟了自度。」此一名言，出自六祖。衆生迷卽輪轉，悟修則解脫。但悟是一事，修又是一事，非謂一悟卽成佛道。因爲理可頓悟，事須漸修，不假事修，無以修積功德，無以顯理。悟出於「解」，修出於「行」，菩薩以「行」爲貴。（參閱第七章信解行證）佛告摩訶迦葉：「由修學故，證得菩提，非不修學而能證得。若不修習得菩提者，貓兎等類亦應證得無上菩提。何以故？不正行者，不能證得無上覺故。」（大寶積經三律儀會第一）衆生在迷，貪瞋癡等熾盛，若不依教修學，則三障（煩惱、業、報）不能出！三障不出，如何解脫？欲求解脫，則須修學正行，或依理觀而修，或依事相而修。修學日久，由迷而覺，卽是始覺。始覺契合本覺，並非二覺。始覺者，全性起修也。本覺者，全修在性也。從此精進不懈，大徹大悟，漸次成就，方能了脫生死，證得菩提。諦閑大師說：「所悟之理，卽妙圓覺心。修者，修所悟也。修時，淨除現業流識，方能證。證者，無明破而得受用。」可見悟修證三者不可偏廢。

修學佛道，悟修方證。茲舉經文，略予釋明。圓覺經：「知幻卽離，不作方便，離幻卽覺，亦無漸次。」行者修道，了知「凡所有相，皆是虛妄」，內而身心，外而世界，都是幻象，無所有，不可得。世尊說：「知有涅槃，不戀三界。」涅槃是眞，三界是幻。出三界，趣涅槃，便離苦得樂。是故「知幻」便是悟。對境不迷，頓卽遠離，不貪求，不執着，便是眞本領。是故「離幻」便是修。諸幻盡離，一塵不染，圓覺妙心，頓卽顯現。此離念境界，不修不能證。但應注意者，此四句經文，實際上祇是「知幻，卽離，卽覺」六個字。佛爲上根人說，重在理觀，乃頓敎之修！上根人知幻頓離，不需更作其他離幻的方便；頓離卽覺，又不落於修證的漸次。至於中下根人，障深業重，多生習氣未盡，「知幻」（悟）已很不易，「離幻」（修）更是困難，故必須漸次事修，最後方能斷惑證眞。

第二節　自性自度

六祖又言：「自性自度，是名眞度」。道從心悟，不從他得。大乘菩薩誓期成佛，發三種心，一者直心（正念眞如法），二者深心（樂集一切諸善法），三者大悲心（欲拔一切衆生苦），修六波羅蜜，了悟生佛同具之眞常本體，諸法本來寂滅的實相之理，是眞悟。從心性之悟，依自己一念不生之心，如法而修，斷無明，證實相，是眞修。我輩凡夫，未悟而修，是緣修，不名眞修。末世衆生，終日奔波，求福求壽，不修戒定慧者，卽其一例也。若悟而廢修，僅見水中月，依稀彷彿。若眞悟眞修，方見明淨眞月，卽是見性。見性，卽是見我人之本來面目！如是自度，故名眞度。

云何修證實相？大乘經中，佛以實相法印，印諸菩薩。如圓覺經之修習如來奢摩他行：「彼之衆生，幻身滅故，幻心亦滅。幻心滅故，幻塵亦滅。幻塵滅故，幻滅亦滅。幻滅滅故，非幻不滅。譬如磨鏡，垢盡明現。」（三摩鉢提，禪那，從略）又如金剛經：「信心清淨，則生實相。」；「不取於相，如如不動。」心經：「是諸法空相，不生不滅，不

垢不淨，不增不減。」（其他各經，不繁引）

大乘經所說諸佛世尊之來至大涅槃，以及菩薩摩訶薩之修大涅槃，可爲行者眞修之印證。世尊說：「諸佛世尊，從六波羅蜜，三十七品，十一空，來至大涅槃。」（大涅槃經梵行品，參閱本書第十四章第八節之四）世尊又說：「菩薩摩訶薩修大涅槃，得金剛三昧。安坐是中，悉能破散一切諸法，見一切法皆是無常，皆是動相，恐怖因緣，病苦刼盜，念念滅壞，無有眞實，一切皆是魔之境界，無可見相。」（同經德王品）又說：「菩薩摩訶薩修大涅槃，於一切法，悉無所見。若有見者，不見佛性，不能修習般若波羅蜜，不得入於大般涅槃。是故菩薩見一切法性無所有。」（同上）

我輩修道，還須經常在觀照自己心性上用功，不卽文字，不離文字。何謂不卽文字？行者若執着文字相，卽是法執，卽是所知障，障其見性。故須不卽文字，忘言悟體，銷歸自性，得成菩提。所以維摩經云：「文字性離，無有文字，是則解脫。」何謂不離文字？修學正行，須印證佛說經典，妙契佛心，住於正見，庶免禪士「暗證生盲」之禍。更觀六祖以前之禪祖，本重經敎，如初祖達摩，授慧可（二祖）楞伽五卷以印心；五祖弘忍，爲惠能（六祖）講金剛般若以傳心。其後，六祖又呵斥禪士：「執空之人有謗經，直言不用文字。旣云不用文字，人亦不合語言。卽此語言，亦是文字之相。」可見末世修行用功，須深入經藏，時時以佛經印證，方不爲惡知識所誤，而盲修瞎練！

此二（不卽文字，不離文字）俱離，其他妄念亦離。心無所住，卽入淸淨覺。會淸淨者，無不卽，無不離，無覺，無不覺。因爲實相中，無一法可得。此不可得，亦不可得，卽是佛性。無量衆生之所欲悟者，悟此；所欲修者，修此；所欲證者，亦證此！

古德有言：「當知語言文字是敲門瓦。本具慧性是用瓦敲門之人。必須將障閉之門重重敲開，方能到得屋裏。」因此，說理不如實踐，實踐便是自度，自度還須度人。如佛所說：「於佛法僧，應生等想。於生死中，生大苦想。於大涅槃，應生常樂我淨之想。先爲他人，然後爲身。當爲大乘，莫爲二乘。」只說理，不修戒定慧，祇可說是佛學者。如法實踐，是學佛者。佛學者着相，僅種遠因。學佛者離相，離相故見性。

第九章　修　心

行者修道，勇猛精進，以成佛爲期。如佛所言：「汝是當成佛。我是已成佛，」（見梵網經）旣悟矣，不能廢修。修，有修身，修戒，修心，修慧等。今略談修心修慧。先談修心。

第一節　略談止觀

敎下修心，不外止觀。佛以止觀法門，敎人觀心。使其悟妄歸眞，明心見性。大乘本生心地觀經云：「三界之內，以心爲主。能觀心者，究竟解脫。不能觀者，永處纏縛。」天臺宗以止觀行爲本，故又稱止觀宗，簡稱觀宗。

止觀法門，就臺宗而言，初祖北齊慧文大師，入大經藏，得龍樹菩薩之中觀論（卽中論）。開論讀之，至四諦品一偈：「衆因緣生法，我說卽是空，亦爲是假名，亦是中道義。」（註）恍然悟三諦之妙旨。此卽天臺宗一心三觀（空假中）之由來。空觀顯眞諦，假觀顯俗諦，中觀顯中道第一義諦。三者一法異名，故卽空卽假卽中。就所觀之理，謂之三諦。就能觀之智，謂之三觀。一傳南嶽慧思大師，再傳天臺智者大師，集其大成。思大師之大乘止觀，智大師之摩訶止觀，小止觀，六妙門，九祖荊溪大師之始終心要等，夙爲古今行者所推崇。

（註）各種書刊中，頗多引用此偈，但與中論原偈不盡同。今照錄中論第二三四頁原偈文如上。全偈八句，其下尚有四句：「未曾有一法，不從因緣生，是故一切法，無不是空者。」

有二法，趣向涅槃，一止二觀。（見三聚經）修習止觀，堅持禁戒，宴坐靜室。止是止息妄念，觀是觀照諸法實相。梵網經心地品云：「欲長菩提苗，光明炤世間，應當靜觀察，諸法眞實相：不生亦不滅，不常復不斷，不一亦不異，不來亦不去。」罪從心起，業由心作，亦由心轉。是故普賢觀經云：「一切業障海，皆從妄想生。若欲懺悔者，端坐念實相，衆罪如霜露，慧日能消除。」慧日喻眞如，卽佛性。端坐念實相，妄想息，眞性顯，重罪消，是名眞懺悔。

坐時，不爲外緣所動，盡捨妄想執着，專注一境，正念諦觀。但我輩凡夫，無始來習氣熏染，妄心生滅，刹那不停。行者初次修習，常覺妄念亂擾。此是暫時現象，請勿退屈。從前常州天寧寺，鄰近有一豆腐店店主，發心供養全寺僧衆豆腐一百多板，但要求進入禪堂，坐一枝香。住持准其所請。店主坐罷出寺，神情愉悅。衆問其原由。答曰：「某甲欠我二十吊錢，久已忘却。今在坐中，方才想到，可去討回了。」行者請勿笑其初坐之妄境。一者，初修妄念多，大抵類此。二者。彼根本不明心性，何怪其如是。但行者初坐，若靜觀實相，始悟生滅不停者，原來都是妄念。我輩長刼流轉，都爲此妄念所誤，本性原本不動。如此觀照，觀之又觀，妄念便會漸漸止息。譬如一杯混水，初置桌上，但見滿杯混濁。稍久，濁質沉底，水卽澄淸。修習止觀，亦復如是。

本性靈光，常寂常照，徧一切處。寂是性之體，照是性之用。止觀是依寂照眞體所起之行。依本寂以修止，依本照以修觀。修止顯寂，成大智。修觀顯用，成大悲。就修證言之，止觀爲自利。就教化言之，止觀皆爲利他。我輩旣悟心之眞妄，發起觀照，返觀此本性無念之體。依止一心，以修止觀。卽觀卽止，卽止卽觀，止觀不二。初修未忘能所，久修則能所兩忘，智境一如，妄念銷歇，名證眞如。

所謂證者，但盡凡情，本體自顯，畢竟無證，亦無證者。若有能證所證，卽着我人衆壽四相，不成聖果。大乘止觀云：「久久修習，無明妄想習氣盡故，念卽自息，名證眞如，亦無異法來證，但如息波入水，卽名眞如爲大寂靜止門。」妄念息，眞體現，如水與波。波息則全波是水。是故南嶽大師有「息波入水」之妙喻。但欲證此境界，在於「無明妄想習氣盡故」。此爲行者用功緊要處。

第二節 繫心修定

甲、生死大事關鍵在此

眞如雖常一不變，但隨緣而起。心有所緣，便卽妄動。所緣之境，不外五欲六塵。所起之念，不外貪瞋癡愛。既動念，卽有塵影，復印於心，是謂「六塵緣影」，實卽妄心。經云：「南閻浮提衆生，舉止動念，無不是業，無不是罪。何況恣情殺害竊盜，邪淫妄語，百千罪狀?」（見地藏菩薩本願經）我輩凡夫，從朝到晚，所用之心，都是妄心，亦都是染汚心。貪瞋癡猛火，燒炙世間。身口意惡業，高如山積。妄心不止，輪廻不出，卽所謂：「流轉卽生死，不轉是涅槃。」衆生生死大事，關鍵在此。我輩之所以欲悟修心性者，亦在此！

乙、常當繫心修此二字

佛說八萬四千法門，門門可以入道。佛世時，目連、阿難二尊者，同聲誦經，共諍勝負。佛呵之，因說偈云：「雖誦千章，不義（作者按，不義卽不解其意義）何益？不如一句，聞可得道。雖誦千言，不義何益？不如一義，聞可得道。」（見增一阿含經增上品第三十一）

佛臨入涅槃，憐憫衆生生老病死，輪轉無窮，實由妄念，着相迷性。爲度衆生故，大慈大悲故，下一劑阿伽陀藥，教衆生常修繫心二字。修此，可以了生死，得涅槃。佛是眞語者，實語者。佛告迦葉菩薩云：「諸善男子，善女人，常當繫心，修此二字。當知是人，隨我所行，至我至處。若有修此二字爲滅相者，當知如來則於其人爲般涅槃。涅槃義者，卽是諸佛之法性也。」（見大般涅槃經長壽品）

佛教衆生繫心，便是繫住此刹那生滅流轉之妄心，使它集中在一處，靜止下來，不再妄動。行者繫心，卽生滅之流，溯不生滅之源。日久修此，觀行成熟，不爲外緣所動，妄念由多而少，由染轉淨，乃至染淨二相亦泯，心境統一，心如明鏡止水，至於「滅相」。滅相者，離相之修證功夫。離名字相，離言說相，離心緣相，達於「不生法相」（一念不生），「生滅滅已，寂滅爲樂」，「妙覺隨順，寂滅境界」。妄念旣滅，眞覺顯現。菩提離煩惱而證，涅槃斷生死而得。所以佛言：「隨我所行，至我至處。」

復次，若謂修道者死亡時，方稱涅槃，則非正解。涅槃譯爲滅、滅度、圓寂等。滅煩惱故，滅生死故，離衆相故，大寂靜故，名之爲滅。修道者生前，可以證得涅槃，玆以法華經信解品證之。經云：「爾時，慧命須菩提，摩訶迦旃延，摩訶迦葉，摩訶目犍連，從佛所聞未曾有法，世尊授舍利弗阿耨多羅三藐三菩提記，發希有心，歡喜踴躍，卽從座起，整衣服，偏袒右肩，右膝着地，一心合掌，屈躬恭敬，瞻仰尊顏，而白佛言：我等居僧之首，年並朽邁，自謂已得涅槃，無所堪任，不復進求阿耨多羅三藐三菩提。世尊往昔說法旣久，我時在座，身體疲懈，但念空、無相、無作。於菩薩法，游戲神通，淨佛國土，成就衆生，心不喜樂。」觀此經文，不但足以證明須菩提尊者等，在佛說法華經時，已證得有餘涅槃；且尊者等，但修空、無相、無作（卽三三昧），心不喜樂菩薩法，成就衆生，更足以證明二乘聖人只求自了，不發大心之所以然。

丙、修四種觀

我輩凡夫，心如獮猴，捨一取一，片刻不停，如何常繫此心？如何修此二字？佛現先談禪坐時之「繫心」。禪定有深有淺，經中所說甚多。下段經文，利於初修。佛對求解脫的人，教其將妄心靜靜地集中在一點上面，修四種觀，（內空觀、外空觀、內外空觀、不動心觀。其中三空，便是十一種空觀中之三種），卽是教其繫心修定，進入初禪、二禪、三禪、四禪，得到內心的歡喜解脫。行住坐臥，都亦自在解脫，不離於定。

觀佛上面所說「常當繫心」一語，參以下段經文「在行住坐臥中，意識不隨貪欲、憂愁的惡法轉移」（不隨惡法轉移，便是定），可見繫心二字不限於禪坐。舉凡行住坐臥，常當繫心修定。動中有定，動定咸宜。是故如來常在定，無有不定時。

今將上海持松老法師所著「釋迦牟尼佛一代行化記，第四十」所引之經文，錄在下面，以供參考。

世尊對阿難說：「求解脫的人，必須消滅一切妄想，住入內空，把心靜靜地集中在一點上。這樣，就能離掉一切欲、和不善法，進入初禪、二禪、三禪、四禪裏面去。假使內空觀制不住心，就用這抑制不住的意識來觀空，或者觀內外空。觀內外空，再制不住心，那就作不動心觀。倘再抑制不住，那就把心集中在前面的那些定相裏，靜下來作內空觀，意識着內心歡喜解脫。再作外空觀，內外空觀，不動心觀，意識着內心的歡喜解脫。像這樣住在空定裏面，如果心裏想着經行，就經行。想着立，就立。想着坐臥，就坐臥。在行住坐臥中，意識不隨貪欲、憂愁的惡法轉移。縱然談論中問，也不會有無意義的閒言語。這樣，才能破除煩惱，得到解脫。」（參考巴利律大會部）

定，指正定，梵語三昧，亦云三摩地。有世間定、出世間定。一切世間定，屬於有漏，不能出三界。世尊昔從阿羅邏五通仙人受無想定。既成就已，後說其過。又從鬱陀仙人受非有想非無想定。既成就已，說非涅槃，是生死法。正定是出世間定，屬於無漏。所謂無漏，是指貪瞋癡等煩惱是衆生生死之因，斷盡煩惱，則生死結解。餘參本章第三節三種法門，及第四節止觀八要。

丁、日常生活中亦修定

眞如本無念，動念卽妄。起信論云「所言覺義者，謂心體離念。」離念境界，惟佛獨證。我輩今在凡夫位，不能無念。念從心起，有染有淨。凡夫染多淨少，賢聖淨多染少，乃至無念。今修佛說繫心法門，把定生死關，經常息緣返照，儘量不動染念（貪瞋癡愛等），儘量使其妄動愈少愈好。時時處處，不離「繫心」二字。日久功醇，自有受用。

日常生活中亦有定，上節已附帶略爲提及。觀佛說「常當繫心」，至爲顯明。法華經中，佛亦曾開示：「若坐，若經行，除睡常攝心。以是因緣故，能生諸禪定。」本節所談者，是禪坐以外之「繫心」，此以日常生活爲主。今分八項，略述如左：

一、禮佛菩薩時，應至誠恭敬，一心頂禮，不雜妄念，方有功德。若身在禮拜，心緣外境，豈非愧對佛菩薩？

二、讀經念咒時，亦應放下一切，專心讀念，字句分明，不緩不急。若聞人談話聲，鄰戶歌唱聲，或其他種種音聲，當繫此心，不使外馳，方有功德。昔某公讀金剛經，欲超度其先母。適有客來，某公急大聲呼侍役：「來茶呀！」終以經中夾雜此「來茶呀」三字，功德因之減色。

三、念佛時，亦然。觀無量壽佛經云：「汝及衆生，應當專心，繫念一處，想於西方。」繫念，卽是繫心。念佛繫心，亦修此二字。所想者西方，所念者彌陀。念至一心不亂，入念佛三昧。發願往生，一生了脫。

四、心之妄動，主要由於眼耳兩根接觸塵境所引起。經云：「智者當觀察，眼不見於色，意亦不知法，是名勝義諦，愚者不能知。」（見佛說大乘流轉諸有經）若能受持反見反聞法門，則繫心當更得力。故能見如不見，聞如不聞，乃至無見無聞，如如不動。心不妄動，便是定。

五、貪愛是衆生生死之根本。聲色貨利，猶如陷阱。貪愛愈烈，惡業愈重，愈陷愈深，沉淪難出。行者若悟心性，明眞妄，修般若，持淨戒，痛念生死，則繫心當更得力。深觀妄身非有，世界亦幻。見一切法皆是無常，皆是動相，悉皆遠離。古德所謂「夢裏明明有六趣，覺後空空無大千」。昔江味農居士（名著「金剛般若經講義」作者），精研般若，戒行嚴淨。蔣維喬居士謂其「一心常在定中，一生得力於般若。」

六、居一切時，常當繫心，修此二字。妄念若起，當下圓照淸淨覺相，勤斷無明。利衰毀譽，稱譏苦樂，八風吹不動，便是定力。此種定力，不在口說，要在實踐。塵境當前，正是考驗自己定力之時。昔有某甲，夜間入室就寢。衆友惡作劇，招來一妓，年輕貌美，推之入室，反鎖其門。甲心不動，天寒甚，擁被卽臥，呼呼入睡。次晨，衆友啓鎖入室，見甲尙獨臥未醒，妓則頭伏几上，以手枕之而睡。（事見古人筆記，姓名地址等，不復盡憶）若某甲者，非有定力，不克臻此！

七、橫逆來臨，常思己過，不見人非。當繫此心，不發瞋火。瞋火一發，功德盡燬，所謂「火燒功德林」便是。佛世時，須菩提尊者常作是念：「若有衆生嫌我立者，我當終日端坐不起。若有衆生嫌我坐者，我當終日立不移處，行臥亦爾」。

八、若妄念一時實難降伏，則惟有轉染爲淨（修十想法等，見本論第五章本來面目，第五節淨念亦是妄心否耶？）念雖未離，染淨不同，境界亦異。

其他一切幻化虛妄境界，亦在日常生活中，隨時隨地，語默動靜，考驗自己。若對境動心，妄念不斷，應心生慚愧，加緊「繫心」，修此二字。無量功德，由此而生。無量煩惱，由此伏斷。

第三節　三種法門

如來有三種妙法門：一爲奢摩他（梵語，此云止），二爲三摩鉢提（梵語，此云等持，卽是觀），三爲禪那（梵語，此云靜慮）。修此法門，須先悟淨覺圓心。從此起修，由修而證。今略言三觀初首方便，圓覺經云：「若諸衆生修奢摩他，先取至靜，不起思念，靜極便覺。如是初靜，從於一身至一世界，覺亦如是。若覺徧滿一世界者，一世界中有一衆生起一念者，皆悉能知。百千世界，亦復如是。……若諸衆生修三摩鉢提，先當憶起十方如來，十方世界一切菩薩，依種種門，漸次修行，勤苦三昧，廣發大願，自熏成種。……若諸衆生修於禪那，先取數門，心中了知生住滅念，分劑頭數。如是周徧四威儀中，分別念數，無不了知。漸次增進，乃至得知百千世界一滴之雨，猶如目覩所受用物。」（圓覺菩薩章）此係初首方便，若欲進修，則詳參威德自在菩薩等章。

圓覺會上，佛金口親宣：「此三法門，皆是圓覺親近隨順，十方如來，因此成佛。十方菩薩種種方便，一切同異，皆依如是三種事業。若得圓證，卽成圓覺。」佛是眞語者，依此修習，決定成就。三種淨觀，隨學其一（普眼菩薩章，佛開示：新學菩薩及末世衆生，先修如來奢摩他行）。此觀不得，復習彼觀，或徧修三種，漸次求證。

佛稱圓覺經爲「頓教大乘」，「十二部經清淨眼目」。頓教有二解。一、頓成之教。頓教是頓悟頓修頓成佛果之法。漸教是歷刧修行方出生死之法。二、頓說之教法。頓教是佛對頓悟之機，從初卽直說大乘法。漸教是對未熟衆生，初說小法，漸次說大乘法。（見實用佛學辭典一六一二頁頓教）。是故佛在經中說「若諸衆生，徧修三種，勤行精進，卽名如來出現於世。」又說：「若諸菩薩及末世衆生，依此修行，漸次增進，至於佛地。」更說：「假使有人，修於聖道，教化成就百千萬億阿羅漢辟支佛果，不如有人聞此圓覺無礙法門，一剎那頃，隨順修習。」

華嚴五祖，唐宗密大師，因讀圓覺經而開悟。大師昔曾隨其師道圓禪師，於任灌家赴齋，得圓覺經。誦未終，即感悟。後至各處參方。其後又讀華嚴經疏，欣然曰：「我逢圓覺，心地開通。今遇此疏，何其幸哉？」乃上書清凉國師，敍門人之禮。

臺宗四十三世祖師諦閑大師，曾謂天臺祖師倡修止觀在前，而圓覺經後至中國，智者大師尚不及見。（作者按，智大師於隋開皇十七年十一月二十四日未時入寂。直至唐代，圓覺經方由罽賓沙門佛陀多羅譯出）。並謂天臺止觀，與圓覺三觀暗合。故大師科判奢摩他爲空觀，三摩鉢提爲假觀，禪那爲中觀。

第四節　止觀八要

修習止觀，有應注意者八點：

一、定，有世間定，出世間定，邪定等。因地不眞，果招紆曲。外凡坐法，必須屛棄，庶免自誤。

二、止即定，觀即慧。止觀雙修，定慧雙得，不偏於止。

三、古德教人：「切不可將已滅之前念，爲所觀之境。」此即楞嚴經不可以生滅心爲本修因。

四、止觀，不限於宴坐靜室。在在處處，任何一法，皆可善巧作止觀，卽無時不在止觀中。

五、若忽覺自己發生解悟，生大歡喜，此時須留意。此種解悟，未必眞悟。若未得謂得，未證謂證，生大我慢，反墮惡道。

六、佛告阿難：「汝常聞我毗奈耶中，宣說三決定義。所謂攝心爲戒，因戒生定，因定發慧，是則名爲三無漏學。」修習止觀，當持梵行。若有欲念，惑業未斷，便破壞定力，卽被業力牽引而去。

七、不可有希望得到神通或奇迹之好奇心理。

八、不可專心觀察自身內部的變化或影響。

第十章　修　慧

梵語若那，譯曰智。般若譯曰慧。大乘義章九曰：「知世諦者，名之爲智。照第一義者，說以爲慧。通則義齊。」

佛說般若，是出世大智慧，與世智聰辯，大不相同。古時譯師，恐世人誤解，故經中仍多沿用梵文「般若」而不翻（如般若波羅蜜），以免混淆。又波羅蜜，波羅密多，古時譯師所譯不同，其實二而一。梵語波羅，華言彼岸。蜜（或密多），華言到。合譯華文，即是到彼岸」

福與慧，如鳥之雙翼，車之兩輪，不可缺一。修福，雖生天上人間，但福盡還墮，依舊在六道苦輪中。金剛經云：「以無我無人無衆生無壽者，修一切善法，則得阿耨多羅三藐三菩提。」離四相，是修慧。修一切善法，是修福。離四相而修一切善法，始符般若無住之妙旨，即是福慧雙修。菩薩福慧雙修，方得阿耨菩提。若只求福，不修慧，如何能出離生死？今略談修慧。

般若波羅蜜，是理體本具之正智，大乘佛法之綱要。般若要旨，即是無住，無住即是不着，又即不取。一般人求開智慧，即是求開般若慧。求開此慧，即是發覺初心。一切如來成正覺時，覺一切法空，都無所有，不可得。大般若經云：「一切如來，應正等覺，得阿耨多羅三藐三菩提時，覺一切法都無所有。以一切法空，不可得故。」我輩凡夫，處處着有，即被業縛，故有輪轉。菩薩修學般若，觀空離染，悟諸法實相，因此解脫。從文字般若，起觀照般若，便證實相般若。般若慧一開，頓悟身心世界皆幻，而無所住。因此，貪欲漸淡，塵相漸離，妄念漸消，乃至明心見性，皆從修習般若而來。由此可見，衆生無慧則縛，有慧則解，解縛須般若。若不修般若，而欲到彼岸，是欲到臺南而北行也。古德之「教宗般若，行在彌陀」（教淨雙修）而有成就者，不乏其人。

觀自在菩薩之所以能「照見五蘊皆空」，所以能「度一切苦厄」，歸功於「行深般若波羅密多時」。智慧（般若）到彼岸，「我縛」方解，苦厄方度，此卽修證功夫。

般若爲諸佛母，三世諸佛及一切佛法，皆從般若波羅蜜出。今舉經文如左：

1金剛經：「一切諸佛，及諸佛阿耨多羅三藐菩提法，皆從此經出。」

2心經：「三世諸佛，依般若波羅密多故，得阿耨多羅三藐三菩提。」

3仁王般若經：「一切諸佛，皆於般若波羅密多中生，般若波羅密多中化，般若波羅密多中滅。而實諸佛，生無所生，化無所化，滅無所滅，第一無二，非相非無相，無自無他，無來無去，如虛空故。」

近有張心義居士與各地信衆，共印「金剛經校正本」二千六百本（流通本譌誤甚多，前經江味農居士根據敦煌石室所藏唐人書寫金剛經之眞蹟，並參考歷代古德註疏，詳加校正），囑余作序。余於序中，曾列舉十二項理由，以證明學佛必須修學般若。玆摘錄於此，以供參考。

「我輩凡夫，若欲見性成佛，則般若不可不修。何以故？言其要者，其故十二：

一、如以上經中說，般若是三世諸佛，及一切佛法之所從出故。

二、佛法卽是般若故。（見大智度論）

三、餘經猶如枝葉，般若猶如樹根故。（見大般若經）

四、佛證大涅槃，但大涅槃從般若波羅蜜出故。（見大般涅槃經）

五、無般若波羅蜜，具有諸煩惱結故。（同上）

六、菩薩於生死海，以五波羅蜜（施、戒、忍、進、定）爲舟船，載功德寶，要因般若波羅蜜爲船師，至於彼岸故。（見大乘理趣六波羅蜜多經）

七、諸佛及菩薩、聲聞、辟支佛、解脫涅槃道，皆從般若得故。（見大智度論）

八、生清淨心故。（見本經：諸菩薩摩訶薩應如是生清淨心。……應無所住而生其心一段）

九、生實相故。（見本經：信心清淨，則生實相。）

十、見如來故。（見本經：若見諸相非相，則見如來。如來，卽佛性。）

十一、破我人衆壽四相（亦卽我見）故。

十二、本經，如來爲發大乘者說，爲發最上乘者說故。

佛說法四十九年中，演說般若，前後達二十二年之久（見臺宗九祖荊溪大師之四教儀備釋），幾佔佛一代說法之一半時間。故云：「從得道夜，至泥洹夜，常說般若。」

第十一章　因地法行

第一節　一切如來的因地法行

圓覺經云：「一切如來，本起因地，皆以圓照清淨覺相，永斷無明，方成佛道。」如來的因地，便是在凡夫時，最初發心的因地。所修法行是如來當時的無漏妙行。最上利根，先明白成佛的根本，是由因地開始的。凡夫在因地，是因人。佛在果地，是果人。圓照的「照」，便是「觀」，亦卽觀照般若。照無不徧，叫做「圓」。清淨覺相的「相」，是無相的相，便是實相。清淨覺相，便是清淨覺體，亦卽清淨佛性，又卽本覺眞心。經文「圓照清淨覺相」一句，便是圓照不生不滅的眞心。簡單地說，便是觀心。虛雲和尙語錄云：「清淨覺相，卽是心。照，卽觀也。卽是觀照自心清淨覺體，亦卽是觀照自性佛。心卽性，卽覺，卽佛。」我輩在不思善，不思惡的時候，在前念已滅，後念未生的時候，可以見到自己的本來面目！這種圓照修功，不限於禪坐，隨時隨地，都可善巧作觀照，卽無時不在「圓照」中。

其次，「永斷無明，方成佛道」兩句，便是要修斷無明（貪欲、瞋恚、愚癡等妄念，亦卽煩惱），方成佛道。世間衆生，因無明而生，亦因而死。生生死死，不出苦輪。佛告阿難：「無明若滅，三界都盡。以是因緣，名出世人。」我輩現今正在因地修行，自應依一切如來所修的無漏妙行而修：圓照淨性，勤斷無明。無明怎樣斷？用般若慧來斷。但先應圓悟如來無上知見，妄念雖刹那生滅，片刻不停，但眞性常一不變，始終沒有生滅。妄念的生滅不停，便是輪轉的循環往復。所以我們在一切時中，要痛念生死，常斷攀緣：內離妄想，外離諸法。（便是內外二見，見維摩詰經）如是修習，隨順眞如，心不妄動，自見本性。倘忽然起了妄念，便即以般若觀照（簡稱慧照）當下一念：我爲什麼心有妄動？這是淨念？或是染念？倘是染念，又即慧照：這是貪欲的念？或是瞋恚等念？這是解脫？是纏縛？是持戒？是犯戒？是應作？是不應作？是得罪？是離罪？倘起染念，即有墮三惡道的可能，所謂：「但至輪廻際，不能入佛海。」應心生慚愧，斷此染念。

若能一眼覷破生死根本，方得解脫。大乘止觀述記云：「此身生老病死，觀其來從何來？去從何去？此心念念不停，生住異滅。起時，觀其起處。落時，觀其落處。須知此身生老病死，爲粗生死。心念生住異滅，爲細生死。凡夫刹那刹那在生死中。若一眼覷破生死根本，方得解脫。」粗生死卽是分段生死，細生死卽是變易生死。二死永亡，方成佛道。

倘欲深入修習，那末，如來有勝方便，便是奢摩他、三摩鉢提、禪那、三種妙法門，都是圓覺親近隨順，如來稱爲「淸淨定輪」。十方菩薩依此修行，十方如來因此成佛。如菩薩單修奢摩他，經中說：「若諸菩薩，惟取極靜，由靜力故，永斷煩惱，究竟成就，不起於座，便入涅槃。」又如單修三摩鉢提，經中說：「若諸菩薩，惟觀如幻，以佛力故，變化世界種種作用，備行菩薩淸淨妙行，於陀羅尼不失寂念，及諸靜慧。」又如單修禪那，經中說：「若諸菩薩，惟滅諸幻，不取作用，獨斷煩惱。煩惱斷盡，便證實相。」若先修奢摩他，後修禪那，經中說：「若諸菩薩，以靜慧故，證至淨性，便斷煩惱，永出生死。」種種修法，詳圓覺經，不再多述了。

初住菩薩，斷一分無明，便見一分佛性。十住菩薩，斷少分無明，見少分佛性。八地以上菩薩，斷多分無明，見多分佛性。等覺菩薩，還有一分生相無明未斷。修至妙覺，方才拿金剛智來斷盡，而且永斷，方成佛道。圓照清淨覺相，是理觀。斷無明，是事修。理觀，全修在性。事修，全性在修，故理事不二。

佛在梵網經中說：「汝是當成佛，我是已成佛」，普為衆生作了保證。華嚴經云：「如來成正覺時，普見一切衆生成正覺，乃至普見一切衆生入涅槃。」（卷五十二，成正覺章）。佛菩薩都從凡夫修，只怕凡夫不肯修。所以金剛經說：「凡夫者，如來說則非凡夫。」（依金剛經校正本）我輩凡夫，修學道佛，志求成佛，最重因地法行。佛是過來人，開示一切如來的因地法行。我輩得到了根本，便不愁枝末。最怕在枝末上找尋，而不向根本上求證，便是舍本逐末。況且，因地不眞，果招紆曲。譬如要到臺中，偏向花蓮方面走，豈非迷失了方向？我輩本具的佛性，隱藏在貪瞋癡等煩惱中，隱藏在人我法我二執中，不能見到。所以必須悟佛的所悟，修佛的所修，方能斷煩惱，證菩提，出生死，入大涅槃。這便是佛說：「隨我所行，至我至處」，也便是所謂「學佛」！

第二節　我們爲什麼應以不生滅心爲本修因？

佛告阿難：「阿難，第一義者，汝等若欲捐棄聲聞，修菩薩乘，入佛知見，應當審觀因地發心，與果地覺，爲同爲異？阿難，若於因地，以生滅心爲本修因，而求佛乘不生不滅，無有是處。」（楞嚴經卷四）第一義，謂無上甚深的妙理，便是本性。清淨佛性（本覺眞心，眞如）不生不滅，常寂常照，如如不動。生滅心是妄心，亦是識心，又即輪迴心。起信論云：「以依不覺故心動，說名爲業，覺則不動。動則有苦，果不離因故。」我輩攀緣塵境，所用之心，剎那生滅，乃至一舉手，一投足，皆在造因，因必倘果。我輩的因心（因地所發的心），須同果地覺的不生不滅，才能滅塵合覺。相反地，有拿此生滅心爲本修因，只能求人天等小果，若欲求諸佛最上一乘不生不滅的眞常果覺，則是南轅北轍！何以故？分別是識，無分別是智。識便染汚，故有生死。智則清淨，故成聖果。生滅心，是有生法，無常、苦、空、無我。不生滅心，是無生法，常、樂、我、淨。楞嚴會上，佛教諸比丘，棄生滅，守眞常，便契合第一義。

金剛經云：「發阿耨多羅三藐三菩提者，應如是知，如是見，如是信解，不生法相」。不生法相，便是一念不生，也便以不生滅心爲本修因。大智度論云：「有念是魔業，無念是法印。」佛在金剛般若會上，敎人從初發心，卽修無念，亦卽敎人修因同果覺，以不生滅心爲本修因。等覺以還，不能無念。離念境界，惟佛獨證。但佛也從凡夫修起。我輩今在凡夫位，修學佛道，自應以此爲因地法行，伏斷無明。初步轉染念爲淨念，漸次增進，乃至染淨二念均泯，方達「不生法相」的境界。

又經文後段：「須菩提，所言法相者，如來說卽非法相，是名法相。」這是說，一切法相，本從緣起，當體卽空，都是假名。湛寂的體，不立一法。知見立知，卽無明本。我們既修無念，以不生滅心爲本修因，所以連這「法相」兩個字，也都不能絲毫執着的！

第三節　結　論

現在作一總結。今天的題目，雖然引了經論，但實際上便是佛說修定修慧，敎菩薩明心見性的觀心法門。圓照淸淨覺相，斷除無明，不生法相，都以不生滅心爲本修因。十方如來，都以此因心而成果覺！我們若能息緣返照，頓息妄念，便能入「生滅滅已，寂滅現前」的境界，故是修定。但斷除無明，必須破我，必須離相，故又是修慧。佛所謂「煩惱爲薪，智慧爲火，成涅槃食，謂常樂我」是也。無明分分斷，佛性分分證。無明永斷，佛性明見，便是佛道圓成的時候。

佛說經敎，不出戒定慧。成實論云：「戒如捉賊，定如縛賊，慧如殺賊。三行次第，賢聖行之。」所以止息妄念才能「定」，斷除無明須用「慧」。又戒定慧，好像一鼎的三足。修戒，攝定慧；修定，攝戒慧；修慧，攝戒定。二乘聖人，定多慧少，不見佛性。十住菩薩，慧多定少，雖見少分佛性，但不很了了。惟佛定慧均等，所以能够明見佛性。

釋迦牟尼佛過去世爲菩薩時，因聞古佛所說的「諸行無常，是生滅法，生滅滅已，寂滅爲樂」的四句偈而超越十二劫，在彌勒菩薩前成佛。又如摩登伽淫女（卽後出家的性比丘尼），聞法之後，淫火頓歇，愛水乾枯，初得阿那含果，後又卽身成羅漢。所以佛說：「知幻卽離，不作方便。離幻卽覺，亦無漸次。」六祖也說：「前念着境卽煩惱，後念離境卽菩提。」

我輩今修如來因地法行，是學佛的基本修功，要實踐，不在口說。各人修行，各修各得，不修不得，冷暖自知。

第十二章　不立文字

第一節　其言是耶？非耶？

某日，作者與友人某甲談話，偶詢其修學近況。彼竟因禪宗「不立文字」一語，以爲修學佛道，不需讀誦經典，甚至屏棄經典，只讀禪宗「公案」「語錄」，經年不轉一經，自以爲卽是「不立文字」。噫！其言是耶？非耶？作者不敏，不能已於言。特擧證明，專就「不立文字」，略抒淺見。

第二節　不立文字出自何典？

先述禪宗不立文字之出處。世尊拈花，迦葉微笑，此一故事，禪宗依據為以心傳心之惟一大事。但大藏經中，未有記載。獨有大梵王問佛決疑經云：「釋尊說法四十餘年，末期之際，一日在靈鷲山說法華經，梵天王獻金波羅花，請佛說法。釋尊登法座，右手取花示衆，不發一言。在座人天，不知所措。獨上座大迦葉，破顏微笑。世尊曰：我有正法眼藏，涅槃妙心，實相無相，付囑摩訶迦葉。」

此經未編入高麗本藏經，亦未入縮版藏經。經中並無「不立文字」字樣。與聯燈會要略異。

宗門雜錄云：「王荆公（註）問佛慧泉禪師云：「禪宗所謂世尊拈花，出在何典？」泉云：「藏經亦不載。」公云：「余頃在翰苑，偶見大梵王問佛決疑經三卷，因閱之，所載甚詳。梵王至靈山，以金色波羅花獻佛，捨身為牀座，請佛為衆說法。世尊登座，拈花示衆，人天百萬，悉皆罔措。獨有金色頭陀，破顏微笑。世尊云：「吾有正法眼藏，涅槃妙心，實相無相，分付摩訶大迦葉」。此經多談帝王事佛請問，所以秘藏，世無聞者。」荆公所言，與上列經文，大同小異，今並錄之，以供參考。按佛祖統記五，亦引荆公說。

（註）王荆公卽王安石，宋神宗時丞相，封荆國公。

聯燈會要，釋迦牟尼佛一章，亦載此故事。但世尊所言一段，比較上列經文，增多「微妙法門，不立文字，敎外別傳」三句，互相比對卽明。文云：「世尊在靈山會上，拈花示衆，衆皆默然。惟迦葉破顏微笑。世尊云：「吾有正法眼藏，涅槃妙心，實相無相，微妙法門，不立文字，敎外別傳，付囑摩訶迦葉。」此外，傳燈錄亦有類似記載。宗門雜錄、聯燈會要，傳燈錄，均是中國古德所著書，非佛說經典。

世尊臨入涅槃，告諸比丘言：「我今所有無上正法，悉以付囑摩訶迦葉。是迦葉者，當爲汝等作大依止。猶如如來，爲衆生作依止處。摩訶迦葉，亦復如是，當爲汝等作依止處。」（大般涅槃經哀歎品第三）。佛以無上正法，全數付囑摩訶迦葉，爲衆比丘作大依止。依據大般涅槃經所載，其受佛正傳，而非「敎外別傳」，則事實昭彰也！

第三節　佛世及禪祖

其次，佛世及其後歷代禪宗祖師，是否某甲所謂之「不立文字」？玆略舉確證如左：

一、佛世時，目連與阿難同聲誦經，共諍勝負，佛呵之。爲說偈言：「雖誦千章，不義何益？不如一句，行可得道。」（增一阿含經增上品第三十一）。此可證佛世已有佛經，但熟讀文句，不解經義，雖誦何益？所謂「依義不依語」卽是。

二、賢愚因緣經云：「爾時，世尊以法句經與優波斯那，令諷奉行。得已，作禮，繞佛三匝而去。還本聚落，思惟意念佛所與經。是時中夜，於高屋上思佛功德，讀誦法句。時毘沙門天王欲至南方，從優波斯那上過，聞誦經聲，住空聽其所誦。……」此又可證佛世已有經典。弟子誦經時，天王且在上空住而聽之。

三、佛滅度後，衆弟子集會，誦佛在世時所說之法，各舉親聞於佛，而經衆共證爲確實者，結集成爲大小乘經典。其第一期結集之經典，卽由西土禪宗初祖摩訶迦葉尊者及二祖阿難尊者等一千人，集於王舍城而結成。先使阿難結集修多羅（經）法藏，次使優波離結集毘尼（律）法藏，又使阿難結集阿毘曇（論）法藏。此見大智度論二。阿難遵佛臨入涅槃之慈誨，經首各立「如是我聞」四字，以明如是之法，乃我親聞於佛者。若謂禪宗不立文字，試問最初結集經律論三藏者，何以卽爲禪宗初二兩祖乎？。

四、達摩祖師（西土禪宗第二十八祖，東土禪宗初祖）西來，佩楞伽經四卷。別梁武，渡長江，北上嵩山少林寺，面壁九年。說偈四句：「外息諸緣，內心無喘，心如牆壁，可以入道。」後以楞伽經四卷及衣鉢，付二祖慧可大師。一部楞伽經，遂爲東土禪宗之寶典。

五、迨後，五祖弘忍大師宏揚金剛般若波羅蜜經，謂：「但持金剛經，卽自見性，直了成佛。」

六、禪宗六祖惠能大師亦宏揚金剛經，且有六祖壇經傳世，宗風大盛。

七、菩薩求正法時，乃至但爲一文一字，一句一義，生難得想。是故一句投火，半偈亡身。此一句半偈，豈非文字？

八、禪宗語錄及公案，豈非文字？

九、禪宗自達摩初祖至六祖，教人離念，直會去。宋代以後，祖師因見衆生根器陋劣，教學人看話頭。看一句：「拖死屍的是誰？」或者二句：「父母未生前，如何是我本來面目？」明代後，教人看一句：「念佛的是誰？」此等語句，又豈非文字？

十、永明寺延壽禪師，因讀楞嚴經，悟佛語心爲宗，遂卽囊括諸經要旨，撰「宗鏡錄」一書，爲宗門要書之一。試問禪師所讀之楞嚴經，豈非佛經？宗鏡錄又豈非文字？

上來略舉數證，㈠證明佛世已有經典，佛且詔誡弟子，不解經義，雖誦無益。不如一句，行可得道。㈡證明最初結集佛教經律論三藏者，卽爲西土禪宗初祖摩訶迦葉及二祖阿難兩尊者。㈢證明東土禪宗祖師亦宏揚經教甚力。㈣正法一句半偈，菩薩所求。

第四節　不立文字之註脚

佛之聖教，不外身教言教。一切佛經，卽佛法身，句句皆是妙用。經云：「若是經典所在之處，則爲有佛，若尊重弟子。」教、理、行、果，爲佛道修證得果之次第。從佛之言教以入理，從理起行，從行證果。文字般若爲三種般若之一。從文字起觀照，從觀照證實相。文字因緣，所關非淺。本教旣稱「佛教」，修道豈能離「教」？佛弟子歸依三寶，紹隆三寶，能否獨缺法寶？

維摩詰經云：「至於智者，不着文字，故無所懼。何以故？文字性離，無有文字，是則解脫。」楞嚴經云：「知見立知，卽無明本。知見無見，斯卽涅槃無漏眞淨。」此可爲「不立文字」之良好註脚。

於此可見，所謂「不立文字」者，但不執着文字而已，非斷滅文字！此卽般若無住之妙旨！惟其不執文字，故能「垢盡明現」，契合「涅槃妙心」，而證實相。若執着文字，分別名相，不求修證，則無異入海算沙，徒勞無益。提婆達多，雖讀六萬經藏，現身不免墮地獄，可爲明證。圓覺經云：「修多羅教，如標月指，若復見月，了知所標畢竟非月。」此之謂也。

佛說法四十九年，方便多門，非止一路。某甲研讀禪宗「語錄」「公案」等書，固是正路，但須知佛經是文字，語錄公案何嘗非文字？又須知經典是佛說，語錄等則是禪德說，不可不辨。若深明「不立」之妙旨，則屏棄佛說經典之並不適當，無待詞費矣。

第五節　禪宗六祖之呵斥

佛滅度後，西土禪祖之所以最初結集三藏經典，原在防止異見邪說，使後世佛子悟佛知見，入佛知見，正法常住，共證菩提。

禪宗六祖惠能大師說：「執空之人有謗經，直言不用文字。既云不用文字，人亦不合語言。只此語言，便是文字之相」。又云：「直道不立文字，即此不立兩字，亦是文字。見人所說，便卽謗他，言着文字。汝等須知，自迷猶可，又謗佛經，不要謗經，罪障無數。」（北宋刻本興聖寺藏六祖壇經，敎示十僧傳法門第六一頁。）大師所言痛快淋漓，可謂盡致。讀此，可住於正知正見！

臺宗第四十三世諦閑大師說：「須知宗有宗眼，教有教眼，縱使於宗中開得隻眼，仍必以教眼證之」。可謂一針見血之言。處此末世，去佛漸遠，賢聖隱伏，眞善知識難求。是故修學佛道，所見所聞，必須印證佛說大乘經典，以辨邪正，免入歧途，並免錯亂修習，自塞悟門。

至理絕言，佛對迷機，不得不假言說以顯道。故金剛經云：「說法者，無法可說，是名說法。」又云：「說法如筏喻者，法尚應捨，何況非法？」我輩凡夫，若不在根本上求，而妄生執着，如何能證實相？

研教，了知內而身心，外而世界，皆是無明變現，有卽非有，非有而有。塵境當前，徹見諸相非相，當下離念，不動不轉。心器常淨，常見佛身。教禪原無二致，殊途同歸。若門戶見深，是一非餘，卽是被縛。

第十三章　金剛經的四句偈

天臺智者大師著金剛經疏，曾把「凡所有相，皆是虛妄。若見諸相非相，則見如來」四句偈的後二句，作爲全經的「經體」，它的重要，便可見一斑了。行者倘能深解這四句偈的眞實義，把它在日常生活中，時時處處，實踐體驗，何患不能明心見性呢？

第一節　先談上兩句

上兩句偈：「凡所有相，皆是虛妄」。

世間萬法，都從緣起（說因是緣起，說果是緣生），各各都沒有自有的、自成的、永恒不變的自性（實體），所以說是「緣起性空」。龍樹菩薩說：「諸法性空但名字，因緣和合故有。」（見大智度論）可見諸法沒有自性，故說「性空」，因其「性空」，故是虛妄相。古人說：「長城萬里今猶在，不見當年秦始皇」，又說：「古人不見今時月，今月曾經照古人」，便是相妄的道理。其實呢，人們有生、老、病、死，諸法有生、住、異、滅，世界有成、住、壞、空，都不出「相妄」的範疇。長城和月，到了最後，也終歸壞滅，不過它們的時間很長很長，人們壽命短暫，不能見到罷了。

世尊是先覺者、大覺者，當他初成道時，便在鹿野苑，爲五比丘說四諦、十二因緣，歸結了世間法的「無常、苦、空、無我」的眞理。世尊說：「此有故彼有，此起故彼起。此無故彼無，此滅故彼滅」（見雜阿含經卷十三）。中論四諦品偈云：「衆因緣生法，我說卽是空，亦爲是假名，亦是中道義。」（此四句偈，一般多誤引，人云亦云，今查對中論，予以校正）諸法緣生不實，不過假名，「知是空華，卽無輪轉」，經論中已說得很透澈的了。

世尊的所以說「相妄」，因爲衆生不了知萬法緣起性空的道理，平日對所見所聞的一切六塵境界，都認爲是眞實的，從而內外貪求，妄想執着，念念生滅，刹那不停，便產生了二執（我、法）三障（煩惱、業、報），生死死生，長在六道的輪迴中，沒有出苦的日期。世尊大悲，爲要破衆生的迷執，所以說「凡所有相，皆是虛妄」。換句話說，世間一切有爲法，都是假有、假相、假名，都不是實在的。使衆生猛回頭來，修習般若，破執除障，出離三界，圓成佛道。

第二節　次談下兩句

其次，再談下兩句偈：「若見諸相非相，則見如來。」上兩句，修觀。下兩句，修證。我輩凡夫，倘能眞實地見到世間有爲法都是「非相」（非眞實之相。見註。）心不貪戀，意不顚倒，遠離一切幻化虛妄境界，像蓮花的出於汚泥而不染，便生「清淨心」，見到自己的本來面目，故曰：「則見如來」。「如來」便是佛性，亦卽本性。「見如來」，便是「見性」，「見本眞」。

（註）參照本經：「如來說一切諸相，卽是非相，又說一切衆生，則非衆生。」

上談離相見性，屬漸門；今談卽相見性，屬頓門。菩薩修學甚深般若，照破妄相，融會諸相，歸於本性：本不生，今不滅。世間一切生滅無常的幻相，都由心造，都沒有實體，「於無生中，妄見生滅」，當體便是眞空實相。如是覺照，性相一如，豁然開朗。世尊說：「法界海慧，照了諸相，猶如虛空。」所以不必滅相，卽相可以見性，亦卽所謂：「卽俗見眞」，「卽幻見實」，「卽生滅，見不生滅」。

因此，眞實能夠見到「諸相非相」的人，必是「對境無心，逢緣不動」的人。這才能是個「見如來」的人！

本經的「信心淸淨，則生實相」，「不取於相，如如不動」，圓覺經的「知幻卽離，離幻即覺」，都可作爲此偈的註脚。

第三節　結　論

古德說：「名利恩愛，世諦中畢竟成空。生老病死，眞體上本來無有」。這是行者悟後的話。從悟進修，捷成菩提，故曰：「菩薩淸涼月，常遊畢竟空，衆生心垢淨，菩提影現中」。這就是說，衆生的心垢淨除，覺性便顯現了。我輩凡夫，無始來不見「諸相非相」，追逐塵境，造業輪迴。今修般若，蒙佛昭示，「若見諸相非相」，即能自見本性。斷一分無明，見一分佛性。大涅槃經卷八云：「十住菩薩，於如來性，知見少分」。同經卷二十五云：「十住菩薩，十分之中，得見一分」。菩薩修行，從初住歷四十一階位，方可成佛。所以本經云：「一切諸佛，及諸佛阿耨多羅三藐三菩提法，皆從此經出」。

第十四章　佛最後開示秘密藏

第一節　猶如日沒還照高山

佛說法四十九年，直至般涅槃時，爲度衆生，開示秘密藏，方說：「一切衆生，悉有佛性。乃至一闡提等，亦有佛性」，「衆生佛性，住五陰中」，「凡有心者，定當得成阿耨多羅三藐三菩提」等。

佛於拘尸那城，娑羅雙樹間，以一日一夜之時間，宣說大乘大般涅槃經，如實暢演如來寶藏，常樂我淨。如佛所言：「諸佛雖有十一部經，不說佛性，不說如來常樂我淨，諸佛世尊不畢竟涅槃，是故此經名爲如來秘密之藏。」（見大般涅槃經梵行品）佛又言：「大德之人，乃能得聞如是大事。凡夫下劣，則不得聞。何等爲大？所謂諸佛甚深秘藏如來性是。以是義故，名爲大事。」（見同經菩薩品）

佛初成道，先說華嚴，猶如日出，先照高山。法華涅槃，是最後說，猶如日沒，還照高山。

如來之言，開發顯露，淸淨無翳，等視衆生，猶如一子，本無秘密藏之可言。佛般涅槃時，曾對迦葉菩薩宣說此旨。譬如長者，有子年幼，初令入學，先敎半字，次敎毗迦羅論（譯云聲明記論，屬於五明中之聲明，卽語學之俗書總名）。佛對機施教，非無善巧方便。初因聲聞弟子根鈍，無有慧力，故先說九部經典，不說方等大乘經典。直至最後般涅槃，始開示衆生悉有佛性，如來常住不變，畢竟安樂。佛於大乘大智海中，說有佛性，二乘之人所不知見。若諸衆生，種善子者，得慧芽果。無善子者，則無所獲。無所獲者，咎在自己，非如來咎。

佛告文殊師利菩薩云：「善男子，諸佛世尊，語有二種，一者世語，二者出世語。如來爲諸聲聞緣覺，說於世語。爲諸菩薩說出世語。是諸大衆，復有二種，一者求小乘，二者求大乘。我昔於波羅奈城，爲諸聲聞轉於法輪。今始於此拘尸那城，爲諸菩薩轉大法輪。復有二人，中根上根。爲中根人，於波羅奈轉於法輪。爲上根人，人中象王迦葉菩薩等，今始於此拘尸那城轉大法輪。……復次，善男子，波羅奈城，大梵天王稽首請我轉於法輪。今於此間拘尸那城，迦葉菩薩稽首請我轉大法輪。我昔於波羅奈城轉法輪時，演說無常、苦、空、無我。今於此間拘尸那城轉法輪時，如實演暢常、樂、我、淨。復次，善男子，我昔於波羅奈城轉法輪時，所出音聲，聞於梵天。如來今於拘尸那城轉法輪時，所出音聲，徧於東方二十恒河沙等諸佛世界。南西北方，四維上下，亦復如是。」（見同經聖行品）

第二節　如來寶藏不付與聲聞弟子等

聲聞緣覺二乘，不見佛性，不得常樂我淨。佛般涅槃時，如來寶藏，不付與聲聞弟子等，而付囑菩薩等。佛言：「彼世間中，有三種味，所謂無常無我無樂。煩惱爲薪，智慧爲火，成涅槃食，謂常樂我。令諸弟子，悉皆甘嗜。復告女人：「汝若有緣，欲至他處，應驅惡子，令其出舍，悉以寶藏，付示善子。」女人白佛：「實如聖教。珍寶之藏，應示善子，不示惡子。」「姊，我亦如是。般涅槃時，如來微妙無上法藏，不與聲聞弟子等。

如來寶藏，不示惡子，要當付囑諸菩薩等。」（見四相品）

第三節　佛過去世受持常樂我淨之法

佛於經中，曾自述過去世為菩薩時，半偈亡身之親歷故事。爾時是無佛世，菩薩作婆羅門，久離世欲，修寂滅行，滅瞋恚火，「受持常樂我淨之法」。諸天及天帝釋提桓因，見大士清淨無染，衆結永淨，惟志求成佛，故欲一試其苦行。天帝變現羅刹形，離菩薩不遠處，宣說過去諸佛所說之半偈：「諸行無常，是生滅法。」菩薩聞此半偈，心生歡喜。自言：「誰開如是解脫之門？誰作良醫，說是半偈，啓悟我心？」但四顧無人，只見一羅刹。菩薩問云：「汝於何處，得此半偈？外道法中，從未聞此佛說空義！」羅刹急於求食，拒說其來歷，但說：「我不食已多日」。菩薩又問：「所食何物？」羅刹答：「所食者，惟人煖肉。所飲者，惟人熱血。」菩薩請其說出其餘半偈，使全偈具足。並又表示，願以身奉施供養。至此，羅刹方才說出下半偈八個字：「生滅滅已，寂滅為樂。」菩薩聞偈，深思其義，石壁等處，書寫此偈。寫畢，即上高樹，捨身投下，以償所願。下未至地，羅刹即現天帝釋之原形，即於空中接取菩薩身，安置平地，並向菩薩頂禮，懺悔罪咎。以是因緣，菩薩便得超越足十二劫，在彌勒菩薩前成佛。（詳見聖行品）

第四節　佛就世間法說

佛初成道時，爲憍陳如等五比丘演說：「無常、苦、空、無我」，是就世間法說。世間諸法，是生滅法，有爲法，是妄，是幻。所以者何？諸法緣起性空，無自性實體，緣聚方生，緣散卽滅。人有生老病死，世界有成住壞空，念念生滅，刹那變壞。古語說：「長城萬里今猶在，不見當年秦始皇！」其他一切，可以概見。凡夫不知生死之無常無樂無我無淨，而執以爲常樂我淨（所謂世間常樂我淨）。因此貪着二十五有，三界受身，苦輪無際。佛呵爲：「無常計常，苦者計樂，無我計我，不淨計淨。」此爲凡夫之四顚倒，又稱有爲之四倒。

佛言：「又復示現，爲計常想者，說無常想。計樂想者，爲說苦想。計我想者，說無我想。計淨想者，說不淨想。若有衆生貪着三界，令離是處。度衆生故，爲說無上微妙法藥。」又言：「四天王處，乃至非想非非想處，皆是無常。以無常故，生老病死。以是義故，非我所欲。」因此，佛說四法印：一、諸行無常。二、一切皆苦。三、諸法無我。四、寂滅爲樂（見佛爲海龍王說法印經）。又說三法印：一、一切法念念生滅，皆無常。二、一切法無我。三、寂滅涅槃（見大智度論卷二十二）。但佛爲菩薩，則只說實相一法印。何謂法印？妙法眞實，不動不變，故爲印。諸佛印可之正法，故云法印。若無此法印，卽是魔說，而非佛說。又卽是邪觀，而非正觀。

聲聞緣覺二乘，聞法開悟，觀世間有爲法之無常無樂無我無淨，斷除煩惱，轉凡成聖，得有餘涅槃。但偏於空，缺乏大悲，只求自了，不及衆生，不見佛性，不得大涅槃之常樂我淨（所謂出世常樂我淨），佛呵爲：「常計無常，樂者計苦，我計無我，淨計不淨。」此爲二乘之四顚倒，又稱無爲之四倒。

第五節　佛就出世間法說

佛臨入涅槃，始開示秘藏，暢說常樂我淨，此就出世間法說。常樂我淨，是不生滅法，無爲法，是眞，是實。是故經云：「世間有常樂我淨，出世間亦有常樂我淨。」又云：「爲破世樂故，演說常樂我淨。爲破世我世淨故，說如來眞實我淨。」

諸佛世尊有二種法，一者世法，二者第一義法。世法可壞，第一義法則不壞滅。復有二種，一者無常無樂無我無淨，二者常樂我淨。無常無樂無我無淨，則有壞滅。常樂我淨，則無壞滅。諸佛世尊爲第一義故，說於世諦，亦令衆生得第一義諦。

衆生見性成佛，有二種因：一正因，二緣因。正因卽是佛性。緣因卽是衆生發菩提心，修諸功德，因緣和合，得見佛性，然後成佛。佛告獅子吼菩薩云：「衆生佛性，不名爲佛。以諸功德，因緣和合，得見佛性，然後得佛。汝言衆生悉有佛性，何故不見者，是義不然。何以故？以諸因緣未和合故。善男子，以是義故，我說二因，正因緣因。正因者，名爲佛性。緣因者，發菩提心。以二因緣，得阿耨多羅三藐三菩提。如石出金。」（獅子吼品）因此，人人有佛性，人人可以修行成佛，但非人人卽身是佛。故云：「衆生佛性，不名爲佛」。若說：「我有佛性，不假修持，卽身是佛」卽犯波羅夷重罪，當受大苦報！

凡夫二乘，各有四顚倒，已如上述。然則，如何爲不顚倒？不顚倒，卽是中道。菩薩摩訶薩，行中道故，得見佛性。見空，亦見不空，是爲中道。亦說有我，亦說無我，是爲中道。經云：「佛性者，名第一義空。第一義空，名爲智慧。所言空者，不見空與不空。智者見空，及與不空，常與無常，苦之與樂，我與無我。空者，一切生死。不空者，謂大涅槃。乃至無我者，卽生死。我者，謂大涅槃。見一切空，不見不空，不名中道。乃至見一切無我，不見我者，不名中道。中道者，名爲佛性。以是義故，佛性常恒，無有變易。無明覆故，令諸衆生不能得見。」（見獅子吼品）。經又云：「有諸外道，或說我常，或說我斷。如來不爾，亦說有我，亦說無我，是名中道。」（見邪正品）

菩薩摩摩訶菩見佛性故，得出世常樂我淨，永斷一切生死。經云：「無所得者，名常樂我淨。菩薩摩訶薩見佛性故，得常樂我淨，是故菩薩名無所得。無所得者，名第一義空。菩薩摩訶薩觀第一義空，悉無所見，是故菩薩名無所得。」（見梵行品）

十住菩薩，見佛性少分，惟佛能明見佛性，故大涅槃須至成佛方證。我輩凡夫，正在修道學佛，以成佛為鵠的。現前雖不能至，但因自身有佛性種子故，倘精勤修持戒定慧，隨佛所行，未來世決當成佛。

第六節　涅槃之因果

涅槃有無因果？涅槃何以無因無果？迦葉及獅子吼兩大菩薩，曾對涅槃因果，發生疑義，請佛決疑。佛卽詳為答覆，並又答婆羅門闍提首那之問，玆分述如左：

一、涅槃因卽是佛性

大涅槃，眞實有我。此我是眞我，卽是佛性。涅槃因，卽是佛性。但佛性之性，不生涅槃，故佛說涅槃無因。世間生死法，悉有因果。涅槃之體，無因無果。

獅子吼菩薩問佛：「世尊，是生死法亦無始終，若無始終，則名為常。常卽涅槃，何故不名生死為涅槃耶？」

佛答：「善男子，是生死法，悉有因果，不得名之為涅槃也。何以故？涅槃之體，無因果故。」

獅子吼菩薩又問：「世尊，夫涅槃者，亦有因果。如佛所說：從因故生天，從因墮惡道，從因故涅槃，是故皆有因。如佛往昔告諸比丘：我今當說沙門道果。言沙門者，謂能具修戒定智慧。道者，謂八聖道。沙門果者，所謂涅槃。世尊，涅槃如是，豈非果耶？云何說言：涅槃之體，無因無果？」

佛答：「善男子，我所說涅槃因者，所謂佛性。佛性之性，不生涅槃。是故我說涅槃無因。能破煩惱，故名大果。不從道生，故名無果。是故涅槃無因無果。」（見獅子吼品）

二、涅槃惟有了因無有生因

世間法，出世間法，均有生因了因。就世間法言，果之種爲生因。如瓜之種，爲瓜之生因。燈光能照物，燈光爲物之了因。就出世間法言，涅槃惟有了因，無有生因，此爲不同於世間法處。涅槃是常，常故無因。三解脫門等能爲一切煩惱，作不生之生因。遠離煩惱，則能了了見於涅槃，故名了因。復次，一切法無我，而大涅槃有眞我，以是義故，涅槃無因，而體是果。是因非果，名爲佛性。何故名因？以了因故。從了因得故，常樂我淨。從生因得故，無常無樂無我無淨。

迦葉菩薩問佛：「世尊，若有因，則有果。若無因，則無果。涅槃名常，常故無因。若無因者，云何名果？而是涅槃，亦名沙門，名沙門果，云何沙門？云何沙門果？」

佛答：「一切世間，有七種果。一者方便果，二者報恩果，三者親近果，四者餘殘果，五者平等果，六者果報果，七者遠離果。（中略）遠離果者，即是涅槃，離諸煩惱，一切善業。是涅槃因，復有二種，一者近因，二者遠因。近因者，即三解脫門。遠因者，即無量世所修善法。善男子，如世間法，或說生因，或說了因。出世間法，亦復如是。亦說生因，亦說了因。善男子，三解脫門、三十七品，能爲一切煩惱，作不生生因，亦爲涅槃而作了因。遠離煩惱，則能了了見於涅槃。是故涅槃，惟有了因，無有生因。」（見迦葉品）

獅子吼菩薩曾以六義，譬喻涅槃因果。請問於佛（六義從略）。

佛答：「善男子，世法涅槃，終不相對。是故六事，不得爲喻。善男子，一切諸法，悉無有我，而此涅槃，眞實有我。以是義故，涅槃無因，而體是果。是因非果，名爲佛性。非因生故，是因非果。非沙門果，故名非果。何故名因？以了因故。善男子，因有二種，一者生因，二者了因。能生法者，是名生因。燈能了物，故名了因。煩惱諸結，是爲生因。衆生父母，是名了因。如穀子等，是名生因。地水糞等，是名了因。復有生因，謂六波羅蜜阿耨多羅三藐三菩提。復有了因，謂佛性阿耨多羅三藐三菩提。復有了因，謂六波羅蜜佛性。復有生因，謂首楞嚴三昧阿耨多羅三藐三菩提。復有了因，謂八正道阿耨多羅三藐三菩提。復有生因，謂信心六波羅蜜。」（見獅子吼品）

佛又告婆羅門闍提首那：「從了因得故，常樂我淨。從生因得故，無常無樂無我無淨。」（見憍陳如品）

第七節　出世間法從世間法修起

楞嚴經云：「本來無有世界衆生，因妄有生，因生有滅。生滅名妄，滅妄名眞。」凡夫所知者世諦（卽俗諦），菩薩摩訶薩所知者第一義諦（卽眞諦）。世間萬有，隨心生滅，惟心所現，原本無生。「本來無有世界衆生」一語，非佛不能道。此一段經文，揭破了衆生生死之謎。

菩薩摩訶薩，無凡夫二乘之八顚倒，深觀身心世界，皆是幻垢。識心生滅，猶如流水。不生不滅，於識心生滅上見，亦於識心生滅上起修。是故經云：「生滅滅已，寂滅現前。」無爲之眞性，於有爲之虛妄幻相上見，亦於虛妄幻相上起修。是故經云：「若見諸相非相，則見如來。」因此，在「滅妄」上加緊用功，內外琢磨。外離塵境，歷境驗心，對境不動。內離妄想，惟是一心，常寂常照。譬如磨鏡，日日磨，時時磨，處處磨。磨至最後，垢盡明現。暗卽世間，明卽出世間。菩薩摩訶薩，勤修戒定慧，是因地，亦卽是因人。勇猛精進，依法修證，最後圓成佛道，是果地，亦卽是果人。

無常、苦、空、無我，不離上半偈之「諸行無常，是生滅法。」常、樂、我、淨，不離下半偈之「生滅滅已，寂滅爲樂。」（見本章第三節）生滅法，是世間法。不生滅法，是出世間法。「菩薩摩訶薩已於無量阿僧祇劫，常觀生死無常無我無樂無淨，而爲衆生分別演說常樂我淨。雖如是說，然非邪見，是故復名不可思議。」（見梵行品）世間凡夫，不觀生死之無常無樂無我無淨，不能轉凡成聖，了脫生死。菩薩不下煩惱大海，不會獲得智寶。不觀衆生沉淪業海，不會起大悲，發菩提心根芽。不行中道，不修三解脫門、般若波羅蜜、三十七道品等，則不會斷煩惱，見佛性。不見佛性，如何能得出世常樂我淨？華嚴經云：「諸佛如來以大悲心而爲體故，因於衆生而起大悲。因於大悲，生菩提心。因菩提心，成等正覺。……一切衆生而爲樹根，諸佛菩薩而爲華果。以大悲水饒益衆生，則能成就諸佛菩薩智慧華果。是故菩提屬於衆生。若無衆生，一切菩薩終不能成無上正覺。」此又可見出世間法，從世間法修起。

第八節　常樂我淨與大涅槃

一、大涅槃卽是常樂我淨

經云：「涅槃卽是常樂我淨。涅槃雖樂，非是受樂，乃是上妙寂滅之樂。」（德王品）

經又云：二乘所得，非大涅槃，無常樂我淨故。常樂我淨，乃得名爲大涅槃。」（同上）

二、不見佛性，無常無我，惟見樂淨

經云：「善男子，有名涅槃，非大涅槃。云何涅槃，非大涅槃？不見佛性，而斷煩惱，是名涅槃，非大涅槃。以不見佛性故，無常無我，惟見樂淨。以是義故，雖斷煩惱，不得名爲大般涅槃。若見佛性，能斷煩惱，是則名爲大涅槃。以見佛性故，得名爲常樂我淨。」（同上）

三、大涅槃從般若波羅蜜出

佛告住無垢藏王菩薩云：「從佛出十二部經。從十二部經，出修多羅。從修多羅，出方等經。從方等經，出般若波羅蜜。從般若波羅蜜，出大涅槃，猶如醍醐。言醍醐者，喻於佛性。」（聖行品）

四、諸佛從六波羅蜜、三十七道品、十一種空觀，來至大涅槃

佛告迦葉菩薩云：「云何名如來？如過去諸佛所說不變。云何不變？過去諸佛爲度衆生，說十二部經，如來亦爾，故名如來。諸佛世尊，從六波羅蜜、三十七品、十一空、來至大涅槃。如來亦爾，是故號佛爲如來也。諸佛世尊，爲度衆生，隨宜方便，開示三乘，壽命無量，不可稱計。如來亦爾，是故號佛爲如來也。」（梵行品）

十一空，卽諸佛世尊之十一種空觀。所謂內空、外空、內外空、有爲空、無爲空、無始空、性空、無所有空、第一義空、空空、大空。此十一空，從修定得。其義詳經，玆從略。

五、常樂我淨之意義

常樂我淨之意義，根據大般涅槃經，略述如左，並註明出處，以便查考：

一、常：①「涅槃是常，有爲無常。」（憍陳如品）

②「有生之法，名曰無常。無生之法，乃名爲常。」（德王品）

③「不作不受，故名爲常。」（獅子吼品）

④「凡夫之人，雖滅煩惱，滅已復生，故名無常。如來不爾，滅已不生，是故名常。」（四相品）

二、樂：①「不生不滅，故名爲樂。」（獅子吼品）

②「斷一切受，名無受樂。如是無受，名爲常樂。」（四相品）

三、我：①「如來今日所說眞我，名曰佛性。」（如來性品）

②「我者，卽是如來藏義。一切衆生，悉有佛性，卽是我義。如是我義，從本已來，常爲無量煩惱所覆，是故衆生不能得見。」（同上）

③「諸佛菩薩，更不復受二十五有，故名出世。以出世故，故名爲我。」（聖行品）

④「如來常住，則名爲我。如來法身，無邊無礙，不生不滅，得八自在，是名爲我。」（獅子吼品）

四、淨：①「無煩惱垢，故名爲淨。」（獅子吼品）

②「常我樂故，名之爲淨。」（憍陳如品）

六、大涅槃之意義

茲亦根據同經，註明出處，略述大涅槃之意義如左：

①「有大我故，名大涅槃。」（德王品）

②「無相定者，名大涅槃，無十相故。何等爲十？所謂色相、聲相、香味觸相、生住壞相、男相、女相。」（獅子吼品）

③「大寂定者，名大涅槃。」（同上）

④「能了了見於佛性，則得名大涅槃。是大涅槃，惟大象王能盡其底。大象王者，謂諸佛。」（德王品）

⑤「大涅槃，卽是諸佛甚深禪定，非是聲聞緣覺行處。」（現病品）

第九節　如何修習？

修習方面，除以上各節外，茲再略述一二：

甲、修十法得見佛性

獅子吼菩薩問佛：「世尊，菩薩具足成就幾法，得見佛性而不明了？諸佛世尊成就幾法，得了了見？」

佛答：「菩薩具足成就十法，雖見佛性，而不明了。云何爲十？一者少欲，二者知足，三者寂靜，四者精進，五者正念，六者正定，七者正慧，八者解脫，九者讚歎解脫，十者以大涅槃教化衆生。」

佛又解答此十法疑義：「(一)(二)少欲者，不求不取。知足者，得少之時，心不悔恨。少欲者，少有所欲。知足者，但爲法事，心不愁惱。欲有三種：一者惡欲，二者大欲，三者欲欲。若有比丘心生貪欲，欲爲一切大衆上首，另一切僧隨逐我後，令諸四部悉皆供養、恭敬、讚歎、尊重於我，令我先爲四衆說法，皆令一切信受我語，亦令國王大臣長者皆恭敬我，令我大得衣服；飲食、臥具，醫藥、上妙屋宅。爲生死欲，是名惡欲。云何大欲？若有比丘生於欲心：云何當令四部之衆，悉皆知我得初住地乃至十住，得阿耨多羅三藐三菩提，得阿羅漢果乃至須陀洹果，我得四禪乃至四無礙智？爲於利養，是名大欲。欲欲者，若有比丘欲生梵天、魔天、自在天、轉輪聖王、若刹利，若婆羅門，皆得自在。爲利養故，是名欲欲。若不爲是三種惡欲之所害者，是名少欲。欲者，名爲二十五愛。無如是二十五愛，是名少欲。不求未來所欲之事，是名少欲。得而不爲，是名知足。不求恭敬，是名少欲。得，不積聚，是名知足。有少欲，不名知足。有知足，不名少欲。有亦少欲，亦知足。有不少欲，不知足。少欲者，須謂垞洹。知足者，謂辟支佛。少欲知足者，謂阿羅漢。不少欲，不知足者，所謂菩薩（作者按，菩薩不少欲，不知足，非謂五塵惡欲，實指發大心，修大行，勤精進）。復有二種，一者善，二者不善。不善者所謂凡夫。善者，聖人菩薩。一切聖人雖得道果，不自稱說。不稱說故，心不惱恨，是名知足。菩薩摩訶薩修習大乘大涅槃經，欲見佛性，是故修習少欲知足。㈢云何寂靜？寂靜有二：一者心靜，二者身靜。身寂靜者，終不造作身三種惡。心寂靜者，亦不造作意三種惡。是則名爲身心寂靜。身寂靜者，不親近四衆，不預四衆所有事業。心寂靜者，終不修習貪欲恚癡，是則名爲身心寂靜。或有比丘身雖寂靜，心不寂靜。有心寂靜，身不寂靜。有身心寂靜，又有身心俱不寂靜。身寂靜、心不寂靜者，或有比丘坐禪靜處，遠離四衆，心常積集貪欲恚癡，是名身寂靜心不寂靜。心寂靜、身不寂靜者，或有比丘親近四衆國王大臣，斷貪恚癡，是名心寂靜身不寂靜。身心寂靜者，謂佛菩薩。身心不寂靜者，謂諸凡夫。何以故？凡夫之人，身心雖靜，不能深觀無常無樂無我無淨。以是義故，凡夫之人不能寂靜身口意業。……㈣云何精進？若有比丘，欲令身口意業淸淨，遠離一切諸不善業，修習一切諸善業者，是名精進。㈤是勤進者繫念六處，所謂佛法僧戒施天，是名正念。㈥具正念者所得三昧，是名正定。㈦具正定者，觀見諸法，猶如虛空，是名正慧。㈧具正慧者，遠離一切煩惱諸結，是名解脫。㈨得解脫者，爲諸衆稱美解脫，言是解脫，恒常不變，是名讚歎解脫。㈩解脫卽是無上大般涅槃。涅槃者，卽是煩惱諸結火滅。又涅槃者，名爲屋宅，何以故？能遮煩惱惡風雨故。又涅槃者，名爲歸依，何以故？能過一切諸怖畏故。又涅槃者，名爲洲渚。何以故？四大暴河不能漂故。何等爲四？一者欲暴，二者有暴，三者見暴，四者無明暴。是故涅槃名爲洲渚。又涅槃者，名畢竟歸。何以故？能得一切畢竟樂故。若有菩薩

摩訶薩成就具足如是十法，雖見佛性而不明了。……」（見獅子吼品）

乙、眼見佛性與聞見佛性

獅子吼菩薩問佛：「十住菩薩，以何眼故，雖見佛性而不了了？諸佛世尊，以何眼故，見於佛性而得明了？」

佛答：「慧眼見故，不得明了。佛眼見故，故得明了。爲菩提行故，則不了了。若無行故，則得了了。住十住故，雖見不了。不住不去故，則得了了。菩薩摩訶薩智慧因故，見不了了。諸佛世尊斷因果故（參第六節涅槃之因果），見則了了。一切覺者，名爲佛性。十住菩薩不得名爲一切覺故，是故雖見而不明了。善男子，見有二種，一者眼見，二者聞見。諸佛世尊眼見佛性，如於掌中觀阿摩勒（即是巴拉，又名番石榴、百樂、水菓之一種）。十住菩薩聞見佛性，故不了了。十住菩薩雖能自知定得阿耨多羅三藐三菩提，而不能知一切衆生悉有佛性。善男子，復有眼見，諸佛如來、十住菩薩眼見佛性。復有聞見，一切衆生乃至九地，聞見佛性。若聞一切衆生悉有佛性，心不生信，不名聞見。」（見獅子吼品）

丙、觀修定得見佛性等二十事

佛敎阿闍世王觀察「以何方便，得見佛性？」，「云何修定，得見佛性？」等二十事。佛言：「凡夫之人，常當繫心，觀身有二十事。一、我此身中，空無無漏。二、無諸善根。三、我此生死，未得調順。四、墮墜深坑，無處不畏。五、以何方便，得見佛性？六、云何修定，得見佛性？七、生死常苦，無常樂我淨。八、八難之難，難得遠離。九、恒為怨家之所追逐。十、無有一法，能遮諸有。十一、於三惡處，未得解脫。十二、具足種種諸惡邪見。十三、亦未造立，度五逆津。十四、生死無際，未得其邊。十五、不作諸業，不得果報。十六、無有我作，他人受果。十七、不作樂因，終無樂果。十八、若有造業，果報不失。十九、因無明生，亦因而死。二十、去來現在，常行放逸」。「大王，凡夫之人，當於此身，常作如是二十種觀。作是觀已，不樂生死，則得止觀。爾時次第觀心生相住相滅相。定慧進戒，亦復如是。觀生住滅已，知心相乃至戒相，終不來惡，無有死畏，三惡道畏。若不繫心觀察如是二十事者，心則放逸，無惡不作。」（見梵行品）

丁、佛身常樂我淨之由來

慈悲喜捨，為四無量心。此四法，名為三昧，十二門禪中之四禪。緣無量衆生，種無量福，感無量果。佛自述過去世為轉輪聖王時，修此四無量心。「修慈八萬歲，修悲八萬歲，修喜捨亦各八萬歲。以是義故，如來之身，常樂我淨。」（見獅子吼品）修慈心，能斷貪欲。修悲心，能斷瞋恚。修喜心，能斷不樂。修捨心，能斷貪恚及衆生相。為諸衆生，除無利益，是名大慈。欲與衆生無量利樂，是名大悲。於諸衆生，心生歡喜，是名大喜。自捨己樂，施與他人，不見我法相己身，見一切法平等無二，是名大捨。菩薩摩訶薩先得世間四無量心，然後乃發阿耨多羅三藐三菩提心，次第方得出世間者。（見梵行品）

戊、魔眷屬

世間二十五有，菩薩不見一實。見一切法不空者，貪着「世樂世我」。不修般若波羅蜜，不得入大涅槃，佛訶爲魔眷屬。佛言：「若有沙門婆羅門，見一切法不空者，當知是人，非是沙門，非婆羅門，不得修習般若波羅蜜，不得入於大般涅槃，不得現見諸佛菩薩，是魔眷屬。」（德王品）

己、乳酪生熟酥醍醐

佛道祇一乘，方便說三。衆生根器有利鈍，智慧有深淺，佛對機施教，因之而異。二乘若發菩提心，回小向大，卽是大乘。如佛所言：「一切菩薩、聲聞、緣覺之人，未來之世，皆當歸於大般涅槃。譬如衆流，皆歸於大海。是故聲聞緣覺之人，悉名爲常，非是無常。以是義故，亦有差別，亦無差別。聲聞如乳，緣覺如酪，菩薩之人如生熟酥，諸佛世尊猶如醍醐。」（菩薩品）

庚、修戒定慧親近大涅槃

一、佛說偈言：「比丘若修習，戒定及智慧，當知是不退，親近大涅槃。」（獅子吼

品)

二、佛言：「一切衆生，雖有佛性，要因持戒，然後乃見。因見佛性，得成阿耨多羅三藐三菩提。九部經中，無方等經，是故不說有佛性耳。經雖不說，當知實有。若作是說，當知是人，眞我弟子。」(邪正品)

三、佛又言：「衆生佛性，不一不二。諸佛平等，猶如虛空，一切衆生共同有之。若有能修八聖道者(見下三十七道品)，當知是人，則得明見。」(獅子吼品)

辛、何因緣故受持禁戒？

獅子吼菩薩問佛：「世尊，何因緣故，受持禁戒？」

佛答：「善男子，爲心不悔故。何故不悔？爲受樂故。何故受樂？爲遠離故。何故遠離？爲安穩故。何故安穩？爲禪定故。何故禪定？爲實知見故。何故爲實知見？爲見生死諸過患故。何故爲見生死過患？爲心不貪着故。何故爲心不貪着？爲得解脫故。何故爲得解脫？爲得無上大涅槃故。何故爲得大般涅槃？爲得常樂我淨法故。何故爲得常樂我淨法？爲得不生不滅故。何故爲得不生不滅？爲見佛性故。是故菩薩性自能持究竟淨戒。」(獅子吼品)

壬、修三十七道品入大涅槃

菩薩修三十七助道品（又名三十七菩提分），入大涅槃。請參閱第八節佛所云：「諸佛世尊，從六波羅蜜、三十七品、十一空、來至大涅槃」。

佛言：「菩薩修習三十七品，入大涅槃，常樂我淨。」（見德王品）玆將三十七道品之名相分述如左：

1四念處　（新云四念住）一觀身不淨（身念處），二觀受是苦（受念處），三觀心無常（心念處），四觀法無我（法念處）。此四念處，以慧爲體。慧能使念住於所觀之處，故又名四念住。

佛臨入涅槃，阿難尊者問佛：「世尊，若佛在世，依佛而住。如來旣滅，依何而住？」佛答：「阿難，依四念處嚴心而住。觀身性相，同於虛空，名身念處。觀受不在內外，不住中間，名受念處。觀心但有名字，名字性離，名心念處。觀法不得善法，不得不善法，名法念處。阿難，一切行者應當依此四念處住。」（見遺敎品）

2四正勤　（又名四意斷、四正斷、四正勝）一對已生之惡，爲除斷而勤精進。二對未生之惡，更爲使不生而勤精進。三對未生之善，爲生而勤精進。四對已生之善，爲使增長而勤精進。（見智度論十九）

3四如意足　（卽四神足）。一欲如意足，二精進如意足，三心如意足，四思維如意足。此四，通言如意者，前四念處，修眞智慧，四正勤修正精進。精進故，智慧增多，而定力尚微弱。今修四如意足，得四種定攝心故，定慧均等，所願如意，故名如意足。新譯欲勤心觀四神足。欲謂希求。由欲力故，引發定起，名爲欲神足。勤謂勤策。由勤力故，引發定起，名勤神足。心謂所依（心所所依），一云定能攝心稱心。由心力故，引發定起，名心神足。觀謂觀察，一云於境簡擇名觀。由觀力故，引發定起，名觀神足。神謂神通，妙用難測，故名爲神。勝定能發神通，故名神足。定因有四，故名四神足。

4五根　一信，於三寶四諦因果等，能深忍樂，爲信。二精進，勇猛進修，不放逸，是爲精進。三念，憶持正法爲念。四定，心專注一境，爲定。五慧，達於無爲之空理，爲慧。此五，能生一切善法，故名爲根。

5五力　即前五根增長所生之力。一信力，信根增長，破諸邪信。二精進力，精進根增長，能破身心懈怠。三念力，念根增長，能破諸邪念。四定力，定根增長，能破諸雜亂想。五慧力，慧根增長，能破三界諸惑。

6七覺支　（又作七菩提分）一念（見前）。二擇法（觀察得失）。三精進（見前），四喜，（解道意，心常歡喜。參照佛說孛經的四意止之一）。五輕安（調暢身心，輕利安適）。六定（見前）。七捨（遠離沈掉，平等寂靜）。覺者覺了，支者品類。

7八正道　一正見，見苦集滅道四諦之理而明之也，離諸邪倒邪見也。以無漏之慧爲體，是八正道之主體也。二正思維，既見四諦之理，進而思惟，使眞智增長。以無漏之心所爲體。三正語，以眞智修口業，不作一切非理之語。以無漏之戒爲禮。四正業，以眞智除身之一切邪業，住於清淨之身業。以無漏之戒爲禮。五正命，清淨身口意三業，順於正法而活命。離五種之邪命活：①詐現異相，於世俗之人，詐現奇特之相，以求利養者。②自說功能，說自己功德，以求利養者。③占相吉凶，學占卜而說人之吉凶，以求利養者。④高聲現威，大言壯語而現威勢，以求利養者。⑤說所得利，以動人心，於彼得利，則於此稱說之；於此得利，則於彼稱說之，以求利養者。（見智度論十九）。正命以無漏之戒爲體。六正精進，發用眞智，而強修涅槃之道。以無漏之勤爲體。即依正見、正思維、正語、正業、正命，精勤修行，相續無間者，名正精進。七正念，以眞智憶念正道，而無邪念，顚倒執眞。以無漏之念爲體。八正定，以眞智入於無漏清淨之禪定，繫心一境，離散亂心，遠離凡外邪定，以無漏之定爲體。此八法，盡離邪非，故謂之正。能到涅槃，故謂之道。總爲無漏，不取有漏，是見道位之行法也。八正道，通戒定慧三學。正語、正業、正命爲戒。正念、正定爲定。正見、正思維、正精進爲慧。（三十七道品，參考經、論佛學辭典等）

第十五章　結　論

先哲有言：「大夢誰先覺？」世間如夢境，衆生都在大夢中。試觀我輩凡夫，惡業山積，六道流轉，三界難出。來匆匆，去亦匆匆。生如夢，死亦如夢。睡時固夢，醒來依舊未脫此夢境。佛是先覺者，大覺者，大慈大悲，憐憫衆生，以一大事因緣示現於世。說法四十九年，大小三百餘會，雨大法雨，演大法義，欲衆生出離此「火宅」，同登覺岸。

賢首菩薩答覆文殊菩薩云：「文殊，法常爾，法王唯一法，一切無礙人，一路出生死。一切諸佛身，唯一是法身。」（見華嚴經）觀此，可見佛（法王）唯有一法，便是教人出生死，證法身。證法身卽是證本眞，又卽明見佛性。

我輩凡夫，失卻本心，久住迷途，今欲出生死，證法身，唯有悟修。悟者悟心性，修者修心性。若不從自已心性上參究觀照，眞實用功，其道無由。

楞嚴會上，阿難尊者請佛開示十方如來得成菩提、妙奢摩他、三摩、禪那、最初方便。尊者聞佛慈誨，重復悲淚，五體投地，長跪合掌而白佛言：「雖身出家，心不入道。譬如窮子，捨父逃逝。今日乃知雖有多聞，若不修行，與不聞等。如人說食，終不能飽」後又自念：「無始來，失卻本心，妄認緣塵分別影事。」（見楞嚴經）阿難尊者既悔多聞不修之病，又悟迷眞逐妄之非。可見心性之悟與修，二者不可缺一。

諦閑大師曾言：「末世衆生，先悟後修者甚少。有終身修，而未悟者。」大師悲心至切，感慨良多。

本論，除其他部份已略述者外，現又扼要作一總結如左：

一、識本心　十方三世一切諸佛，與一切衆生同一淨心爲體。此淨心，卽淸淨佛性，又卽本覺眞心。寂常妙明，不生不滅。是故楞嚴會上，佛敎阿難，先悟常住眞心。圓覺會上，佛敎菩薩，先悟淨圓覺心。金剛般若會上，佛敎菩薩，生淸淨心。所以者何？諸法緣起，起唯法起，滅唯法滅。俗諦緣起，眞諦本寂。俗諦皆幻，眞諦不變。諸幻盡滅，覺心本不動。三世平等，無有來去。觀無生性，印諸境界。一切衆生於無生中，妄見生滅。恍然了知本無煩惱，原是菩提。本無生死，原是涅槃。我輩無始來妄有此身，妄起生滅，妄造惡業，妄有輪轉，原與本性根本無涉。生死涅槃，猶如昨夢。

二、修無念　佛在金剛般若會上，最後曾作一重要之開示：「發阿耨多羅三藐三菩提心者，應如是知，如是見，如是信解，不生法相。」諸法所生，唯心所現，法法皆是心相。「不生法相」，卽是一念不生。法與非法等一切皆離，顯諸法一如。唯是一心，心外無法。若心外有法，卽非絕待眞心。佛敎菩薩，從初發心，卽修無念。我輩以不生滅心爲本修因，方證不生滅果。大智度論云：「有念是魔業，無念是法印。」大乘起信論云：「若能觀察，知心無念，卽得隨順入眞如門故。」所謂隨順者，卽是隨時隨地，以順理之智，順用入體。因此，欲修無念，須不起貪瞋癡等妄念，遠離一切幻化虛妄境界，見如不見，聞如不聞，離相不動，方與本性相應。如念佛亦然。以淨念治染念，以一念治萬念。若能佛外無念，一心不亂，久久相應，卽能無念，見自性彌陀。起信論云：「覺心源故，名究竟覺。」菩薩歷三大阿僧祇刼，經四十一階位，修至妙覺，以金剛智，永斷最後一分生相無明，始離微細念，而常住本覺眞心，圓成佛道。故知無無明卽覺，究竟覺卽是無念。但所謂無念，非同木石，實指本覺眞心，淸淨本然，如如不動。所以者何?眞如之體，本寂本照。照而常寂，寂而常照，寂照雙融，究竟涅槃。

三、行中道　佛自稱：「我已隨順中道之行，得成阿耨多羅三藐三菩提。」諸菩薩摩訶薩，起大悲，發大心，立大願，修六度萬行。滅度無量無數無邊衆生，實無衆生得滅度。般若功深，得第一義空，行於中道，見自佛性。第一義，卽謂本性。第一義空，卽諸法實相。如佛所言：「聲聞緣覺見一切空，不見不空，乃至見一切無我，不見於我。以是義故，不得第一義空。不得第一義空故，不行中道。無中道故，不見佛性。」（見大般涅槃經獅子吼品）經文「不見於我」之「我」，是「眞我」，卽是佛性。並非我人衆壽之「我」，亦非世間常樂我淨之「我」。佛又言：「十住菩薩智慧力多，三昧力少，不得明見佛性。」（作者按，同經卷八曾云：「十住菩薩於如來性，知見少分」，故不明見）。聲聞緣覺三昧力多，智慧力少。以是因緣，不見佛性。諸佛世尊定慧等故，明見佛性，了了無礙，如觀掌中菴摩勒果。」（見同經卷二十八）

四、修出世常樂我淨　我輩凡夫，妄心生滅，刹那不停，未脫分段生死。聲聞乘修四諦，出三界，不受後有。緣覺乘修十二因緣，了脫生死。此二乘，雖已轉凡成聖，但尙有變易生死。佛臨入涅槃，爲諸比丘開示秘密藏，告之曰：「汝等比丘，不應如是修習無常、苦、無我想、不淨想等，以爲實義。如彼諸人，各以瓦石草木沙礫而爲珠寶。汝等當學方便，在在處處，常修我想，常樂淨想。」（見大涅涅槃經卷二哀歎品）。眞我（佛性），衆生本具，但不知不覺。佛曾說無常、苦、空、無我、不淨，教二乘修習，旨在使其轉凡夫爲賢聖，從輪迴苦縛中解脫出來，是權說。權說者，暫時適應機宜之方便。後見二乘只求自度，不發大心，住於「化城」，故又教其修習出世常樂我淨，餐大乘法食，修菩薩行，回小向大，自利利他，明見佛性，圓成佛道，是實說。實說者，究竟義也。佛所證涅槃是大涅槃，常樂我淨。如來常在定，無有不定時。常樂我淨，爲一部大般涅槃經之所詮。

菩薩摩訶薩，覺悟自己刹那生滅之五蘊身中，具有不生不滅之清淨佛性（眞如、本覺眞心）。世間一切法，皆是無常，皆是動相，內空，外空，內外皆空。惟有佛性，非內非外，不在二空。凡有心者，皆當作佛。是故發大菩提心，以寂常心性爲悟修之因地。因地既眞，直向菩提，隨佛所行，行解相應，不懈不退。從不見佛性，進而「聞見」佛性，乃至「眼見」佛性。見佛性故，得常樂我淨。是故佛言：「得見佛性，然後得佛。」

五、識路歸家　佛之聖教，直指心源，令人步步追尋，返本還源，出生死，證法身。我輩凡夫，若從聖教透得消息，豁然省悟，生大慚愧，起大精進，依法修持，不懈不退，便從此識路歸家！

最後，引用般若波羅密多心經的幾句咒，作爲結束—咒曰：

揭諦，揭諦，

波羅揭諦，

波羅僧揭諦，

菩提薩婆訶。

幻廬隨筆

幻廬隨筆自序

回憶往昔，作者曾在新聞界及司法界服務均甚久。平時雖與寺院住持監院或其他法師頗多往還，但純爲業務上之接觸，以致佛法一句半偈，從未道及。咫尺天涯，能不扼腕？又憶二十餘年前，太虛大師曾一度駐錫上海靜安寺。承該寺住持盛意，邀余同謁大師。當時略事寒暄，未請開示法要。至今思之，追悔莫及。其後，該寺住持又曾以佛學書籍見贈。彼有意度余，余竟束諸高閣。可憐夢中人，徘徊佛門外。佛法難聞，如是如是。

十四年前暮春，先母棄養。余檢視其書篋，忽發現佛經多種。其中「金剛經解義」（附般若心經註釋）一書，余對之特別有緣，一見心喜，朝夕研讀，不能釋手。此乃先母所遺之寶藏。余在此寶藏中，發現無上眞理，成佛妙門（一切諸佛皆從般若波羅蜜出，大涅槃亦復如是）。如飲醍醐，徹骨清涼，宇宙人生觀頓卽改變。生死苦海，突然駛來大法船，燃大法炬！當余初次在玉佛寺大法會禮佛時，一入大雄寶殿，仰瞻巍峩佛像，髣髴迷失歸路，忽見慈父，涕淚悲泣，不能自已。從此，陸續請到各種經典，在家學佛，不敢放逸，時年已五十有三矣。時節因緣，又如是如是。

我輩凡夫，未聞佛法以前，如處暗室，不見日月，罪過滋多。若不懸崖勒馬，必墮深淵。余旣聞佛法，遂觀察衆生之生死過咎。誠如佛言：「生死本際，凡有二種。一者無明，二者有愛。是二中間，則有生老病死之苦。」我輩起惑造業，長刼流轉。春蠶自縛，咎在作繭。三界衆生，盡在業海。因果果因，不可思議。世尊云：「莫恃現在，當畏未來。」余旣自悲，復悲世間。當前惟一大事，可謂無過於生死矣！

清淨佛性，惟一絕待，衆生本有，凡聖等一。我輩迷此背此，妄想執着，向外馳求。是故輪轉六道，披毛戴角，銅柱鐵床，受種種別異身，軀殼變換，多刼多生，難以數計。而此佛性，常一無變。今之軀殼，雖儼然爲人，但緣起性空，原是假我。執此假我，不見眞我！蘇東坡詠廬山詩，有句云：「未識廬山眞面目，只緣身在此山中。」寓意深遠。有修道者問云：「未知山中人，大夢醒也未？」

佛滅度後，佛子以戒爲師。處此末世，乘戒俱急。「乘」謂行大乘，解第一義。「戒」謂受持佛戒，止黑業。戒定慧三學，以戒爲首。六波羅蜜應具足修，菩薩不能無戒，又甚明顯。古德云：「但取口解脫，全不修行，則乘戒俱失。」又云：「莫謂悟達之人，業不能繫。眼前一念瞋相，卽是怪蟒之形。眼前一念貪相，卽是餓鬼之種。」更以修持淨土法門而言，生品上下，亦與持戒有關，俱見觀無量壽佛經。可見末世弘揚毘尼，嚴持佛戒，尤急不容緩。

民國五十二年九月間，余爲流通佛經事，往訪臺灣印經處，始晉謁我師上道下安上人於松山寺。上人德望並隆，悲智雙運，值此勝緣，初親慈誨。自十月份起，余卽開始在獅子吼月刊撰述「幻廬隨筆」。駒光如駛，瞬近三年。自第二卷第十期起，至第五卷第六期止，除自序外，共刊二十四篇。玆將拙作整理校正，刪其繁蕪，增其簡略，卽以其中半數十三篇，刊行單行本。尙祈諸方大德先進，進而教之。

中華民國五十五年六月十日，後學菩薩戒優婆塞，曉安周孝庵，法名智龕，序於幻廬，時年六十有七。

幻廬隨筆再版自序

拙著「幻廬隨筆」，出版於民國五十五年六月間。書告罄後，仍時有投函獅刊社者，竟無以應。讀者諸君不以鄙陋見棄，殊覺感愧交併也。隨筆出版後，余又有新作，陸續發表於獅刊。爰就九年來所刊新舊作四十三篇中（自獅刊第二卷第十期起，至第十卷第五期止），選刊二十四篇，另以中副所刊拙作「吃虧是福」一篇，附錄於末。玆增刪修整，再版出書，略述其緣由而爲之序。

中華民國六十年三月九日，後學菩薩戒優婆塞周曉安謹識。

目錄

幻廬隨筆

周曉安著述

學佛八種人

一般說來，所謂學佛，便是修學佛道。換句話說，學佛便是：歸依三寶，嚴持佛戒，發菩提心，求習大乘，修菩薩道，以如來解及所行處，爲自修行，斷惑證眞，圓成佛道。

現在簡略地談談學佛八種人。

一、想學佛而沒有學佛的

(一)有些人，本想學佛，祇因年紀還輕，以爲稍後學佛未遲。但年紀有老小，修行無前後。經云：「人命在呼吸間。」一息不來，便成後世。古德說的好：「莫謂老來方學佛，孤墳都是少年人。」

(二)有些人，本想學佛，祇因塵事未了（子女尚未婚嫁等等），以爲稍後學佛未遲。但在在處處，都是我輩修行的道場，並非一定要在家裏，方可修行。例如：公門中，好修行，是一句古話；行住坐臥，都可念佛。平時不起惡念，臨財廉潔等等，也都是修行。塵事雖忙，不妨學佛。年紀老了，更應學佛。若必待塵事了却，方才學佛，那末，塵事一天沒了，學佛便一天不能。輾轉蹉跎，恐怕他們要學佛的時候，歲月已不再等待他們了！

二、尚未歸依三寶，僅種善根的

㈢有些人，尚未歸依三寶，但家裏已供奉了佛菩薩聖像（非神像）。經常焚香禮拜，祈福求佑，每月逢到初一，十五等日，或佛菩薩聖誕，又經常到寺院裏去燒香，禮拜佛菩薩。這是求福，修福，種善根。他們旣未歸依三寶，不能稱做佛弟子。嚴格地說，還不能稱居士。不知者以爲他們在學佛，實際上還談不到學佛。但是，修福種善根的人，已種了成佛的遠因，遠勝那些不修不種的人了！

三、佛學者，非學佛者

㈣有些人，旣不歸依三寶，又不受持佛戒，雖非佛弟子，但對佛學感到興趣，以研究世間學術的態度，有時讀讀佛經，看看佛學史，有時做做考證，談談佛學。他們偏重在學理上的研究，漠視行動上的實踐。所談所論的，理論和史實居多，修證甚少，如梁啓超胡適等都是。他們僅是佛學者，不是學佛者！

四、歸依三寶，但廣造邪業的

㈤有些人，歸依了三寶，甚至受了佛戒。但受而不持，不修正道，誤入邪道，常與邪俱。卜問解奏，祠祀邪神，呼召巫師，邪見邪行，難以盡述。他們假名事佛，廣造邪業。表面上是佛弟子，實際上是魔弟子。佛呵斥他們是「現世罪人，死當入地獄！」

五、歸依三寶，但未受佛戒者

㈥有些人，歸依了三寶，但並不受持佛戒，便是所謂「但三歸」。他們雖已入了佛門，做了佛弟子，讀誦了佛經，參加了法會，走入了正修行路，但佛戒是出世梯階，學佛的人必須以戒爲師，以戒爲本。何以故？不持戒，不生定。不定，不發慧，不能明心見性。外道亦修定，但不持佛戒所生的定，不是正定，是邪定。例如：帶殺修定，帶盜修定，帶淫修定，帶妄帶酒修定等等，終造魔業，不成聖果。縱或發慧，也不是正慧。

在家居士受三歸後，初步可求受五戒。一、不殺生，二、不偷盜，三、不邪淫，四、不妄語，五、不飲酒。這五戒，是一切佛戒的根本戒。如能全受，當然最好。否則，可量力受持，卽使僅受持一戒或二戒，亦無不可（參閱拙作「在家戒」）。有歸有戒，便非「但三歸」了。

六、緣修與眞修

(七)我輩凡夫，迷失本心，貪瞋邪見，惑業山積。現雖有歸有戒，正在學佛，但未悟而修，還是緣修，不名眞修！雖已登堂，猶未入室。

(八)有些人，行大乘，解第一義。印證佛說大乘經典，悟佛知見，入佛知見。嚴淨戒行，解行合一，如法修證，便是眞修。

七、結　語

少行生足，魔所攝持；受一非餘，魔所攝持。並非一悟之後，便可廢修。我輩凡夫，生死事大，悟修並重，乘戒俱急，把眞理體驗於實際行動，又把實際行動融會於眞理！古德說：「若問菩提家鄉，不肯舉足，終不到。一舉足，便是到家消息。」行吧，但問耕耘，莫問收穫！

佛說空義與弘修般若

一

般若明性空，六波羅蜜之一，乘此到彼岸，爲菩薩所必修。一切諸佛皆從般若出；一切佛法，亦然。經論中，言之詳矣。不修般若，怎能開大智慧？不開大智慧，怎能大徹大悟？發大菩提心，志求成佛者，自當以修習般若爲正因，深植般若種子，證無上菩提！

佛說空義，可引大般若經卷四經文略述之。佛言：「色自性空，不由空故，色空非色。色不離空，空不離色，色卽是空，空卽是色。」此色字，從狹義講，是五蘊（色受想行識）之一，指軀體的色法；從廣義講，是六塵（色聲香味觸法）之一，指萬法。「色自性空」者，依佛法，此性字須具足三義：一自有性，二不變性，三獨存性，但宇宙間一切因緣生法，都無此三自性，故曰緣起性空。色法亦然，故曰色自性空。「不由空故」者，色法旣當體卽空，不必滅色明空。所以者何？妄識緣境，但見其相，卽是迷。智慧觀察，見其性空，頓卽遠離，卽是覺。譬如一只茶杯，放在桌上，菩薩已見其當體卽空，不待茶杯打破後方知。人生世間，菩薩行深般若，照見五蘊皆空，不待其死後方知。其他一切萬法，亦復如是。「色空非色」者，色法旣自性空，則是「諸相非相」，色皆虛妄，不可執着。佛又恐行者執空爲法，偏於一邊，故又說下面四句之空義以明之：「色不離空，空不離色」二句，色是卽空之色，空是卽色之空，上舉人杯兩喩，可以推知。故知色空同時，卽是空有同時。「色卽是空，空卽是色」二句，色卽是空，約性說，空卽是色，約相說。會相歸性（會緣入實），色空不二，性相一如，中道實相。請參閱本書拙作「色卽空，空卽色，從一對聯句說起」一文。

考諸史乘，月氏國支婁迦讖，於漢桓帝時來洛陽，譯道行般若，般舟三昧，首楞嚴等十三部，稱爲「大乘般若方等系」。姚秦弘始三年，鳩摩羅什大師亦來洛陽，重譯大小品般若，又譯出龍樹菩薩之大智度論。於是性空般若之學，風靡一時。至唐貞觀二十三年，玄奘大師在終南山重譯般若心經。此經前後共有八譯，流通於世者爲玄奘本。禪宗五祖弘忍大師獨弘揚金剛經，有「但持金剛經，卽自見性，直了成佛」之言。自唐迄今，我國緇素修學心金兩經者，難以數計，皆兩師弘揚之力也。心經古註有六種，上海商務印書館出版。註金經者，古今不下百餘家。近四十年來，風行國內外者，首推江味農居士所著「金剛般若經講義」一種。江氏敎宗般若，不同凡響。趙忍庵居士等曾大量印贈，臺北市善導寺佛經流通處亦有流通本，修習般若者不可不讀也。

維摩詰居士語文殊師利菩薩言：「從癡有愛，則我病生。以一切衆生病，是故我病。……菩薩爲衆生故，入生死。有生死，則有病。若衆生得離病者，則菩薩無復病。」末世衆生，貪愛爲病，沉淪三有。四相，非般若不能破；煩惱，非般若不能斷；苦厄，非般若不能度；大涅槃，非般若不能證。般若的必須弘揚與修習，此其時矣。

二

凡夫不見空，只見不空。二乘只見空，不見不空。菩薩旣見空，又見不空。邪見人深着頑空，惡取空，斷滅空。玆略述於次：

㈠凡夫不明緣起性空及因果之理，見一切世間法皆是實有，是故只見不空，不見空，尤以執持根身，深着「我見」爲甚。因此貪着五欲塵境，廣造惡業，長在生死輪轉中。世尊說：「一切諸衆生，皆由執我愛，無始妄流轉，未除四種相（我人衆壽），不得成菩提」。「我」若不空，縱令世智聰辯，異於常人，依舊浮沉於生死海，未達彼岸。

㈡二乘聖人（聲聞緣覺），雖破我執（煩惱障，又即事障），惟其所悟之理，偏於「空」，非中道，只求自度，有「自了漢」之稱，故只見空，不見不空。且執「空」爲法，法執（所知障，又即理障）未破，尚非究竟。是故「佛說諸法空，爲破一切有，若有執於空，諸佛所不化。」可見佛說「空」，是破衆生着「有」之一種方便，亦即治病良藥。病若治愈，藥即屏棄，「空」亦無用。

㈢菩薩摩訶薩，修習般若，悟「眞空妙有」之理，了色即空，達空即色，故旣見空，又見不空。見一切法空故，遠離妄想執着，我法雙空，「空」亦不立。見一切法不空故，上求佛道，下化衆生，發四弘誓願：「衆生無邊誓願度，煩惱無盡誓願斷，法門無量誓願學，佛道無上誓願成。」度一人，即從生死海中救起一人。滅度無量無數無邊衆生而無所住，精進修行，行於中道，妙契實相，圓成佛道。

㈣邪見人二種，均不明佛說空義：一種人以爲一切都空，因此消極厭世，或放浪頹廢，不自振作，自毀前程。此是頑空。須知佛說「空」，目的在破「有」，使衆生出離「火宅」，了生脫死。衆生對六塵虛妄境界，若能不生貪着，不生憎恨，不起邪見，遠離殺盜淫妄等身口意三惡業，那末修善生人天道中（不生畜生、餓鬼、地獄三惡道）；修四諦，成羅漢；修十二因緣，成緣覺；修六度萬行，成菩薩乃至佛。明乎此，聞佛說「空」，應當「遠離顚倒夢想」，生淸淨心，可以漸次成就，「究竟涅槃」。平日行住坐臥，上班下班，照常行事。自己歸依了三寶，還勸別人亦歸依三寶；自己不殺生，不偷盜，不邪淫，不妄語，還勸別人不殺盜淫妄；自己進一步放生，還勸別人亦放生；自己修行念佛，還勸別人亦修行念佛；求自度，還要發心度別人。豈非不但不消極，反而更見積極嗎？

又一種人，以爲人死如燈滅，口中常說：「無因無果，一死永滅，無復後身，及諸凡聖。」此是斷滅空，又卽惡取空。從前善星比丘，妄說一切法空，連因果也沒有，生身陷入阿鼻地獄。須知佛說「空」，並非說一切都沒有。一切都沒有，是斷見。經云：「發阿耨多羅三藐三菩提者，於法不說斷滅相」。又云：「諸幻雖盡，不入斷滅。」行善獲福，作惡得禍，因果報應，自作自受，絲毫不差。人死，依其生前所造善惡等業，常在六道中輪廻；如法修行者，出三界，成聖果。豈能說「無因無果，一死永滅」？

三

世間一切法，不外空有兩途。世間着「有」，惑業緊縛。「好色」，「好貨」，卽其例也。出世間則恰恰相反。經云：「凡所有相，皆是虛妄」。又云：「一切諸衆生，不得大解說，皆由貪欲故，墮落於生死」。菩薩息滅貪瞋癡，勤修戒定慧，行深般若，觀諸法空寂無相之理，是名「空觀」。空觀爲入理之門，開智慧之鑰，故曰：「知幻卽離，離幻卽覺」，又曰：「不取於相，如如不動」。心經之照見蘊空，金剛經之六如觀，大般若經之二十種空觀（內空、外空、內外空、空空、大空、勝義空、有爲空、無爲空、畢竟空、無際空、散空、無變異空、本性空、自相空、共相空、一切法空、不可得空、無法空、有法空、無法有法空）；大般涅槃經之十一種空觀（內空、外空、內外空、有爲空、無爲空、無始空、性空、無所有空、第一義空、空空、大空），皆其例也。根據大涅槃經德王品，諸佛世尊，從六波羅蜜，三十七道品，十一種空觀，來至大涅槃。可見十一種空觀，實爲菩薩所必修！末世衆生，病在着「有」，愈陷愈深，不知回頭，必須以「空」對治，滌心垢，解業縛，方成聖果。

四

般若要旨，便是「無住」，無住便是離相。離四相，我空；離一切分別妄想，心空；離一切六塵虛妄境界，境空。這樣，以空遣有，隨順覺性，「不生法相」，達一眞法界。是故經云：「離一切諸相，則名諸佛」，又云：「若人欲知佛境界，當淨其意如虛空，遠離妄想及諸取，令心所向皆無礙」。大智度論云：「以前五波羅蜜植諸功德，以般若波羅蜜除其着心」。菩薩如是福慧雙修，定到彼岸。

因此，般若的弘揚與修習，至爲急要！衆生雖有上述邪見（頑空，惡取空，斷滅空），實因不明佛說空義，非般若咎。若廣研大乘般若等經典（如：心經、金剛經、六祖壇經、大般若經、維摩詰經、圓覺經、楞嚴經、法華經、大般涅槃經、華嚴經等；大乘起信論、大智度論、中論、百論等），其病卽除。若因邪見人之病，而怕談般若性空之學，甚至勸人不修般若，斷人慧命，不但因噎廢食，且有罪過，因果可畏也！

色卽空，空卽色——從一對聯句說起

本年（五十四年）一月下旬，我們應邀去遊高雄大貝湖（現改澄淸湖）。我在湖畔曲徑處，看到一根水泥桿，上面寫着一對聯句：

莫愛風光無限好，
此身猶是未歸人。

我徘徊了片刻，念了幾遍，略有所感。現在略談些觀感。

（一）景　色

先說這一對聯句的上一句。大貝湖像西湖十景一樣，到了一景，又是一景。那天陽光普照，宛如初春。小立湖畔，遠望景色。山色水色，色色皆幻。樹影人影，影影覺夢！一眞法界，本不生，今不滅，根本談不到所謂「愛」憎，亦無所謂「好」壞。對境無心，逢緣不動，正是我輩的用功處。

(二) 此　身

甲、緣起性空

其次，下一聯句是「此身猶是未歸人」。談到「此身」，便是五蘊（色受想行識）假合的人身。釋迦牟尼佛在菩提樹下，因逆順諦觀十二因緣而成道。緣起性空，是佛說眞理。一切有爲法，都依靠種種因緣條件而後生，沒有自有自成永恆不變的自性實體可得。緣聚則生，緣散則滅。倘有因無緣，或有緣無因，都不能生，故云緣起性空。先拿人來說：人的因，是無明（十二因緣，無明緣行，行緣識……）。一念無明，乃有惑業，故八識又稱業識。業識爲因，父母等爲緣，五蘊假合而成了人。沒有父母等爲緣，便不會成人。從呱呱墮地，由少而壯，而老，而病，而死，緣散而滅，變幻無常。從生到滅，都離不了因緣，却始終沒有一個永存不變的自我實體。次拿稻來說：穀爲因，田地人工日光雨水施肥等等爲緣，又結成了稻穀。穀碾成米，煮米成飯，經過消化，變成糞便，或儲藏庫房，日久腐爛消滅，始終沒有一個永存不變的實體。再拿地球來說：由於衆生共業，變現了山河大地，但它有成住壞空，變幻無常，如山崩地陷，火山爆裂，河流變遷，海島的生長或沉沒等等，也始終沒有一個永久獨立存在的實體。不過地球的時間久長，人們一時不易覺察罷了。其他萬物，亦復如是，不再縷舉。可見一切有爲法，無自性，必待緣會假合方生，當體卽空，有卽非有，非有而有，顯現了諸法空寂的法性。「空」，不是什麼都沒有，而是緣生沒有自性的「空」。所以佛說「無常、苦、空、無我」。龍樹菩薩說：「衆因緣生法，我說卽是空，亦爲是假名，亦是中道義。」（此四句，查對中論）。一切有爲法旣是無體本空，原不必滅色明空。

更舉例來說：一個人，正當出生的第一天，已經知道他的五蘊身是空，不必等待他日後老死而才知道。一朶玫瑰花，正當盆景裏盛放的時候，已經知道它是空，不必等待日後花殘凋謝而才知道。這可見一切有爲法，當其有時（人們生存，鮮花盛放的時候），卽是空時，故云「色卽是空」，有卽非有。但是，當其空時，又卽是有時，（從人出生到還沒有死亡的一段期間），故云「空卽是色」，非有而有。這便是空有同時的一例。

乙、「色卽是空」，約性說

這個「色」，是五蘊（色受想行識）之一的「色」，指衆生的幻身。受想行識，指衆生的心法。五蘊統指衆生的色心二法。故心經云：「色卽是空，空卽是色。受想行識，亦復如是。」此色，非專指女色之「色」。從廣義講，世間一切有爲法，形形色色，莫非是色，但此是六塵（色聲香味觸法）之一的「色」，不可不辨。

觀色卽是空，了知諸相皆無自性，當體卽空，有而不有。有而不有，是爲眞空，破凡夫執有的顚倒。因此，離一切相，不着有。不着有，是修慧。

一切諸法，惟心所現。隨心生，隨心滅，如幻如化，如水中月，如鏡中像。心有眞妄，不變是眞如（卽佛性，眞心，自性清淨心），生滅是妄心（卽識心）。楞伽經以海水的常住不變喩眞心，以波浪的起滅無常喩妄心。約體說，眞如清淨圓滿，不生不滅。約用說，出生因果諸法。眞如雖隨緣而現萬有，但本體常一不變。隨染緣，出生無量生滅虛妄境界，成世間因果，十法界的六凡及山河大地等都是。隨淨緣，則具足本性無漏恆沙功德，成出世間因果，十法界的四聖及三藏十二部經等都是。

我輩凡夫，觀察諸法眞實相，原本無生，平等寂滅。生卽無生，無生而生。所以金剛經說：「凡所有相，皆是虛妄，若見諸相非相，則見如來。」又說：「菩薩應離一切相，發阿耨多羅三藐三菩提心。」可憐我輩病根，卽在着有。不但執此幻身爲「我」，執我爲實體，且又執着一切有爲法是眞實。因執有故，對境生迷，種種攀緣，妄念遷流，障深業重，流轉生死，出苦無期。

佛說無我，並非要我輩毀壞「此身」，而是教我們悟入性空，沒有一個永恒不變的自我實體的獨立存在，僅是一個假我，不實來，不實去。故應破除執我執法的我見，從煩惱苦縛中解脫出來。

「此身」是大苦聚，是衆罪藪，整個是一個臭皮囊，如薤露，如空華。死後卽是白骨，是骨灰，或埋荒塚，或拋江海。我見身見不破，難出世間。

明了性空，方能見諸相非相而不着，觀三毒如猛火而斷煩惱，觀淫欲如火坑而不入，觀三界是苦而生大悲，發菩提心而自度度人，覺大慚愧而不敢放逸，懺悔宿業而勤行精進，做大丈夫事業而出家修道。

丙、「空卽是色」，約相說

觀空卽是色，了知空非斷滅，不無假相，空而不空。空而不空，是爲妙有，破二乘偏空的顚倒。因此，卽一切法，不着空。不着空，卽是修福。修福而不求福報（無住相而行布施等），卽是福慧雙修。

佛法並不否認世間萬象的存在，但它們都是眞如隨緣而生的幻相，衆緣假合，沒有自性，刹那變壞。它們便是幻有，假有。它們雖存在而不實（色卽空），雖不實而存在（空卽色）。顯然是有卽非有（色卽空），非有而有（空卽色）。又顯然是空有同時，一切皆非，一切皆如。

世間一切萬象，雖是假相，實際上都是因果。人們每天生活在因果中而不自知。如上所述，十法界不出染淨依正因果。我輩如欲改造現實，須從「因」上着手。一切福田，不離方寸，尤須在「心地」上着力。深明了因果，便知種藕得蓮，種竹得笋，種瓜得瓜，種豆得豆，絲毫不爽。便恍然大悟，成聖成凡，天宮地獄，善惡禍福，貧富壽夭……一切惟心造。便又把自己的人生觀徹底轉變過來，見諸行動。諸惡莫作，衆善奉行，修慧種福，改造身心。本來作惡的，不再作惡，甚至轉而行善，所謂「放下屠刀，立地成佛」。本來修善的，更又精進，發廣大心，修六度萬行，普利羣生。

或者有人，以爲此身是假相，四大皆空，世界一切都空了。心理發生變態，以爲一切都不應該去做，以致頽唐放浪，或消極厭世。這是大大地錯誤。佛祇教我們明性空，離幻相，破執着，斷煩惱，從不教我們去破壞事實上存在的一切相。我們應該好好地去工作，去生活，反消極爲積極，去邪歸正，修善斷惡。世尊說：「不應取法，不應取非法。」明明教我們不着有，又不着空，並非教我們專去着空。金剛經處處說不取相，而又處處說不斷滅。不斷滅卽是不着空。所以色空不二，不相礙而相成！

世間往往說佛教寺院是「空門」，出家修道爲「遁入空門」，實在不明性空的眞理，又淺視了佛教。佛明明教我們孝養父母，尊敬長上，慈愛衆生，悲憫世間，寃親平等，止惡行善，持戒精進，修慧修福，人人都可成佛……。又教我們廣修六度萬行，滅度所有衆生，同證佛性，同到彼岸，同生淨土。像觀世音菩薩的救苦救難，地藏菩薩的大願，普賢菩薩的大行，都是。甚至像我輩凡夫的希聖希賢，樂善好施，救濟貧困，施衣施粥，造橋修路，印送經書等等，都是修福。無所住，不求福報，便是修慧，不勝縷舉。這種世出世間的人生觀，都是積極的，而非消極的，都是不着有，而又不着空。佛教寺院是比丘們荷擔菩提，紹隆三寶，弘揚正法的勝地，豈能視爲「空門」？

丁、色空不二，諸法實相

色卽是空，空卽是色，若分別單獨存在，着有着空，便都偏而不圓。這兩句，作一句讀，作一句觀，便是金剛經的「無實無虛」，天臺宗的「卽空卽假卽中」的圓教了義。菩薩深明性空，我法雙空，沒有凡夫執有的常見，所以成大智。又沒有二乘偏空的斷見，所以發大悲。惟其悲智雙運，所以能入世度生。

菩薩照見色卽空，空卽色，證入了體無分別，性相圓融，不一不異，不常不斷，不着兩邊的中道第一義實相。雖說實相，亦不過假名，了不可得。

(三) 殊途同歸

佛是過來人，指示我輩修道的正確途徑。佛說法門無量，殊途同「歸」。我輩凡夫，現正在循正路「歸」家，但無明未斷，佛性未見，至今還沒有到家，（到家就是到彼岸）所以還是「未歸人」。

說到修行，由信而解，而行，而證。僅僅知解名相，還不能便算學佛。學佛還須進一步多求修證。無量刼前，世尊與阿難尊者同時聽法。世尊常求精進，阿難尊者常求多聞，後來世尊成佛，阿難尊者做佛的侍者。世尊臨入涅槃，還爲比丘們作最後的遺誡。世尊說：「我以不放逸故，自致正覺。無量衆善，亦由不放逸得。」

修十想法能得涅槃

菩提，斷煩惱而證。涅槃，離生死而得。行者如法修道，勇猛精進，生前能得涅槃。如：舍利弗、須菩提等幾位聖者，因修三三昧（空、無相、無作）等，在佛說法華經授記時，各已證得涅槃，可爲明證。我佛大慈大悲，憫衆生輪廻受苦，故於般涅槃時，開方便法門，教大菩薩及四衆弟子修十想法，離生死，得涅槃。大般涅槃經說：「若菩薩摩訶薩，若比丘，比丘尼、優婆塞、優婆夷，能修十想，當知是人能得涅槃。云何爲十？一者無常想，二者苦想，三者無我想，四者厭離食想，五者一切世間不可樂想，六者死想，七者多罪過想，八者離解脫想，九者滅想，十者無愛想。」玆將十想法簡述如次：

（一）無常想

世間一切法，都從因緣生。緣聚則生，緣散則滅。生滅遷流，剎那不住，都沒有永恒不變的自性實體。人有生老病死，世界有成住壞空，故云無常。若修無常想，則對境不迷，離相不動，卽所謂知幻卽離，離幻卽覺。

(二) 苦　想

衆生的所以輪轉受苦，由於起惑造業，此是苦的根源。業力最大，追隨衆生，影形不離。佛十大弟子中，目犍連尊者神通第一。當阿闍世王時，有五百裸形外道，僱了打手五百人，包圍尊者住屋，欲圖加害。尊者雖以神通力，兩次得免於難（一次從鑰匙孔裏逃出，一次從屋頂騰空逃出），但爲業力所牽，欲脫不能，最後終爲兇徒毆斃。尊者如此遭遇，實因過去世聽信婦言，弒其父母，墮地獄受苦數十萬年，從地獄出，仍須受一百世死於捶撲之苦報。種如是因，得如是果。苦，有二苦、三苦、八苦等。若修苦想，菩薩觀三界衆生苦，而興大悲，因此豁然省悟：若不起貪瞋癡等妄念，不造身口意惡業，便能拔除輪轉受苦的根株，得到解脫！是故斷煩惱，止黑業，發四弘誓願，修六度萬行，自度度人。

(三) 無　我　想

人亦緣生，實同幻化。華嚴經云：「世間受生，皆由着我。若離此着，則無生處。」圓覺經云：「此身本不有，憎愛何由生？」若修無我想，則我法二執破，「我縛」乃得解脫。

味，是五欲之一，我輩凡夫，是雜食身，煩惱身，後邊身。若修厭離食想，則貪着可止。節制飲食，兼少疾病，故能用功修道。

（四）厭離食想

（五）一切世間不可樂想

「三界之中，無有一樂」，此是世尊成道得天眼時所見。世間諸樂，莫非苦因，故非眞樂。如佛所言：「不生不滅，故名爲樂。」若修一切世間不可樂想，則轉迷爲悟，五欲自離，直趣菩提！

（六）死　想

人的大患，患有此身。既有生，便有滅。此身若不生，何有老病死？推究此身從何來？來自惑業。惑業纏縛，生死相續！須知是日已過，命亦隨滅。倘一息不來，今此妄身，當在何處？印光大師說：「我們這個軀殼子，一日氣息不來，就是一具死屍！我們所以放不下，只因把它看重，方才出生了人、我、是、非，還有什麼放不下？」大師言行一致，他在自己臥床上，寫着一個大的「死」字，用以警策。祖師尙如此，何況我輩凡夫？若修死想，悟無生理，尋求解脫。是故貪瞋癡等，對境不生，彼我恩愛，一切寂滅。煩惱漸伏，由伏而斷！

（七）多罪過想

末世衆生，我慢貢高，只見人過，不見己非。經云：「莫恃現在，當畏未來。」今生富貴，能保後世不貧賤否？今生得人身，能保後世不墮惡道否？儒云：「吾未見其能見其過，而內自訟者也。」（論語）一言一動，不離因果。善惡果報，不差毫釐。平日言行，十目所視，十手所指，世人可欺，但佛、菩薩、天地、鬼神明察秋毫！若修多罪過想，則隨時隨地，省察自己罪過，慚愧懺悔，呵責痛改。修身，修戒，修心，修慧，罪障漸消，正智逐漸開朗！

（八）離解脫想

我輩修道，行大乘，解第一義，遠離幻有，解脫纏縛，方出生死，圓成佛道。經云：「後世惡衆生，善根轉少，多增上慢，貪利供養，增不善報，遠離解脫。」（法華經勸持品）可見「增上慢」，「貪供養」，都遠離解脫，招受惡報。若修離解脫想，則經常檢點，我平日言行，是否遠離解脫？若然，雖求解脫，解脫無望。是故趣向如來無上菩提正修行路，住於正知正見。修正法，不放逸，不近邪師惡友，不爲邪見所迷，庶幾不入歧途，得到正解脫！

（九）滅想

涅槃譯爲滅，涅槃的體，無爲寂滅。寂靜善思維，能證眞實法。若修滅想，可如佛說，作內空觀，外空觀，內外空觀，不動心觀，或修奢摩他、三摩鉢提、禪那等，放下萬緣，心境俱空，諸幻盡滅，覺心不動。

（十）無愛想

經云：「當知輪廻，愛爲根本」。又云：「欲者，名二十五愛。」愛，就是種種恩愛貪欲。凡夫貪愛的顯著者，便是「飲食男女」，故有分段生死。世尊說：「若斷愛無餘，如蓮花處水。」又說：「衆生欲脫生死，免諸輪廻，先斷貪欲，及除愛渴。」若修無愛想，則離欲淸淨，超脫生死。維摩居士，示有妻子，常修梵行。摩登伽淫女，淫火頓歇，即身成阿羅漢，卽是確證！

法華經云：「諸法從本來，常自寂滅相。」大智度論云：「涅槃，卽寂滅相。」塵境當前，正是我輩歷境驗心的時候！勤修十想，解脫自至，得涅槃，出世間！

衆生被一個「我」字困縛着

(一) 一語道破

南閻浮提衆生，舉止動念，無不是業，無不是罪，殺盜淫妄，百千罪狀。佛在地藏菩薩本願經中，曾剴切言之。衆生因罪深業重，輪廻六道，沉淪苦海。我釋迦牟尼佛大慈大悲，爲度衆生出三界火宅，以一大事因緣出現於世。說法四十九年，不下三百餘會，開佛知見，示佛知見，令衆生悟佛知見，入佛知見，成就阿耨多羅三藐三菩提。三藏十二部經，所說大小權實法門，無非令衆生轉迷爲悟，斷除惑業，徹證本具的佛性。法門無量，門門可以入道，人人可以修行成佛。現在先略說些故事：

有一次，世尊率領三迦葉和一千多弟子到王舍城來。夜間走上一個小山岡，望見王舍城的燈火萬家。就對弟子們說：「燈火在燃燒着，人們的貪愛心，也在燃燒着。迷戀着五欲，任情放逸、享樂、自私，被一個「我」字困縛着。彷佛在森林裏的鹿，被獵人捉住了，綁住四只脚，倒掛起來。要逃，是不可能的。」（上海持松法師著「釋迦牟尼佛一代行化記」，一〇，竹林精舍）

世尊又曾說過：修道的人，就要觀察萬法平等，而以大悲爲首，將大悲心培養增長起來，再觀察人生和生滅狀態，就知道世間的所以造成不平等，就因爲貪着一個自私、狹隘、固執、傲慢的「我」。有了「我」。就有對待的「我所」。（同上，六、樹下思維）

根據世尊的教誨，可見衆生無始來失却本心，造業受苦，其主要原因，在於貪着一個自私、狹隘、固執、傲慢的「我」。因此，被一個「我」字困縛着。世時一語道破，指示病根所在，實是我輩凡夫的當頭一棒！

（二） 妄想執着

我輩凡夫的所以被一個「我」字困縛着，實由於妄想執着。「妄想」就是分別心，有了分別心，就有貧富、貴賤、苦樂、善惡、恩怨、是非、強弱、美醜、大小、高下……等等對待的分別。「執着」就是我法二執。執着五蘊色身爲「我」，就是人我執，簡稱我執，不能離分段生死的苦。執着一切法（包括色身在內）爲實有，就是法我執，簡稱法執，不能離變易生死的苦。執我執法，都是「我見」。不論我執、法執、我見、我所，都只爲了貪着一個自私、狹隘、固執、傲慢的「我」。我執不除，生煩惱障（貪瞋痴等煩惱）。法執不除，生所知障。這兩障，總稱惑障。衆生因惑造業，因業而有輪廻六道的苦報。

（三） 仗自力解縛

我輩倘欲出苦，了生脫死，必須解脫「我」縛。解縛一仗自力，一仗佛力，玆先述自力。

甲、解縛須般若

一眞法界，本無人我等分別。心佛衆生，三無差別。我輩凡夫，欲解「我」縛，須修般若。般若是佛母。一切諸佛，及諸佛阿耨多羅三藐三菩提法，皆從般若出。般若不可思議，惟佛能證，能盡宣說。大乘理趣六波羅蜜多經說：「菩薩於生死海，以五波羅蜜多而爲舟船，載功德寶，要因般若波羅蜜多而爲船師，至於彼岸。」我輩欲渡生死海，到彼岸，必以般若爲船師，指示方向，方免迷途覆舟的危險。因地不眞，果招紆曲，這是不可不注意的。

乙、「我」從何來？

「我」從無明來。無無明，卽覺。由無明故，起貪瞋痴諸煩惱，造殺盜淫妄等惡業，隨業受報，乃有此身。世尊稱此幻身爲「大苦聚。」生苦、老苦、病苦、死苦、愛別離苦、怨憎會苦、求不得苦。五陰熾盛苦。如是八苦，由「我」爲本。我輩凡夫，只一「我」字看不破。試想平日，除聖賢人外，能處處不爲「我」的，有幾許人？不但爲「我」，且爲子孫。醉生夢死，吾我不休。自己經濟不太好，則百般鑽營，以求溫飽。溫飽了，還要思淫欲。有汽車了，還要洋房。有洋房了，還要……欲壑難塡。爲什麼？都爲了「我」。不顧禮義廉恥，爾虞我詐，爭權奪利，作奸犯科，諂曲嫉妬，忘恩負義，種種惡行，難以盡述。爲什麼？又爲了「我」。語云：「舉世爭馳勢利場，君子冷處看人忙」，頗耐人尋味。但是，無常迅速，一旦撒手死去，任何一切(連生前巧取豪奪的在內，)都不能帶走分毫。人們那時帶了去的，却只是一個「業」字。雖一業字，六道輪廻，生生死死，死死生生，受苦無量。王羲之在「蘭亭集序」裏說：「死生亦大矣，豈不痛哉。」他所痛心的，是生而有死的「死」，所以他又說：「修短隨化，終期於盡。」這和蘇東坡的「哀我生之須臾」，同一觀點。人，有生必有死。死，原是很平凡的。但我輩應先反省自己：「我平日作惡多呢？還是爲善多呢？」清夜夢回，能否無愧？秦檜的生而奸，岳飛的死而忠，相去何祇霄壤？人生的眞意義，豈僅僅在壽命的長短？蔑禮悖義，無惡不作。雖生何益？古語云：「朝聞道，夕死可矣。」佛常敎人修道，要不惜身命。因此，我輩所應痛心的，並不在這幻軀上的所謂「死」，而實際在於我輩業重障深，輪廻生死，不修正法，出苦無期！

宇宙萬物，皆由因緣和合而生。緣聚則生，緣散則滅，生卽無生。離因緣，實在沒有所謂「我」。龍樹菩薩說：「爲世諦故，說有衆生。爲第一義諦故，說衆生無所有。」

世尊初成道時，先爲憍陳如等五比丘說四聖諦。說竟，世尊又說：「憍陳如，苦應知，集當斷，滅應證，道當修。我已知苦，已斷集，已證滅，已修道，故得阿耨多羅三藐三菩提。」又問五比丘：「汝等比丘，知色、受、想、行、識，爲是常，爲無常耶？爲是苦，爲非苦耶？爲是空，爲非空耶？爲有我，爲無我耶？」五比丘漏意盡解，成阿羅漢果。卽便答言：「世尊，色受想行識，實是無常、苦、空、無我。」憍陳如於弟子中，以始悟故，爲第一弟子。

我輩凡夫，種種顚倒，妄認四大爲自身相，六塵緣影爲自心相。殊不知此五蘊身全是幻妄，四大非有，假名爲「人」。畢竟無體，豈有實「我」？世尊爲太子時，在宮中遍觀諸宮女及妻耶輸陀羅，深深覺到：「皆如木人，譬如芭蕉，外爲革囊，中盛臭穢。」

這可見衆生的身心都是幻妄的。「我」的一關打不破，煩惱卽不能斷，休想了脫生死。欲脫「我」縛，先可觀四念處下手。一觀身不淨，二觀受是苦，三觀心無常，四觀法無我。心經說：「照見五蘊皆空，度一切苦厄。」照見五蘊皆空，則眞如法性，實相妙理，徹底圓彰。五蘊不空，卽二執（我執法執）不除，惑、業、苦、纏綿，豈能度一切苦厄？

丙、我空與法空

我人衆壽，就是四相。雖稱四相，實際上只一「我相」。歸根結蒂，只一個「我」字罷了。「末世衆生，不了四相，雖經多劫，勤苦修道，但名有爲，終不能成一切聖果。」（見圓覺經）。必須離四相，修一切善法，方得阿耨多羅三藐三菩提。（離相修善，是福慧雙修。）因此，若悟五蘊身是緣生假有，不見我我所，卽是我執空，又稱人空，亦稱我空。若悟一切有爲法都是因緣生法，沒有自性，不執爲實法（無法相），卽法執空，又稱法空。若離非法相（無非法相），連一個空字也空，卽是空空。這就是所謂三空。

世間一切，不外空有二邊。法是「有」，非法是「空」。空有俱遣，（非法，非非法。不應取法，不應取非法。）歸無所得，方符中道第一義。故龍樹菩薩說：「有無二見，皆屬此岸。二執俱空，始達彼岸。」

丁、致力四句偈

除了上面略談的以外，我輩凡夫如欲解脫「我」縛，平時須多多在「見諸相非相」上致力，久修必有受用。金剛經說：「凡所有相，皆是虛妄。若見諸相非相，則見如來」（流通本爲「卽見如來」。江味農居士金剛經校正本爲「則見如來」，今依校正本）隋天臺智者大師所著金剛經註疏，卽以「若見諸相非相，則見如來」爲全經的經體。我輩凡夫，無始來背覺合塵，視此幻身爲「我」，一切幻相爲實有，造惡業，受大苦，沉淪在生死苦海。世尊大悲，開示佛的知見，告以相妄性眞，令衆生悟入法性空，離幻相，斷煩惱，見本眞。故佛以親證者，令衆生自證。

這四句偈，上二句重在理觀，下二句重在修證。我輩幻境當前，先觀上二句。觀因緣所生法，當體全空，各各沒有自有永恒的實體（自性），僅是因緣聚散而有生滅的虛妄相。觀之又觀，悟法性空。這是第一步。其次修證，主要功夫是離相。我輩的所以在世間長期流轉生死，不外爲了惑業。從貪、瞋、癡、（起惑），經過了身、口、意，而見諸行動（造業）。惑業是因，生死是果（苦報）。推究其原，則由於迷着六塵幻境。世尊說「此虛妄心，若無六塵，則不能有。」因此，斷惑見性，必須從離相開始。如青蓮出汚泥而不染。這是第二步。

着相迷性，離相見性。以智照境，了法空寂，慧眼明徹，智境一如。試觀我輩對塵境時，美色能不動否？貨利能不貪否？拂逆能不憎否？若動念，若貪瞋，卽是迷。迷者迷爲實有，爲煩惱所縛，亦卽「作業種子」，又卽順生死流，故有輪轉。反之，若徹見都是「非相」（卽緣會假相），就相悟體，遠離不動，卽是悟。悟者悟其性空，豁破無明，亦卽觀俗諦而顯眞諦，又卽逆生死流，故見如來（卽佛性）。

譬如：美女亭亭玉立，已見她「非相」，不過是「革囊穢物」，不必待日後紅顏變骷髏而後始見。大厦落成伊始，已見它「非相」，不必待日久坍毀而後始見。山河大地，聲色貨利，一切一切，亦如是觀，如是見（見諸相非相，見如來）。

四句中，有兩個「見」字。修持實踐，主要在上句一個「見」字。如果沒有「若見諸相非相」的「見」，便不會有「則見如來」的「見」。

眞性原是淸淨的，着相便動，離相卽如。我輩學佛，卽欲從聞、思、修，修斷妄想執着，而證如來智慧覺性。

倘見五欲而動，遇拂逆而瞋，着邪見而迷，則都是隨染緣生滅之心，爲幻境所轉，爲「我」所縛，必爲惑業所牽，豈但不能見如來，還要受到果報呢！

因此，這四句偈，實際上就是悟法性空義而離相見性的實踐功夫。經文一個「若」字，須着眼。行者若眞實照見諸相非相，便見本具佛性。佛性非離相不能見。

戊、無縛卽無脫

總括一句話，我輩長期被一個「我」字困縛着，實際上是「作繭自縛」，自作自受。無「我」卽無縛，無縛卽無脫。禪宗四祖道信大師，年十四爲沙彌時，禮三祖僧璨大師，請開示解脫法門。三祖問：「誰縛汝？」答：「無人縛。」三祖云：「何更求解脫乎？」四祖言下大悟。因此，我輩日常對人對己，事事物物，必須把一個「我」字忘掉，抛掉，方才可望斷惑證眞，了生脫死。但是我輩不能一下子便忘我抛我，只要對境不迷，不爲境轉，逐漸如法實踐，人人可以成佛。這實踐，便可從我輩的日常生活中做起。

世尊昇忉利夫，爲聖母說法。佛法要點，便在裏許。這對我輩解縛，關係頗巨。世尊說：「……最要緊的是，知道萬有當中，沒有「我」的存在。把一個「我」字忘了後，再從眼前的事物中，用智慧觀察，才能正確地認識到事物的本來實際（諸法實相）。這就叫正知正覺，也就是佛法，此外沒有妙法了。由於智慧觀察，知道萬有的本末，都歸到空。也不能把空當作空，連認識空的這一想念也沒有，觀察的想念也沒有。因爲一有想念，就

有分別，名字，不是原來的眞理，也不是平等法門了。」（持松法師著「釋迦牟尼佛一代行化記」二八、忉利天上說法）

己、理論與實踐

佛學與學佛，應相輔而行。卽學卽行，是學佛。只學不行，就只是學理上的知解，煮沙不能成飯。周利槃特，但持一句伽陀，現身成阿羅漢。提婆達多，誦六萬法藏，現身墮地獄。我輩凡夫，修不放逸，須脚踏實地去行。印光大師說：「學在一邊，行在一邊，高深玄妙，不過在口頭上作活計。生死到來，一毫也用不着。」確是眞知灼見。

近讀我師上道下安上人所著「空的哲理」一文，對學佛實踐，痛下針砭。他說：「應將空的哲理，恒蘊藏於方寸之間。務使與日常做事，待人接物，語默動靜，行住坐臥，應對進退之生活，打成一片。方能眞於佛學得到受用。今之談佛學與學佛者，多半理論是理論，行爲是行爲，思想是思想，生活是生活，不能將理論思想與生活做事聯繫起來，發生關係。實在失去「以行驗解，以解導行」，「解行合一」的實踐功夫。」

（四）仗佛力解縛

上面略談的，不過是我輩凡夫仗自力解縛的大概，自維鈍根末學，深覺淺陋。現再略談仗佛力解縛。

甲、佛開淨土法門

大覺世尊，痛念末世衆生業重障深，或致無力斷惑，了脫生死，故特開一個仗阿彌陀佛慈力，帶業往生西方極樂國的法門。佛說阿彌陀經，觀無量壽佛經，無量壽經（淨土三經），專說淨土緣起事理。其餘諸大乘經，皆帶說淨土，如華嚴經法華經等。阿彌陀佛昔爲法藏比丘時，曾發四十八個宏願。其第十八願：「設我得佛，十方衆生至心信樂，欲生我國，乃至十念，若不生者，不取正覺。惟除五逆，誹謗正法。」釋迦、彌陀兩大教主，大慈大悲，濟拔衆生的恩，雖天地父母，不能喻其大，恒河沙不能喻其多，須彌山不能喻其高。現今去佛漸遠，世衰道微，人心日惡，惡業日增。我輩凡夫，更應懺悔惡業，由眞信發願，由願力行，持阿彌陀佛名號。臨命終時，蒙佛接引，往生西方。聖則速證菩提，凡則速出生死。因此，文殊，普賢諸大菩薩，華藏海衆，馬鳴、龍樹諸大祖師，皆顯闡讚導，普勸往生。

乙、佛力自力不同

我輩凡夫，仗自力解脫「我」縛，很難很難。仗佛力解縛，則旣捷且易。一難一易，截然不同。古德說：「餘門學道，如蟻子上於高山。念佛往生，如風帆揚於順水。」這是很恰當的。印光大師說：「末世衆生，福薄慧淺，障厚業深。不修淨土，欲仗自力斷惑證眞，以了脫生死，萬難萬難。」此尤可見自力不及佛力穩妥，淨土不可不修。

丙、念佛決定成佛

永明壽禪師說：「有禪有淨土，猶如戴角虎，現世爲人師，來生作佛祖。無禪有淨土，萬修萬人去，若得見彌陀，何愁不開悟。有禪無淨土，十人九蹉路，陰境若現前，瞥爾隨他去。無禪無淨土，鐵床併銅柱，萬刼與千生，沒個人依怙。」指示懇切，喚醒迷夢。

有禪，宜有淨土。與衆生同生淨土，滿菩提願。倘或不修禪而專修淨土，但以深信願，持佛名號，老實念佛，一心不亂，亦萬修萬人去。念佛成佛，決定無疑。

我輩不論禪淨兼修，或專修淨土，都須諸惡莫作，衆善奉行。六祖惠能大師說：「使君（指韋使君）心地，但無不善，西方去此不遠。若懷不善之心，念佛往生難到。」又說：「先除十惡，後除八邪。念念見性，常行平直。到如彈指，便見彌陀。」止惡行善，是修行的第一要件。

印光大師說：「念佛一事，最要在了生死。旣爲了生死，則生死之苦，自生厭心。西方之樂，自生欣心。如此，則信願二法，當念圓具。再加志誠懇切，如子憶母而念，則佛力、法力、自心信願功德力，三法圓彰。」

丁、止觀念佛法門

淨土宗十二祖徹悟禪師，提倡止觀念佛。他說：「當念佛時，不可有別想，無有別想，卽是止。當念佛時，須了了分明，能了了分明，卽是觀。一念中止觀具足，非別有止觀。一念不生，了了分明，卽寂而照。了了分明，一念不生，卽照而寂。能如是者，淨業必無不成。能如是者，皆是上品。」

天臺宗四十三世諦閑大師，亦提倡止觀念佛法門。他說：「其始也，以淨念治其染念。其繼也，以一念冥其雜念。塵相銷鎔，則不止之妙止也。佛號分明，則不觀之妙觀也。如是念玆在玆，至於念而無念，空有雙超，理智一如，則卽空卽假卽中，不知不覺而入平等本際，圓滿十方。」

（五）結論

我輩凡夫，無始來被「我」困縛，長纏在煩惱此岸。若不勤修佛的正法，豈能渡生死中流，到涅槃彼岸？現旣皈依三寶，深悟宿造罪業無量無邊，應發大慚愧心，大懺悔心，常在佛菩薩前暴露諸罪，痛念：「我昔所造諸惡業，皆由無始貪瞋癡，從身語意之所生，一切我今皆懺悔。」（普賢行願品偈），並離相發菩薩心，行菩薩行。或專修淨土，仗佛慈力，同生極樂。

佛教因果論

(一) 兩種邪見

「人身難得」這句話，是世尊大慈大悲，洞見了娑婆衆生有業繫輪廻諸苦，爲喚醒羣迷，度衆生出苦，所作的獅子吼。但一般人往往視爲老生常談，漠然視之。其實呢，今生是人，來生不一定是人！若說：「人死如燈滅，一了百了」，這種人生觀，使人抱着「放浪形骸」的處世態度。古代文人所說的：「人生行樂耳，需富貴何時？」便是這種思想的代表。若說：「人死，依舊世世爲人」，這種人生觀，使人抱着「撥無因果」的處世態度。強盜臨刑，常說：「再等二十年，又是一條好漢」，便是這種思想的代表。這兩種人的所見，前者是斷見，後者是常見，都是邪見！

古德說：「一日無常到，方知夢裏人。萬般將不去，惟有業隨身。」人們若在無常未到以前，深信因果，止惡行善，如法修道，便是覺者。否則，無常到來，世間一切都拿不去，中陰身却被「業」牽走了，隨着生前所作的善惡業的「因」，去受六道輪廻的「果」報。若造作惡業，則必流轉生死於畜生餓鬼地獄三惡道中，未有了期。得人身的，如掌中土。失人身的，如大地土。佛眼所見，眞實不虛。豈能說「一了百了」，或者說：「世世爲人」呢？

我輩靜觀社會人們多數的動態：追求五欲，日以繼夜，過着種種罪惡生活。殺盜淫妄，惡業如山，苦報在後，誰敢保證自己不失却人身呢？

(二) 諸法因緣生

大覺世尊，昔在菩提樹下入定，因逆順諦觀十二因緣（卽十二緣起）的還滅流轉而悟衆生輪廻三世的因果，和緣起性空的眞理，得一切種智，圓成了佛果。世間一切法，必待因緣的湊合才生，都沒有自性（實體）。無生而生，生而無生。天台宗的三諦（空諦假諦中諦，卽空卽假卽中）源出中論一偈。從前台宗初祖，北齊慧文大師自記云：「我獨步河淮，呼誰爲師？若得經，則以佛爲師。若得論，則以菩薩爲師。乃入大經藏，燒香散花，反手執之，得龍樹菩薩之中觀論。開論讀之，至觀四諦品「因緣所生法，我說卽是空，亦爲是假名，亦是中道義」之偈，恍然悟三諦之妙旨」。

佛教的因果律，不離緣生諸法，貫通三世。緣起緣生，前者從因立名，後者從果立名，實際二而一。諸法旣從因緣生，有因必有果，決無無因的果。因、緣、果，簡稱因果。世間樂，樂是苦因。黃連苦，業報更苦！

(三) 一個大原則

講到因果，有一個大原則，便是：一切福田，不離方寸。何以故？因因果果，先因後果故。起罪是此心，滅罪亦此心故。業從念生，八識田中，薰成種子故。現在的因念雖小，未來的果報實大故。十法界，都在我輩現前一念心性中，亦都從現前一念心性所建立。十法界是四聖六凡。四聖是佛、菩薩、緣覺、聲聞。六凡是天、人、阿修羅、畜生、餓鬼、地獄。人人都可修行成佛。修十善生天上。持五戒生人間。修下品十善生阿修羅。造十惡業，便種了畜生餓鬼地獄受生的「因」，還受輪廻苦報的「果」。因該果海，果徹因源。世間因果（例如：六凡），出世間因果（例如：四聖），一切一切，惟心變現。故徹悟禪師說：「善談心性者，不棄離於因果。而深信因果者，終必大明於心性。」

現爲證實因果的可怕，先談一故事。往昔迦毗羅閱城內，有一個捕魚村。村有大池，久旱水涸，池魚盡被村人捕吃。最後一條大魚，也被烹殺。祇有一個從小不吃魚肉的小孩，那天敲了大魚頭三下，作爲玩耍。後來釋迦牟尼佛住世時，頻婆娑羅王娶了一個釋種女子，生太子叫做琉璃。他便是歷史上著名屠殺釋種的琉璃王。琉璃做太子時，在釋種居住的迦毗羅閱城讀書。一天，他戲坐佛的座位，被人痛罵，把他拋下來。他因此懷恨在心。繼任王位後，便率兵攻城，把該城內居民殺盡。當時佛頭痛三天。諸大弟子曾請問佛，佛說出了過去世村民殺魚的公案。琉璃王便是那時被殺的大魚。他率領的軍隊，便是那時的池魚。被殺的居民，便是那時烹殺池魚的村民。那時敲大魚頭三下的小孩是誰？便是後來感到頭痛的教主釋迦佛。後來琉璃王生墮地獄，冤冤相報，沒有了期，因果確實可怕！

經云：「教衆生有二要。何謂二要？一者作是得是，二者不作是，不得是。三世五道，罪福苦惱，非天授與，亦非鬼神帝王授與。所作罪福，如影隨形，如響應聲，不失如毛髮。」今生富貴中人，前世定多修福。今生貧困的人，前世定多不善業。今生佛門七衆弟子，前世定是修福修慧的人。存如是心，作如是因，得如是果。各修各得，不修不得。種竹得筍，豈能生蓮？

唐玄宗時盧懷慎，曾做過副相，以清操自勵。臨歿，忽然張目而醒，自說：「到了冥司，見有三十爐，日夜爲張說（註、當時大富翁）鑄橫財。但我則一爐都沒有。」言訖而終。（參考宋人沈作喆筆記寓簡）。富貴本宿世善業，或富而不貴，或貴而不富，或富而且貴，不可強求。今人不修善而求生人天，不佈施而求富，不持戒，多殺生，而求長壽（持戒長壽，殺生短命，見後面第七節佛說經典），作惡而求福，廣造惡業而求不墮地獄，豈非背道而馳，癡人說夢？

話又說囘來，富貴如浮雲。今生富貴中人，若廣造惡業，則種因得果，苦報可怕。今生貧困的人，若廣修善業，則功不唐捐，必生人天。生人間，雖是難得，但循業受報，終墮輪廻。生天上，雖受天福，壽命極長，但報盡還墮，未出三界，終非究竟！因此，今生不論富貴或貧困的人們，若遇善知識，修學佛道，住於正知正見，不着世樂，不求福報，，轉迷爲悟，勤斷無明，則心佛衆生，三無差別，平等平等，同生極樂，同成佛道。

(四) 果報三時

其次，果報有三時。一現報，此生所作，此生卽受。二生報，此生所作，來生方受。三後報，今生所作，或經二生三生，百生千生，然後乃受。各人所種的業因不同，或修善，或作惡，或善多惡少。或惡多善少，或修福，或修慧，或福慧雙修，故所受的果報各各不同，受報的時間亦隨之而異了。

現報生報，已很明顯。至於後報，則舉一例：

佛世有一個人，欲求出家修道。佛的大弟子們以道眼觀察，都說他沒有善根，都不願度他。後來，他到佛所，佛便度他，許他出家。佛的大弟子便請求佛說明緣由。佛說：「這是無量刼前的事，非二乘道眼所知。此人無量刼前，在山採柴，爲虎追迫，急奔上樹逃命，忽然失聲喊道：「南無佛！」他因只稱一聲「南無佛」的善根，在此賢刼，值我得度，後當會道。」

(五) 因果轉變

佛教的因果論，不是世間的宿命論。人們的果報，一般能以後來新加入的業因業果而轉變的。八識種子，在第八阿賴耶識，有生萬法的功能。種子生種子，念念相續，便有前因後果的轉變。八識種子，各有八識現行的轉變，稱爲「因能變」。從種子所生的八識，各從自體分變現見相二分，稱爲「果能變」。所以世尊教誨衆生修身，修戒，修心，修慧，重罪能轉輕報（詳後）。譬如一杯苦味的濃咖啡（喻惡業），加了些糖（喻善業），再加了些牛奶（喻善業），便轉變了原來咖啡的成份了。現在再略舉幾個例在下面：

一、今世地獄重罪，可轉現報，現世輕受，不墮地獄。佛在大般涅槃經中，說得很詳。但此人一須修身，修戒，修心，修慧；二須懺悔暴露所有諸惡，更不敢作；三慚愧成就，供養三寶，常自呵責。玆將經文照錄如左，以供同修。

「菩薩摩訶薩知諸衆生修身修戒修心修慧，是人今生惡成就，或因貪欲瞋恚愚癡，是業必應地獄受報。是人直以修身，修戒，修心，修慧，現世輕受，不墮地獄。云何是業能得現報？懺悔暴露所有諸惡。既悔之後，更不敢作。慚愧成就故，供養三寶故。常自訶責故，是人以是善業因緣，不墮地獄，現世受報。所謂頭痛目痛，腹痛背痛，橫罹死殃，訶責辱罵，鞭杖閉繫，飢饉困苦，受如是等現世輕報，是名爲知。」（大般涅槃經卷十五，梵行品第二十），（優婆塞戒經業品，請參照）

人們所造諸惡業，皆由貪瞋癡，從身語意所生。經中修身修戒並舉，足見行人修身修戒的重要。世間一切善法，正心誠意，孝悌忠信，禮義廉恥，尊師敬老，謙恭忍讓等等，都是修身。

二、楞嚴經說：「佛告阿難，諸佛如來語無虛妄。若復有人，身具四重十波羅夷，瞬息卽經此方他方阿鼻地獄，乃至窮十方無間，靡不經歷，能以一念將此法門，於末刧中開示未學，是人罪障，應念消滅。變其所受地獄苦因，成安樂國。」這是身具地獄重罪，一念弘法利生，便轉變他的所受地獄苦因，往生淨土的一例。

三、金剛般若波羅蜜經說：「善男子，善女人，受持讀誦此經，若爲人輕賤，是人先世罪業，應墮惡道，以今世人輕賤故，先世罪業則爲消滅，當得阿耨多羅三藐三菩提。」這是先世重罪，現世轉輕的又一例。

(六) 見福見禍

平時，常有人們提出一些問題來問難。他們說：「照佛教的說法，善有善報，惡有惡報，固是很對，但有些種種作惡的人，竟然腰纏萬貫，生活優裕，而有些忠厚善良的人，反而貧病交迫，生活困苦。這樣看來，善惡報應，怎能說得通呢？」如此問題，已不止一人，不止一次。這種見解，似是而非，實在是不明因果所起的錯誤，甚至怨天尤人，懷疑因果，不可不予糾正。

傳燈錄說：「欲知前世因，今生受者是。欲知後世果，今生作者是。」可見「受」和

「作」，明明是兩件事。腰纏萬貫，貧病交迫，兩人的境遇雖截然不同，但都是人們今生的「受」。順受逆受，苦受樂受，各有「前因」，各有「今果」。至於現在為人的善惡，則是所謂「作」。那又各有「今因」，各有「後果」。各到後來方「受」。人們自作自受，非天授與，因果分明，灼然可見，何必怨天尤人，懷疑因果？

法句經說的好：「妖孽見福，其惡未熟。至其惡熟，自受罪酷。禎祥見禍，其善未熟。至其善熟，必受其福。」從前有人去訪問精進學佛的聶老太太（曾國藩的女兒，聶中丞的夫人，聶雲台老居士的母親），看見客廳裏掛着一幅立軸，上面寫着幾個大字：「各有因緣莫羨人」，很有深意。

（七）來踪去迹

觀因可以明果，察果可以知因。人們的來踪去迹，究竟是怎樣的呢？世尊以佛眼見衆生無量刼以前，乃至今生一切罪福報應的事，好像看見自己掌中的琉璃珠一般。佛說輪轉五道罪福報應經中，說得很詳，多至數十種。玆摘錄一二，又酌分甲乙兩類，以便瀏覽。

（甲）人的來歷：㈠人而豪貴，國王長者，從禮佛事三寶中來。㈡為人大富，財物無限，從布施中來。㈢為人長壽，無有疾病，身體強壯，從持戒中來。㈣為人端正，顏色妙好，輝容第一，身體柔軟，口氣香潔，人見姿容，無不歡喜，視之無厭，從忍辱中來。㈤

爲人修習，無有懈怠，樂爲福德，從精進中來。㈥爲人安詳，言行審諦，從禪定中來。㈦爲人才明，達解深法，讚歎妙義，開悟愚朦，人聞其言，莫不諮受，用爲珍寶，從般若中來。㈧爲人剛強，很戾自用，從羊中來。（餘從略）。

（乙）人的去處：㈠聞好言善語，心不喜聞，於中兩舌，亂人聽受經法者，後墮耽耳狗中。㈡慳貪獨食，不共饑者食，後墮餓鬼中。出生爲人，貧窮饑餓，衣不蓋形，食不供口。㈢喜刧奪人物者，後墮羊中，生剝其皮，償其宿債。㈣好喜殺生者，後爲水上蜉蝣蟲，朝生暮死。㈤爲人短命，胞胎傷墮……此輩前世爲人，好喜射獵，焚燒山澤，探巢破卵，施捕魚網，殺一切衆生，貪其皮肉，以自食噉，多短命報。世世累刧，無有出期。㈥好喜盜人財物者，後墮奴婢牛馬之中，償其宿債。㈦好喜淫他婦女者，死入地獄，男抱銅柱，女臥鐵床。從地獄出，常生下處，當墮鷄鴨中。㈧州羣令長，食官爵祿，或私侵人民，錄名繫縛，鞭打捶杖，強逼輸送，告訴無地，枷械禁閉，不得寬縱，後墮地獄中，身受苦痛，數千億歲。罪畢乃出，當墮水牛中，貫穿其鼻，牽船挽車，大杖打撲，償其宿罪。（餘從略）

（八）結　論

上來所說，都是善惡因果。現再略述行者修證的圓行妙果。經云：「是心作佛，是心是佛。」是心是佛，是衆生性德。是心作佛，乃菩薩修德。我輩在凡夫地，發菩提心是因，成佛是果。行中道是因，見佛性是果。修習般若波羅蜜是因，證大涅槃是果。衆生利根，從宿世前因修來，這是所謂「因勝」。因勝則果勝。信願念佛是因，往生極樂是果。見佛是因，成佛是果。凡夫是因人（因位人），佛是果人（果位人），也都不出因果。我輩凡夫，起心動念，行住坐臥，一句話，一個字，都不出因果之外。人們的一生，都生活於因果中。種什麼因，得什麼果，縱經百千刼，果報還自受。菩薩畏因，心膽俱寒，惟謹惟愼，其原因在此！

因地不眞，果招紆曲。錯亂修習，誤入歧途，煮沙不成佳饌。我輩若深明因果，小罪大懼，勤斷無明，受持讀誦大乘方等經典，解第一義，修身修戒，修心修慧，慚愧懺悔，便不斷轉變業因業果。諸障若消滅，佛境便現前，豈但重罪轉輕報而已哉？

衆生十重迷悟

唐圭峯山宗密大師（華嚴五祖），曾依大乘起信論，製成圖表多種，開示凡夫迷悟，各有十重。翻迷成悟，終成佛道。（見大師所著「禪源諸詮集都序」第七十五頁至八十三頁）。觀其所論，六道凡夫，三乘賢聖，根本悉是靈明清淨一法界心。性覺寶光，各各圓滿。覺是三乘賢聖之本，不覺是六道凡夫之本。此一心，法爾具有眞妄二義。眞又有不變隨緣二義，妄又有體空成事二義。由眞不變，故妄體空，爲眞如門。由眞隨緣，故妄成事，爲生滅門。又觀下錄圖表，衆生不覺念起，見相現境，迷眞逐妄，故造業受報，流轉六道。後遇善知識，開示本覺眞心，故能發心怖苦，漸次進修，我法雙空，色自在，心自在，最後離微細念，心卽常住，圓成佛道。此種圖表，是大師修習起信論之心得。我輩若作爲修學上之借鏡，一目了然，可事半功倍也。爰分錄於左，以供同修。

甲、迷有十重

此是迷眞逐妄，從微細順次生起，輾轉至粗之相。

一、本覺　謂一切衆生，皆有本覺眞心。

二、不覺　未遇善友開示，法爾本來不覺。不覺，迷眞也。

三、念起　不覺故，法爾念起。

四、見起　念起故，有能見相。

五、境現　以有見故，根身世界妄現。

六、執法　不知境從心起，執爲實有，名爲法執。

七、執我　執法定故，見有自他之殊，計自爲我，名爲我執。

八、煩惱　執此四大爲我身故，貪愛順情境，瞋違情境，愚癡計較。

九、造業　由三毒擊發故，造善惡等業。

十、受報　業成難逃，故受六道業繫之苦。

乙、悟有十重

此是悟妄歸眞，從粗重逆次斷除，輾轉至細之相。

一、頓悟本覺　悟前一，翻前二，爲第一重。謂有衆生，遇善知識，開示本覺眞心，宿世曾聞，今得解悟，四大非我，五蘊皆空，信自眞如及三寶德。

二、發心怖苦　發悲智願，誓證大菩提，漸修菩薩解行。翻前第十受報。

三、修五行，覺妄念　五行：一隨分施，二戒十惡，三忍他惱，四精進不怠，五止觀。住靜止一切境，正念惟心，觀察世間，無可愛樂。覺知前念起惡，能止後念，令其不起。翻前第九造業。

四、開發　大菩提心，從此顯發，卽前悲智願，今開發也。翻前第八煩惱。

五、我空　離我執故，無自無他。於眞如理，深解現前。所修離相，以知性體無慳無染，離瞋離怠，常寂常照，隨順修行六度。翻前第七執我。

六、法空　法無性故，常空常幻。悟色空不異也。翻前第六執法。

七、色自在　色自在地，已證境是自心所現，故於色，自在融通。定慧力用，我法雙亡。翻前第五境現。

八、心自在　心自在地，不見外有定實之境，故於一切自在，無所不照。翻前第四見起。

九、離念　離微細念，心卽常住。從初發心，卽修無念，至此方得成就。翻前第三念起。

十、成佛　證而實無有始覺之異。本來平等，始本不二，同一覺故。冥於根本眞淨心源，應用塵沙，盡未來際，常住法界，感而卽通，名大覺尊。

佛說十二因緣名爲佛性

（一）引　言

什麼是十二因緣？十二因緣是：無明緣行，行緣識，識緣名色，名色緣六入，六入緣觸，觸緣受，受緣愛，愛緣取，取緣有，有緣生，生緣老死。

「十二因緣，名爲佛性。」和「一切衆生，不見於十二因緣，是故輪轉。」出自世尊金口，具載大般涅槃經。

人們以爲辟支佛（註）是小乘，往往不去深入諦觀十二因緣。這種觀念，必須糾正過來。

（註）辟支佛即緣覺，又稱獨覺。台宗區分緣覺獨覺爲二：㈠出於佛世，觀十二因緣而得悟者，爲緣覺。㈡出於無佛世，觀飛花落葉而成道者，爲獨覺。

佛說正法，方便多門，殊途同歸。圓覺經所謂「譬如大城，外有四門，隨方來者，非止一路。」大乘小乘原是一乘。二乘人（聲聞緣覺）若不停頓在「化城」，而回小向大，便歸寶所，同成佛果。所不同的，便是人們根器有利鈍，智慧有深淺，心量有廣狹罷了。我輩末世衆生，福薄慧淺，若能遵照佛語，諦觀十二因緣，下智觀者得聲聞道，中智觀者得緣覺道，上智觀者住十住地，上上智觀者成佛果。（見下（五）菩提種子一節）

（二） 世尊成道實況

世尊成道史實，過去現在因果經記載很詳。世尊雪山苦行六年，後至尼蓮禪河，入水沐浴。浴罷，獨行。行到畢波羅菩提樹下，結跏趺坐。於二月七日夜，降伏魔道後，放大光明，即便入定，思惟眞諦。作是思惟，至初夜盡。菩薩既至中夜，即得天眼，而自思惟：「三界之中，無有一樂。」如是思惟，至中夜盡。（一夜三時，初夜中夜後夜。中夜即午夜。第三夜即後夜，至黎明止。）接連下面的，是關於世尊成道的一段記載，玆照錄經文於左：

「菩薩至第三夜，觀衆生性，以何緣故而有老死？卽知老死以生爲本，若離於生，則無老死。又復此生，不後天生，不從自生，非無緣生，從因緣生！因於欲有、色有、無色有、業生。又觀三有業從何而生？卽知三有業從四取生，又觀四取從何而生？卽知四取從愛而生。又復觀愛從何而生？卽知愛從受而生。又復觀受從何而生？卽知受，從觸而生。又復觀觸，從何而生？卽便知觸從六入生。又觀六入，從何而生？卽知六入，從名色生。又觀名色，從何而生？卽知名色，從識而生。又復觀識，從何而生？卽便知識，從行而生。又復觀行，從何而生？卽便知行，從無明生。若無明滅，則行滅。行滅則識滅，識滅則名色滅。名色滅則六入滅，六入滅則觸滅。觸滅則受滅，受滅則愛滅。愛滅則取滅，取滅則有滅。有滅則生滅，生滅則老死憂悲苦惱滅。如是逆順觀十二因緣，第三夜分，破於無明。明相出時，得智慧光，斷於習障，成一切種智。」

世尊昔在菩提樹下，諦觀衆生的生老病死，因何而來？緣何而起？觀其輾轉相緣，層層深入，直至最後，則爲無明。這便是緣起觀，又稱因緣觀。觀上面經文的記載，顯見世尊當初因逆順觀十二因緣而澈悟緣起性空的眞理。到了當夜的第三夜分，天將黎明時，破無明，斷習障，得一切種智，圓成佛果（世尊未成佛前，經文稱爲菩薩。成道後，接下卽稱如來。）

十二因緣，新作十二緣起，諦觀衆生涉三世而輪轉六道的次第緣起。宇宙間萬物，不論有生命的，或無生命的，都必須從因緣的湊合而生起，也隨因緣的分散而壞滅。各各沒有自有的自成的永恒不變的自性（自己的實體）可得，當體是空，有非卽有，非有而有，故云緣起性空。性空不是斷滅。緣起性空，是釋迦牟尼佛發見的最精最確的眞理，也便是佛家的人生觀。（緣起性空，見上面拙作「色卽空，空卽色」一文。）

先拿人來說，人死後，中陰身隨「業」驅迫，見父母交合而去投胎。人是業識爲「因」，父母爲「緣」，也靠因緣和合而成的。人既從因緣生，當然沒有永恒不變的實體。從初入母胎，以至老死，分爲十二段因緣去觀察，便明白了三世的因果律，和緣起性空的眞理。再拿一只飯碗來說，泥土是「因」，人工水火等是「緣」，因緣湊合，便成飯碗。久用破碎了，碗無自性，緣散便滅。

（三） 最後付囑

世尊臨入涅槃，諄諄付囑阿難尊者，彷彿慈父臨終敎子，明師臨別贈言。世尊大慈大悲，說眞實語，指示我輩修行人出世的路徑，字字金玉。依此修行，決定出世。世尊說：「無明若滅，三界都盡。以是因緣，名出世人！阿難，若能締觀十二因緣，究竟無我，深入本淨，卽能遠離三界大火！阿難，如來是眞語者，說誠實言。最後付囑，汝當修行。」

（大般涅槃經後分卷上遺教品）

（四）三世因果

現在再略談些十二因緣關於三世因果的意義。

㈠無明：清淨佛性，原是圓明的，祇因無始起了貪瞋癡等的一念，如雲蔽日，迷失了本性，便是無明。「明」上的一個「無」字，其義甚顯。無明便是惑。無無明，則惑斷。大般涅槃經云：「過去煩惱，名爲無明」」（以下同此）

㈡行：人們身口意三方面的造作，不論是心行或見諸行動，不論善事惡事，或不善不惡事，都是「行」。世尊說：「南閻浮提衆生，舉止動念，無不是業，無不是罪。」便指「行」。經云：「過去業者，名爲行」。

以上是人們過去世所種的二因。

㈢識：人們的軀殼，雖緣散而滅，但生前所造種種善惡業，都含藏在八識田中（第八識卽阿賴耶識），成爲種子。一旦因緣成熟，種子發芽，惑業驅迫，中陰身便去投胎，感受果報。經云：「現在世中，初始受胎，是名爲識。」

㈣名色：投胎未久，心識暗昧，形體未成。經云：「入胎五分，四根未具，名爲名色。」四根卽眼耳鼻舌。

㈤六入：胎兒在母腹數月，漸長六根，漸具人形，尚未出胎。經云：「具足四根，未名觸時，是名六入。」

㈥觸：嬰兒出胎，開始接觸外境，還未能分別苦樂，經云：「未別苦樂，是名爲觸。」

㈦受：稍長，心識逐漸發展，漸感受順逆等苦樂。經云：「染習一愛，是名爲受。」

以上是現在世的五果。

㈧愛：更稍長，貪求聲色貨利，飲食男女。種種欲望，與日俱增。如蠅逐臭，恒不捨離。經云：「習近五欲，是名爲愛。」

㈨取：貪欲熾盛，百計爭取，執我執法，迷而不悟。經云：「內外貪求，是名爲取。」

㈩有：爲滿足五欲的欲望，發於心，出於口，見於行動，廣造身口意三業。「有」指三有。現在世造業，未來世招報。欲界有欲，色界有色，無色界有想。衆生業報，不出三界，故稱「三有。」羅漢出三界，故不受後有。經云：「爲內外事，起身口意業，是名爲有。」

以上是現在世的三因。

㈠生：現在世造業種因，未來世又必去投胎受生。經云：「現在世識，名未來世生。」

㈡老死：既有生，必有老死。經云：「現在名色、六入、觸、受，名未來世老病死。」

以上是未來世的二果。

現更列表如左，俾明大概：

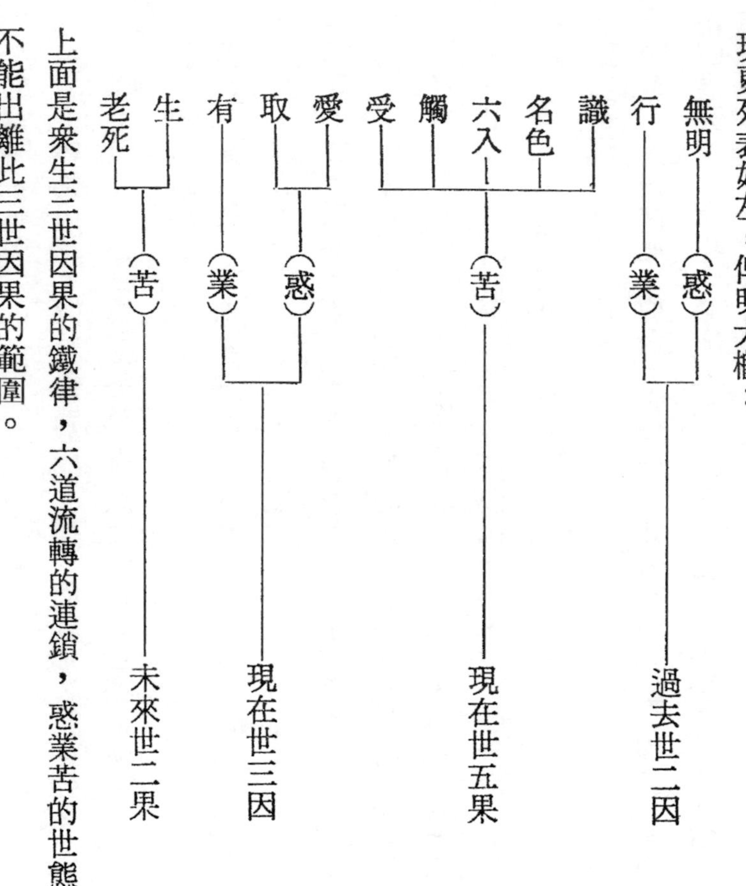

上面是衆生三世因果的鐵律，六道流轉的連鎖，惑業苦的世態。若不如法修行，永遠不能出離此三世因果的範圍。

（五）菩提種子

世尊對獅子吼菩薩摩訶薩說：「善男子，是觀十二因緣智慧，卽是阿耨多羅三藐三菩提種子。以是義故，十二因緣，名爲佛性。佛者，有因，有因因；有果，有果果。有因者，卽十二因緣。因因者，卽是智慧。有果者，卽是阿耨多羅三藐三菩提。果果者，卽是無上大般涅槃。」（大般涅槃經卷二十五，獅子吼品第二十三）。可見十二因緣是菩提種子，名爲佛性，又是成佛的因，昭然若揭。

復次，修行人平時讚歎如來無量功德，至心恭敬，是名眞供食佛。讚歎詞中，列擧如來種種功德，其中提到如來有十二因緣智。（見優婆塞戒經，供養三寶品第十七）前後種種參證，足見諦觀十二因緣是成佛的因，更明顯的了。

「佛性者，卽第一義空」。如來常住，無有變易。二乘人，下中二智諦觀十二因緣，只見空，不見不空。只見無常無樂無我無淨，不見出世常樂我淨。以不行中道故，不見佛性。十住菩薩上智諦觀十二因緣，雖見佛性，見不了了。上上觀智，乃成佛果。大般涅槃經中，世尊所說十二因緣，其義甚深，無知無見，不可思議，乃佛菩薩境界。世尊又說：「觀十二緣智，凡有四種，一者下，二者中，三者上，四者上上。下智觀者，不見佛性。以不見故，得聲聞道。中智觀者，不見佛性，以不見故，得緣覺道。上智觀者，見不了了。不了了故，住十住地。上上智觀者，見了了故，得阿耨多羅三藐三菩提。以是義故。十二因緣，名爲佛性。佛性者，卽第一義空。第一義空，名爲中道。中道者，卽名爲佛。佛者，名爲涅槃。」（同經卷二十五，獅子吼品第二十三）

（六）結　語

世尊初成道時，因逆順觀十二因緣，斷無明，得一切種智，圓成佛道。其後，臨入涅槃，又付囑阿難尊者諦觀十二因緣，卽能遠離三界大火！十二因緣是菩提種子，名爲佛性。它的重要性，已可概見了。我輩凡夫，既已了知三世因果的鐵律，緣起性空的眞理，應卽起修，從圓照淨性，斷無明下手。無明居於十二因緣的首位，無明滅，則其餘十一緣都滅，可以了脫生死故。

講到修斷無明，不尙空言，必須實踐。我輩凡夫，種了過去世的二因，才有現在世的五果。但今世若再種愛取有的三因，便有未來世的二果。生死長夜，出苦無期。因此，若欲了脫生死，必須掌握「現在」！不種「因」，何來「果」？趁早諸惡莫作，衆善奉行，勇猛精進，如法修行，不使一天輕易虛過。斷無明，砍愛根！「愛」斷，「取」離，「有」滅，便沒有未來世的「生」和「老死」二果，生死不了而自了！我輩貪愛正濃的時候，若能像「壯士斷臂」一般的精神去砍斷根株，遠離諸幻，圓照淨性，正慧開朗，實是明智的決擇，斷苦的手腕，出生死的不二法門！

觀十二因緣的智慧，便是觀照般若。從文字般若，起觀照般若，乃證實相般若。

復次，觀智有流轉還滅二門。其中有生觀，滅觀，順生死觀，逆生死觀。玆略談一二。㈠生觀，觀無明乃至老死，次第生死的相。這是流轉門。㈡滅觀，觀無明滅則行滅，乃至老死滅，次第壞滅的相。這是還滅門。㈢順生死觀。觀有漏業爲因，愛取等爲緣，感識等乃至老死的生死果的相。這也是流轉門。㈣逆生死觀。觀無漏的正慧爲因，正行爲緣，證涅槃果的相，這也是還滅門。

十二因緣的種種觀智，已略如上述。我輩若能深入諦觀，遠離斷常空有，行於中道，卽見佛性。從聲聞緣覺，超越二乘地，而十住菩薩，更歷位而上，乃至成佛。

綜上所談，十二因緣名爲佛性，最爲正確。我輩若目爲小乘，漠然視之，豈非到了寶所，空手而歸？

孝道——中國文化的實質

(一)「以孝治天下」是儒家的最高理想

中國數千年來文化的實質和道德的根本，建立於儒家思想。儒家的中心思想，以孔孟二聖之言教做代表，現在約略地舉出些在下面：

㈠大學：「古之欲明明德於天下者，先治其國。欲治其國者，先齊其家。欲齊其家者，先修其身。欲修其身者，先正其心。欲正其心者，先誠其意。欲誠其意者，先致其知。致知在格物。」

㈡中庸：「君子不可以不修身。思修身，不可以不事親。」

㈢論語：「弟子，入則孝，出則弟。謹而信，汎愛衆，而親仁。」

㈣論語：「父母之年，不可不知也。一則以喜，一則以懼。」

㈤孝經：「天地之性，人爲貴。人之行，莫大於孝。」

㈥孟子：「事孰爲大？事親爲大。守孰爲大？守身爲大。」

㈦孟子：「老吾老，以及人之老。幼吾幼，以及人之幼。天下可運於掌。」

由此可見：儒家的中心思想，實際上建立於格、致、誠、正、修、齊、治、平。這中心思想，又歸根於修身，修身又致力於事親。這個「親」，不單指父母，祖父母等，也包括在內。善事其親，便是孝道。有孝行的人，便是孝子順孫。（漢書武帝紀：「元年詔曰：今天下孝子順孫，願自竭盡以承其親。」）

詩經小雅蓼莪篇：「哀哀父母，生我劬勞。無父無怙，無母無恃。……父兮生我，母兮鞠我。撫我，畜我。長我，育我。顧我，復我。出入，腹我。欲報之恩，昊天罔極。」

這就是說，父母養育我的恩是報不盡的。人們，除了至性純孝的以外，大概到了三四十歲，自己也生了子女，親自經歷了子女的撫育、上學、疾病等種種憂患勞苦，方才能知道父母的恩的。晉代的王裒，博學多能，父親被文帝殺害。他便隱居講學，終身不向西坐，不向文帝稱臣。他每次讀到這篇詩，追念父母，沒有一次不掩面流淚的。門人見了，便把這篇詩廢掉，輟而不講。

昔時有某君，讀古文觀止，讀到李密的陳情表：「臣無祖母，無以至今日。祖母無臣，無以終餘年。母孫二人，更相爲命，是以區區不能廢遠。……是臣盡節於陛下之日長，報劉之日短也。」便情不自禁地嗚咽哭泣，涕淚交流。這也可見孝心感人深了。

孝是敦序倫常，培養德性的基礎。先從修身事親，孝養自己的父母做起。推廣到尊敬長上，汎愛人民。再從一個人推廣到多數人。從一個家庭推廣到多數家庭。再從村鎮而城市，而一國。由一國推廣到多國。這樣，便能移風易俗，安定社會，建設國家，進於大同。這便是孔子所說的入孝出弟，汎愛親仁，修齊治平的至理。昔人所主張的「以孝治天下」，是儒家的最高理想。

（二） 佛觀六道衆生都是父母

釋迦牟尼佛對於孝道，勸化甚力。佛成道不久，便回到迦毗羅衛的祖國，爲父王（淨皈王）說法，度父成須陀洹果。後又上升到忉利天宮，爲母后說法三月，報母深恩，使受法益。佛經中勸孝的地方很多。佛弟子通常稱地藏菩薩本願經爲佛門中的孝經。大乘本生心地觀經所稱四恩：一父母恩，二衆生恩，三國王恩，四三寶恩。地藏菩薩本願經說：「若有衆生，不孝父母，或致殺害，當墮無間地獄，千萬億刧，求出無期。」心地觀經說：「爾時佛說偈言：母在堂時爲最富，母不在時爲最貧。母在之時爲日中，悲母亡時爲日沒。母在之時皆圓滿，悲母亡時悉空虛。世間一切善男女，恩重父母如邱山。應當孝順恒在心，知恩報恩是聖道。不惜身命奉甘旨，未曾一念虧色養。如其父母奄喪時，將欲報恩誠不及。……」世尊教導弟子們，不但要孝養自己的父母，還要觀衆生像自己的父母，自己像衆生的子女。心地觀經又說：「觀諸衆生，作尊貴想。觀於自身，作僮僕想。又觀衆生，作父母想。觀自身如男女想。常作是觀，或被打罵，終不加報。善巧方便，調伏其心。」佛教的平等、大悲、大願、大行，便可見一斑了。

（三）物質上的孝

現在先介紹唐大詩人白居易的一首詩：

「慈烏失其母，啞啞吐哀音。晝夜不飛去，經年守故林。夜夜夜半啼，聞者爲沾襟。聲中如告訴，未盡反哺心。百鳥豈無母？爾獨哀怨深。應是母慈重，使爾悲不任。昔有吳起者，母歿喪不臨。嗟哉斯徒輩，其心不如禽。慈烏復慈烏，烏中之曾參。」（註）曾參，即曾子，孔子弟子。性至孝，述大學，作孝經。

這首詩描寫慈烏失母夜啼，未盡反哺的心，使聽到啼聲的人們墮淚。烏初生時，母烏把食物哺給雛烏。雛烏張口受食。饑餓時，嗷嗷待哺。烏能反哺，它長大了，也把食物反哺母烏，所以稱烏爲孝烏。父母愛子女，像老牛舐犢（小牛）一般，通常叫做「舐犢情深。」子女孝養父母，通常叫做「反哺心切。」

子女孝養，一般指物質上的供養，便是指子女供給父母衣食住行等所需。昔時有一寒士，年幼早孤，家很貧苦。母子兩人，全靠母親針織苦度生活。後來他顯達了，衣錦還鄉，欲報母恩。見母年老，暗暗地含淚做了一首詩：「親血爲兒盡，親年不再還，滿頭飄白髮，紅日已西山。」不久，母病故。他沒有達到孝養的心願。昔賢臯魚說：「樹欲靜而風不止，子欲養而親不待。」這是人生最痛心的一件事！

孟子說：「世俗所謂不孝者五。惰其四肢，不顧父母之養，一不孝也。博奕，好飲酒，不顧父母之養，二不孝也。好貨財，私妻子，不顧父母之養，三不孝也。縱耳目之慾，以爲父母戮，四不孝也。好勇鬪狠，以危父母，五不孝也。」又說：「人之所以異於禽獸者幾希。」人們若不顧父母的供養，沒有反哺的心，豈不要像白居易所說的「其心不如禽」？

（四）精神上的孝

事親不可缺少的要件，一是敬，二是順。所以人們一說到孝，便說「孝敬」，「孝順」。孝和敬順兩個字，是分不開的。這便是精神上的孝。孔子說：「今之孝者，是謂能養。至於犬馬，皆能有養。不敬，何以別乎？」（論語）。可見子女除了物質上的供養以外，還要敬事父母。孔子所說的大意，就是現在一般人的所謂孝，以爲只要養活父母就够了。其實呢，犬馬牲畜，人們也都能盡豢養的事。倘不敬父母，那末養親和養畜，還有什麼區別？」

精神上的孝，主要便是色養。這裏的所謂「色」，是面色上表現的「色」，也就是孔子所謂「色思溫」（君子有九思之一）的「色」。色養是子女經常要把愉悅溫和的顏色對待父母，順承其心，使父母歡樂，頤養天年，所以是孝道。反過來說，「順」的反面是「逆」。倘子女經常聲色俱厲，拂逆親心，使父母抑鬱不樂，因氣惱成病，甚至促短他們的天年。試問這是孝呢？還是逆呢？論語：子夏問孝。子曰：「色難。有事，弟子服其勞。有酒食，先生饌。曾是以爲孝乎？」這段孔子所說的大意，就是最要緊而又難能可貴的，是要承順父母的心，時常露出溫和的面色。倘僅僅出些勞力，替父母做些事情，給父母吃吃酒飯，豈能便是孝道呢？

一般人以爲做子女的，只要在物質上供養父母，終其餘年，便是盡了孝道。其實，百孝不如一順，精神上的孝，尤爲可貴。孟子說：「不得乎親，不可以爲人。不順乎親，不可以爲子。」「孝」和「順」的不可分，於此更可見了。孝敬和孝順，是內起尊敬心，孝順心，外呈祥和氣氛，溫悅顏色，得到父母的歡慰，盡人子的孝道。不然的話，雖豐衣足食，佳餚滿前，父母也寢不安枕，食不下嚥的！禮記檀弓，「子路曰：『傷哉，貧也。生無以爲養，死無以爲禮也。』子曰：『啜菽食水，盡其歡，斯之謂孝。』」這可見子路貧窮，窮得父母生存時無力供養，父母死亡時又無力盡喪葬之禮。但是孔子則以爲平時僅僅啜些椒，飲些水，雖窮無傷。主要子女盡力承順父母，盡他們的歡樂，這方才是孝道。

(五) 繼志述事等的孝

除了物質上精神上的孝，還有繼志述事等等的孝。中庸說：「夫孝者，善繼人之志，善述人之事者也。」禮記說：「孝子之事親也，樂其心，不違其志。」父母有樂善好施救濟貧病的弘願，而因事因病，或因死亡而未竟全功的，子孫輩仰體親心，順承親志，續成其事業。倘有其他遺志，子孫輩也繼其遺志，全力做到，述其事績。這些，都是孝道。其他如請法師誦經追薦等等，不再縷舉了。

不過，還要一提的，就是古人所說的「祭而豐，不如養之薄。」父母生前，子孫輩供養得不太好，承事得亦不太敬順。但父母死亡了，則用豐盛的祭品，龐大的場面，不過做給別人看看，還有什麼用處呢？

（六）父母子女間的相處

人和人間的相處，要經常融洽，是一件難事。父母子女日常共同生活在一起，要經常融洽，也是一件不很容易的事。玆略談一些。

甲、關於子女方面的：

㈠子女倘能經常想到「親血為兒盡，親年不再還。」和「欲報之恩，昊天罔極。」啓發孝敬心孝順心，以事父母，物養色養還成什麼問題？

㈡父母所歡喜的東西，子女也歡喜它，處處迎合親心。父母樂，子女也樂。這便是天倫之樂。孟子說：「君子有三樂，父母俱存，兄弟無故，一樂也。（餘略）」子女這樣存心，那末暴戾的氣氛，便一掃而空。祥和的氣氛，便充滿家門了。

㈢子女和父母日常相處，有二忌。一忌小事太察，爭長論短。二忌語無倫次，不留餘地，忘了人子的禮節。

㈣每個人都有優缺點，父母也不能例外。父母有缺點的地方，子女要怡氣柔聲，善言勸諫。孔子說：「事父母幾諫，見志不從，又敬不違，勞而不怨。」這樣，才是孝道。

㈤孟子說：「大孝終身慕父母。」子女雖然在工商界創立了事業，開店設廠，洋房汽車，但到了家裏，究竟還是子女的地位，所謂入孝出弟，仍舊要像小時候依依膝下一樣。

㈥人生如朝露，做人子女的人們，自己也子女成羣了，不久也要漸漸地老了。現在孝養父母，正好給自己的子女看看，做一個好榜樣。

㈦兒子孝，媳婦賢，才能和父母翁姑融洽相處。倘孝道的兒子，設想週到，善爲處理，家門和順，可以斷言。

乙、關於父母方面的：

㈠父母對子好的愛護，子女對父母的孝順，本是出於天性。詩云：「爲人子，止於孝。爲人父，止於慈。」（見大學）。子女固然要盡孝道，但父母倘能處處關懷，那末，縱使不孝的子女，一定激發天良了。

㈡子女有缺點，父母也要婉轉勸導。論語說：「父爲子隱，子爲父隱。」孟子說：「責善，朋友之道也。父子責善，賊恩之大者。」又說：「父子不責善，責善則離。離則不祥莫大焉。」這是父母子女間相處很要緊的地方，雙方都要互相警惕的。

總的一句話，父母子女間的相處，要效法古時張公藝的「百忍」，並體驗孔子的恕道，各自省察，必能相處得很好的。

（七）結　語

近代人心日壞，世風日下，道德淪亡了，孝道陵替了，修齊治平的道理也逐漸少學少談了。倘不大聲疾呼，提倡孝道，實在不能挽救人心，移風易俗，轉變世運！

子女從心坎裏發出來的孝敬心孝順心，才是眞孝。孟子說：「人之所不學而能者，其良能也。所不慮而知者，其良知也。」昔時有老母責打兒子，僅輕打了一二下，子便痛哭流涕。老母問子：「我以前打你，你從沒哭過一次，這次何以哭呢？」兒子答：「因爲當時媽媽體力還健，打得很痛。我理應受責，所以不哭。現在媽媽打我，並不覺痛，可見媽媽體力日漸衰弱子，所以我哭。」

孝有多種，但是子女平時所給予父母精神上的安慰和歡樂，實在遠勝於物質上的供養。朱柏廬先生說：「家門和順，雖饔飧不繼，亦有餘歡。」這和上面孔子所說的：「啜菽飲水，盡其歡，斯之謂孝。」都是至理名言。

（註）早餐叫饔，晚飯叫飧。饔飧不繼，就是處於吃了早餐沒有晚飯的苦境。

在家戒

(一) 業海船筏

在家人歸依三寶者，善男子稱優婆塞，善女人稱優婆夷，一般稱爲居士。居士學佛，應持佛所制的居士戒。其實，受三歸時卽應修善止惡，故卽發無作戒體。

戒是佛制。戒律爲經律論三藏之一，防止佛徒邪非，乃一切善法之根本，轉凡成聖之始基。九層之基，始於累土，千里之行，始於足下。持戒功德，亦復如是。瓔珞本業經云：「一切衆生，初入三寶海，以信爲本。住在佛家，以戒爲本。」佛遺教經云：「戒爲正順解脫之本，故名波羅提木叉。因依此戒，得生諸禪定及滅苦智慧。」世尊一代時教，不出經戒二門。千經萬論，主要不外戒定慧三學。非戒無以生定，非定無以生慧。三學相資，不可缺一。此三學是出世梯階。我輩凡夫，欲斷煩惱，了生死，雖須致力修慧，但無漏慧必須以淨戒爲基礎。何以故？我輩無始來所造諸惡業，皆從身（殺盜淫）口（妄語惡口兩舌綺語）意（貪瞋癡）所生。長刼輪轉，主因在此。故佛制一切戒法，皆依身口意而結成，倘不持戒，縱有定慧，終成魔業。

釋迦牟尼佛臨入涅槃，是時中夜，寂然無聲，爲諸弟子略說法要：「汝等比丘，於我滅後，當尊重珍敬波羅提木叉。如暗遇明，貧人得寶。當知此是汝等大師。若我住世，無異此也。」（見佛遺教經）波羅提木叉是梵語，譯為別解脫，處處解脫。這是佛門七衆（比丘、比丘尼、式叉摩那、沙彌、沙彌尼、優婆塞、優婆夷）所受之戒律。

戒有出家在家等等區別。本文所談，以在家戒為主。五戒、八關齋戒、十善戒，為在家戒。菩薩戒則無論出家在家之菩薩皆可受。

善信男女，受三歸或受戒，均有法式，須求有德比丘為授歸授戒之師。就世俗言，人重品德，品德敗壞，令人齒冷。就佛門言：行者重戒行。戒行嚴淨，令人尊敬。戒行精進，終成佛道。華嚴經云：「戒為治病聖藥，護諸疾病如父母，癡暗燈炬生死橋，無涯業海為船筏。」我輩欲渡業海，到彼岸，非以戒法為船筏不可。欲重興佛教，正法久住，尤非提倡戒法不可。

（二）五戒

何謂五戒？五戒是：不殺生，不偷盜，不邪淫，不妄語，不飲酒。我輩既歸依三寶，做了佛弟子，必須止惡行善，至心受持五戒。五戒為一切戒之根本。優婆塞戒經云：「若有說言，離五戒已，度生死者，無有是處。是菩提道初根本地，名之為戒。」又云：「若受三歸，受持一戒，是名一分。受三歸已，受持二戒，是名少分。若受三歸持二戒已，若破一戒，是名無分。若受三歸受持三四戒，是名多分。若受三歸，受持五戒，是名滿分。」例如：受不殺生一戒，名爲一分優婆塞（或優婆夷），餘類推。若僅歸依三寶而未受五戒者，則稱爲「但三歸優婆塞」（或優婆夷）。若受三歸，又受五戒，則爲有歸有戒。

茲再略談五戒戒相，並舉例如左：

甲、不殺生

一切衆生，皆有佛性。祇因妄想執着，造作惡業，始輪廻六道受苦。墮畜生道之牛羊犬馬鷄鴨等，同屬衆生，本是同體。形態雖與人不同，而佛性則與人無異。我愛命，一切衆生亦愛命。孟子所謂：「見其生，不忍見其死。聞其聲，不忍食其肉。」我殺它，造殺業，必招惡報。輾轉互殺，長刧沉淪。古德所謂：「欲知世上刀兵刧，但聽屠門夜半聲。」回憶前次世界大戰時，世人東奔西逃，流離失所。其死於鎗砲，死於魔掌，死於牢獄，死於饑寒者，不可勝計。種因得果，絲毫不爽。讀此古詩，作何感想？楞嚴經亦云：「以人食羊，羊死爲人。如是乃至十生之類，死死生生，互來相噉，惡業俱生，窮未來際。……汝負我命，我還汝債。以是因緣，經百千刧，常在生死。」今生爲人，誰能擔保後世不爲畜生？又誰能擔保後世不墮餓鬼地獄兩惡道？是故佛爲紐多羅聚落長者說：「若有欲殺我者，我不喜。我若不喜，他亦如是，云何殺彼？作是覺已，受不殺生，不樂殺生。」

優婆塞戒經云：「菩薩摩訶薩無量世中，慈心不殺。以是因緣，獲得長壽。」世人希求長壽，而狠心好殺，豈能如願？

殺生的「生」字，通常指一般畜生而言。實則有生命的一切衆生均在其內。大如人，中如牛羊犬馬，小如蟻蛆蜎飛蠕動等微細有情，皆不得故殺。

不殺生，一基於同體大悲，二基於止惡修善，不造殺業，三免受輪廻苦報，同登彼岸。

戒有止持作持。諸惡莫作，是止持戒。衆善奉行，是作持戒。不殺生，是止持戒。進一步而放生，助人，救人，是作持戒。自己不偷盜，不邪淫，不妄語，不飲酒，是止持戒。更進而勸人不偷盜，不邪淫，不妄語，不飲酒，則是作持戒。刀斧鎗砲等，是殺衆生之利器，無待煩言。但挑撥離間，一言足以殺人，揭人陰私，一字亦足以殺人。古語所謂：「我雖不殺伯仁，伯仁由我而死。」其罪與刀鎗殺人無異。我輩修不殺生，更須於言語文字上三致意焉。

某居士，每日必經郊區。新雨初霽，蚯蚓出土。路人踐踏，血肉糢糊，慘不忍覩。居士見而憐之。蚯蚓徐行人行道上，彼必俯身以手拾起，安放遠處，不致被人踏死，此卽作持戒之一。

上海名醫惲鐵樵，晚年耳常聞念佛之聲。某年菊黃東籬時，邀親友大吃大閘蟹。事後，耳忽不再聞念佛聲，惲乃不殺生。

乙、不偷盜

物各有主，非我所有，一毫莫取。此卽不與不取之義。不與而私取，卽是偷盜，此人所盡知者。至若利用權勢，奪人財產。製造僞賬，虛報營業。承攬建築，偷工減料。糜費公款，假公濟私等等。如此之類，皆得名偷盜。語云：「濫用者必苟得，儉約者不求人。」非義而取，謂之苟得，濫用者必苟得，苟得者必濫用。古人云：「用之奢者，取之不得不貪。」佛說輪轉五道罪福報應經云：「好喜盜人財物者，後墮奴婢牛羊之中，償其宿債。」我輩凡夫，倘能嚴肅私生活，深畏因果，則嗜欲淡，心志明，偷盜之念，自無由生。

丙、不邪淫

佛制，在家居士原可娶妻，組成家庭，生男育女。夫妻間淫欲，除大徹大悟者外，本難全斷，亦非所禁。不邪淫者，卽除夫妻間正當之淫欲外，夫或妻均不得再與他人有淫行。否則，卽犯不邪淫戒。

佛不制止在家人夫妻間正當之淫行，原是方便法門。其實，淫慾爲生死正因，居士們如欲修道證果，必須斷淫。楞嚴經云：「是修行人，若不斷淫及與殺生，出三界者，無有是處。當觀淫欲，猶如毒蛇，如見怨賊。先持聲聞四棄八棄，執身不動。後行菩薩淸淨律儀，執心不起。」在家居上，先受五戒，不邪淫。進受八關齋戒，在六齋日，一日一夜修治梵行，夫妻間亦不行淫。卽此一念出離之心，永爲道種。種因得果，決定無疑。若受持不毀，再進再修，從節欲而減，而厭離，乃至斷淫。處此末世，人欲橫流。居士淫欲熾盛者，一常觀般若我空，淸心寡欲。二常作四念處觀。三常作白骨觀。平日不看淫書、淫畫、淫片等，不聽淫聲，不觀淫劇，不歌淫曲，不寫淫文，不說淫話，不起淫念。若多淫欲，常恭敬念觀世音菩薩，卽得離欲。居士學佛，若能嚴持禁戒，遠離淫欲，是爲受持增上五戒。持戒功德，更進更勝矣。

丁、不妄語

我輩凡夫，行道心，直心是道場。若不見言見，見言不見，或以是謂非，以非謂是，都是妄語。楞嚴經云：「十方如來，同一道故，出離生死，皆以直心。」心口相應，不說虛誑語，不宣揚他人罪過，卽是受持不妄語戒。若未得言得，未證謂證，則是大妄語，命終墮阿鼻地獄。

戊、不飲酒

以上不殺生，不邪淫，不偷盜，不妄語四戒，是性戒。此四，本性是戒。在世法上，不待佛制，不受戒而犯之者，亦有罪。但受戒者犯之，則更多一層毀戒罪。第五戒不飲酒，則是遮戒。此一，本性非戒。在世法上，普通人飲酒，本不爲罪。惟酒能亂性，能犯諸戒，妨碍修道。因佛遮止，祇受戒者飲酒有罪。

（三）十善戒

我輩凡夫所以輪廻受苦，未能了生脫死，實由於造業。業有黑白，果報乃有善惡。我輩旣已歸依三寶，初入佛門學道，當持五戒，行十善。行十善，卽持十善戒。十善，詳十善業道經。此爲在家戒，與出家之沙彌十戒不同。何謂十善？十善是：一不殺生，二不偷盜，三不邪淫，四不妄語（又云不虛誑語），五不兩舌（又云不離間語），六不惡口，七不綺語（又云不雜穢語，綺語卽語含淫意者），八不貪欲，九不瞋恚，十不邪見。一至三，是身業。四至七是口業，八至十是意業。反之，卽是十惡。倘撥無因果，不信爲善獲福，作惡得罪等等，均爲邪見。

修持十善，由其功德，上品中品皆得生於天上，下品能王於人中。止惡修善，入道始基。禪宗（註）西土三祖商那和修尊者，教四祖優婆毱多尊者，在二六時中，回光返照。若起一惡念，下一黑石爲誌。起一善念，下一白石爲誌。起初黑多白少。漸次修習，黑白均等。滿七日後，惟見白石。三祖乃說四聖諦，使四祖證須陀洹果。我輩修十善，不妨試行。行一善，卽下一白石。不行一善（卽行一惡）下一黑石。如是，惡止善生，如法修持，久必奏功。

（註）釋迦牟尼佛昔在靈山會上，拈花示衆，衆皆默然。獨有摩訶迦葉尊者破顏微笑。佛言「吾有正法眼藏，涅槃妙心，實相無相，付囑摩訶迦葉。」摩訶迦葉是爲禪宗初祖。阿難尊者爲二祖。二十八祖菩提達摩尊者，於我國南北朝梁魏之世航海來廣州，傳佛心宗。初在廣州下九甫登陸，由廣州刺吏蕭昂（梁武帝之近支）迎達摩至光孝寺（別稱訶林）安置。一面馳奏金陵，後乃北上。是爲東土禪宗初祖。（二祖慧可，三祖僧璨，四祖道信，五祖弘忍，六祖惠能。）達摩傳法二祖慧可，傳衣偈云：「我本來東土，說法救迷情，一花開五葉，結果自然成。」因此，五祖弘忍傳法至六祖惠能而止，衣止不傳（後有所謂七祖八祖，均非正傳）。六祖以後，以世系而分宗派，不再稱祖師。六祖之下，生南嶽青原兩系。南嶽傳於馬祖，青原傳於石頭。馬祖之下獨盛。轉傳而分爲仰曹洞臨濟雲門法眼五家。至宋朝，臨濟之下又附楊岐黃龍二派。

（四）八關齋戒

經云：「雖戒具足，不持六齋，猶華樹無果。」故居士受持五戒後，更得進受八戒（卽八關齋戒）。每月六齋日爲初八、十四、十五、二十三、二十九、三十（小月爲二十八、二十九日。）在家二衆（優婆塞優婆夷）俱得受八戒。但在家菩薩戒，則明定必須受持此八戒。

八關齋戒是：在此六齋日，一日一夜中，一不殺生，二不貪，三不淫，四不妄語，五不飲酒，六不着香華，不敷脂粉，不爲歌舞倡樂。七不臥好床，卑床草席，捐除睡臥，思念經道。八奉法時食，食少節身，過中日後，不復食（中日卽午刻。此卽是過午不食。）見佛說齋經，並參讀優婆夷墮舍迦經。

此八戒，是佛爲在家二衆所制之出家戒。使其修學阿羅漢，種出家解脫之善根。故經云：「十六大國中珍寶物施與比丘僧，不如齋戒一日一夜。」又本緣經云：「以一日一夜出家故，二十刧不墮三惡道。」在六齋日一日一夜持此八戒，卽夫妻間亦如阿羅漢無淫意，修持梵行，故第三戒爲「不淫」。此與五戒之「不邪淫」，根本不同，已較五戒更進一步。若大行菩薩維摩詰居士，雖處在家，不着三界。示有妻子，常修梵行。現有眷屬，常樂遠離（見維摩詰經）。是其身雖在家，心已出家，故有此清淨戒行。經云：「若無淨戒，諸善功德皆不得生。」本戒爲七戒，一齋卽爲「奉法時食」，共爲八戒。齋以過午不食爲體，故八關以齋爲戒。受戒後，在此六齋日，一日一夜必須嚴持八戒。倘受戒後，在六齋日，僅止素食，不持八戒，卽是自欺，諸善功德皆不得生。單純的吃素，世俗稱爲吃齋，這是錯誤的。何以故？因爲並不「奉法時食」故。

（五）菩薩戒

梵網經心地品菩薩戒，十重四十八輕，爲出家菩薩之行履。但亦許在家菩薩受此戒。此外，佛又爲在家二衆所制之菩薩戒，較出家者稍簡，是六重二十八輕，詳優婆塞戒經受戒品。在家菩薩初步可受此戒。上列重輕各罪，不贅引。

(六) 戒　果

在家佛弟子持戒之功力，持五戒，生於人間爲人。持十善戒，則生天上爲天人。無戒，不能得人身。不修十善而行十惡，則必墮三惡道，故云：「人身難得。」優婆塞戒經云：「戒有二果，一諸天樂，二菩提樂。智者當求菩提樂，不求天樂。」人，有樂有苦。天人，有樂無苦。但天福有漏，福盡還墮（天人將命終時，有五相現，卽所謂五衰。一者衣裳垢膩，二者頭上花萎，三者身體臭穢，四者腋下汗出，五者不樂本座。故天福盡時，仍隨宿業受報，未出輪廻。）菩提無漏，到達彼岸。

古德云：「縱使修到非非想，不及西方歸去來。」此明衆生縱能修到非想非非想天（無色界有四天，爲三界之最高頂。）感受天福，但仍在世間，未出三界。遠不及修戒定慧三無漏學，及修持淨土法門，念佛成佛，普度衆生。故云：「智者當求菩提樂，不求天樂。」

在家戒中的五戒八戒，多屬自利，故是小乘戒，又稱聲聞戒。菩薩戒則自利利他，是大乘戒。但受戒人若能發上品心，卽得上品戒，故小乘亦通大乘。又若不着世樂，不着天福，則世間戒卽是出世間戒。又小乘戒制身口不犯，大乘戒則制心不起。故小乘戒動身口才犯，而菩薩戒初念卽犯。華嚴經明法品云：「發菩提心，佛寶不斷。聞說正法，法寶不斷。受持戒行，僧寶不斷。」我輩卽以淨戒爲梯階，嚴持不犯，精進修道，則因戒生定，因定發慧，終能斷惑證眞，圓成佛道。

持戒故事

我輩在家凡夫，旣已歸依三寶，若不受持在家戒，則雖入佛門，尙未能登堂入室。受戒，須先明作止持犯之義。旣受戒，若不嚴持，諸善功德皆不得生。玆略述持戒故事二則如左：

㈠阿含經中有一段故事。南印度有比丘二人，遠赴北印度，朝禮釋迦牟尼佛。長途跋涉，已經多日。雖僅一日卽可到達，而一路無水可飮，體力不支，渴幾致死。忽見道旁池水，可以活命。惜甚汚穢，小蟲叢生。依佛制戒律，有蟲水不許比丘飮。斯時一比丘云：「我等不遠萬里而來，爲欲見佛。今若飮水，明日便見。」另一比丘表示異議，答云：「我等見佛，爲求法求戒。今天若飮此水，便犯佛戒，見佛有何用處？」其後一比丘飮水，另一比丘不飮而死。此飮水之比丘，次日果至佛所，瞻拜啼泣。佛問其故。此比丘答：「與弟子同來者，尙有一比丘，昨因不飮蟲水而死。彼今不能見佛，我是以悲耳。」佛卽指會中天人云：「此人汝識否？」比丘答：「不識。」佛云：「彼卽昨日之比丘，以其持戒而歿，死作天人，今晨來我所聞法，已先汝而至矣。」此飮水比丘聞之，生大慚愧，始知持戒之重要。

㈡大智度論十四，亦有一段故事：「菩薩本身曾作大力毒龍。是龍受一日戒（一日不殺生戒）。出家求靜，入樹林間，思惟坐久，疲懈欲睡。龍在法睡時，形狀如蛇。身有文章，七寶雜色。獵者見之，驚喜言曰：「以此希有難得之皮，獻上國王，以爲服飾，不亦宜乎？」便以杖按其頭，以刀剝其皮。龍自念言：「我力如意，傾覆此國，易如反掌。此人小物，豈能困我？我今以持戒故，不計此身，當從佛語。」於是自忍，眼目不視，閉氣不息，憐愍此人。爲持戒故，一心受剝，不生悔意。旣以失皮，赤肉在地。時日大熱，宛轉土中。欲趣大水，見諸小蟲，來食其身。爲持戒故，不復敢動。自思惟言：「今我此身，以施諸蟲。爲佛道故，今以肉施，以充其身。後成佛時，當以法施，以益其心。」如是誓已，身乾命終，卽生忉利天上。爾時毒龍，釋迦牟尼佛是也。時獵者，提婆達多等六師是也。諸小蟲，釋迦文佛初轉法輪八萬諸天得道者是也。可見世尊在過去世爲大毒龍時，爲持戒故，雖遇失命因緣，堅持不動。爲佛道故，以身施蟲。並立誓成佛時法施，終如世尊本願。

受戒與持戒

（一）業力可怕

佛滅度後，佛子以戒為師，所謂依法不依人也。經云：「我今成佛，由其持戒。」世尊常教弟子修身修戒，修心修慧。但受戒易，持戒難。

世尊在世時，有人問「神通力與業力，孰大？」世尊答「業力大。」衆生輪轉生死，長刧不休，不為別的，只為業力所牽。目連尊者雖神通第一，終不能救琉璃王屠殺釋種之難，可為有力證明。當時目連以神通力，用鉢攝藏釋迦親族五百人在天空中。滿以為生命可保安全矣。誰料鉢放下時，五百人盡變血水。業力的可怕，如此！

處此末世，不修戒而修三昧，「塵不可出」（此經文四字，請勿輕易放過。）楞嚴經四種清淨明誨，言之最切。當今乘戒俱急，可謂切中時弊。所以者何？不持戒，必多惡業，多惡業，必為業縛。為業縛，則難脫生死，乃至墮惡道，所謂「袈裟下，失却人身」是也。

經云：「持法比丘，亦復如是。見有破戒正法者，卽應驅遣、訶責、舉處。若善比丘見壞法者，置不驅遣、訶責、舉處，當知是人，佛法中怨。若能驅遣、訶責、舉處，是我弟子，眞聲聞也。」佛重視戒律如此。我輩修道，遇善友，則導入人天道。遇惡友，則牽入三惡道。遇善知識，修出世間法，則成三乘賢聖。若遇邪知邪見者，則轉入歧途，墮入惡道，豈不可怕？

(二) 狂禪狂慧

據傳載：雲光不持戒律。誌公曰：「出家何爲？」光曰：「我不齋而齋，食而非食。」後招報作牛，拽車於途。誌公見而呼曰：「雲光！」牛擧首。誌公曰：「何不道：拽而非拽？」牛墮淚，跳號而卒。妙哉，誌公對牛拽車之言也。世之狂禪狂慧，大抵如此。居士某甲，在大飯店觀歌舞表演，有人問曰：「豪興如何？」甲答：「我不觀而觀，觀而不觀。」聽其言，似妙解般若。觀其行，深着我人衆壽，正與雲光相類。

(三) 酤酒捨戒

居士某甲，在臺北市士林鎭開一麵包店，兼售煙酒。他後受在家菩薩戒。酤酒（售酒）是在家菩薩戒六大重罪之一（自己飲酒，受害祇一人，故罪輕。酤酒則受害者多數人，故罪重。）他卽至某師處，請求捨此一戒，仍售酒類如故。

依法捨戒後酤酒，雖不犯戒，但世間因果，仍不能免却，非謂一捨卽可無事也。君不見卡車司機及摩托車駕駛人，常因飲酒肇禍而致傷亡人命之報紙記載乎？不飲酒，卽無慘禍。酒從何來？思過半矣！

盜戒

不與而取，謂之偷盜，此人人知之。不偷盜，是五戒之一，五戒是一切戒之根本，學佛人亦莫不知之，本無待煩言。作者現草此文，則因持此一戒，並不簡單。嚴格說來，盜戒的適用，並不僅以所謂「小偷」一般的偷盜爲止！舉凡欺誑受償，許諾中變，假公濟私，冒名頂替等等，皆在此盜戒範圍之內。菩薩畏因，足資警惕。現在略舉數例，以見一斑。

一、「若人行路，爲賊所刼。旣至村落，村主問言『汝失何物？我當償之。』若說過所失，取他物者，是得偷罪」（優婆塞戒經卷六，業品第二十四之一）。欺誑他人，所得償金，超過所失，故犯。

二、「若有發心，施他二衣。受者取一，云不須二，輒還留者，是得偷罪」（同上戒經）。發心施二，而留一不施，故犯。若心口一致，說到做到，卽不犯。

三、「若人發心，欲以房屋臥具醫藥資生所須，施一比丘。未與之間，聞他方有大德來，輒廻施之，是得偷罪」（同上戒經）。旣發心施一比丘於前，而轉施他人於後，亦犯。

四、買賣房地產時，買主與賣主暗中約定，在買賣契約上少寫價金，以圖少完國稅，卽犯盜戒，世法上亦有罪。

五、某甲是公務員，家屬月領配給物資。其獨生子赴香港經商，媳婦及孫兒等同去。但某甲每月照領物資，變賣化用。此卽犯盜戒，世法上亦有罪。

六、在菜館宴請親友，宴畢結賬，主人爲避免一筆筵席捐稅，不要統一發票，卽犯盜戒，世法上亦有罪。

七、某甲須赴基隆一行。有友在路局任事，托其冒稱甲爲家屬，取得免費車票，卽犯盜戒。

八、出差公幹，浮報舟車日用飲食應酬等費，中飽化用，亦犯盜戒，世法上亦有罪。

九、在機關公團等單位工作，領取文具紙張（如紙張、原子筆、鉛筆、筆墨等）帶回家中，交子女使用，或轉送他人，則是假公濟私，亦犯盜戒。

十、某甲在晒圖商店任事，自有某種文件，須提出作證。甲卽私下晒就，取回使用。此雖小事，亦犯盜戒。

十一、照郵局規定，印刷品中，不得夾寄信件。應分兩件，一寄信件，一寄印刷品。若明知其事，爲貪小便宜，同時併寄而僅照印刷品發出，少貼郵票，則雖小事，亦犯盜戒。

上來所舉，僅其大概。受戒人犯盜戒。世俗人雖不犯戒，但須負世法上之責任。因因果果，自作自受。語云：「勿以善小而不爲，勿以惡小而爲之。」足爲我人之座右銘。

相妄性眞的故事

我輩凡夫，妄心攀緣，剎那生滅，但眞性則常住不變，從不生滅。經云：「法身流轉五道，名曰衆生。」人的生死，雖經多刧，受種種身，軀殼常常變換，而眞性從不滅失。譬如：修十善的，生天上；持五戒的，生人間；罪大惡極的，入三惡道。拿其中之一的畜生道來講，變換了牛羊犬馬等軀殼，生生死死，屢變屢換，而眞性始終不變。可見幻身無實體，相是妄，性是眞。

距今一千二百多年前，西天竺無畏三藏法師，原是王子出家。他於唐朝開元初年，入我國邊境，被擯大寺門外。入夜，他在門外就地禪坐。當時，主僧在樓上檢視內衣，忽見一白虱，就開窗擲下。大師時入禪定，呼喊說：「跌傷佛子了！」左邊的第三脚「跌斷了！」主僧深夜聞聲，急命侍者秉燭下樓，開門檢尋。終在石級旁檢到了白虱。果然折斷了左脚。侍者回報主僧，主僧便卽下樓向大師懺罪，禮請入寺。這一段故事，值得我輩啓發，便是大師發同體大悲心，呼喊「跌傷佛子了」一句話。這白虱因宿世惡業，失却人身。因業受報，得此虱身。將來它報盡罪脫，再得人身，乃至修道成佛，雖軀殼屢換，而佛性不變，故稱「佛子」！這又可見虱身無實體，相是妄，性是眞。因此，經云：「衆生佛性

，亦復如是。雖處五道，受別異身。而是佛性，常一無變。」（大涅槃經卷二十七，獅子吼品）

我輩具縛凡夫，不通宿命，又無天眼，過去世種種業報，根本不知。但在闍陀伽（本生）經中，世尊過去世爲菩薩時，見無量衆生作惡墮畜生中，受惡業果。菩薩爲欲說法度衆生故，作鹿、羆、麞、兎、鴿、龍、獼猴、金翅鳥等，以大願力，現受如是種種身。令衆生聞法，速得轉離畜生身。又或作粟散王，轉輪聖王等等，經歷長刼，軀殼常變，而佛性不變。

凡夫與佛菩薩，雖同具佛性，但有不同的地方。便是凡夫惡業受報，六道生死，這是業力。佛菩薩已斷煩惱，成聖果，爲度衆生，示現世間受生。這是大願力，不是業力。

二白法能救衆生

衆生大事，無過生死。世尊以一大事因緣出現於世，原欲廣度衆生，速出生死。古德說：「大事未明，如喪考妣。」蓮池大師自書「生死事大」四字於座右，以資警策。末世衆生，因愛結故，因煩惱縛故，輪轉二十五有，長刼難出。古德因歎無常迅速，還未能明心見性，還未能了生脫死，往往像死了父母一樣，痛哭流涕。經云：「有二白法，能救衆生，一慚二愧。慚者自不作罪，愧者不敎他作。慚者內自羞恥，愧者發露向人。慚者羞人，愧者羞天。無慚無愧者，不名爲人，名爲畜生。」白法便是善法。我輩凡夫，欲了生死，須從慚愧懺悔，止惡行善，如法修行中來。每天忠實地檢點一番，一天所做各事。究竟善多惡多？能否俯仰無愧？我輩惡多善少，很難很難。何以故？身所作，多殺盜淫。口所作，多妄語兩舌惡口綺語。意所作，多貪瞋邪見。這種種身口意不善業，或向長者，或向法師，或向佛菩薩座前，發露懺悔，不再造作。這樣，履冰臨淵，內自惕厲，五欲漸淡，惑業漸輕，正智日見明朗。從此精進，罪山可倒，業海可出，佛性可見，涅槃可得，彼岸可到，故云：「能救衆生。」

二乘不得阿耨菩提的主因

二乘（聲聞緣覺）雖已轉凡成聖，但不得阿耨菩提，其主要原因何在？這和我輩修道，關係很大。所以略爲談談。

凡夫着「有」，執迷不悟。世尊大悲，爲說無常，苦，空，無我的道理，即「有」顯「空」，破其執着，斷除煩惱，使速出輪廻。這是世尊的善巧方便！

二乘修空，破凡夫四顚倒，出三界。但有愛習餘氣，不得第一義空，不行中道，不見佛性，不得阿耨菩提。妓把佛說主因，略舉一二：

㈠愛習餘氣：「聲聞緣覺亦復如是。以有愛習餘氣故，不能得成阿耨多羅三藐三菩提

。」（大般涅槃經卷十二，聖行品）

㈡不得第一義空：「聲聞緣覺，見一切空，不見不空。乃至見一切無我，不見於我。以是義故，不得第一義空。不得第一義空故，不行中道。無中道故，不見佛性。」（卷二十五，獅子吼品）

㈢中道之法：「中道之法，名爲佛性。是故佛性常樂我淨。以諸衆生不得見故，無常無樂無我無淨。佛性實非無常無樂無我無淨。」（同上）

㈣一切法與非一切法：二乘雖見一切有爲法無常無樂無我無淨，但非一切法亦見無常無樂無我無淨。這是二乘不見佛性的又一病。菩薩則與二乘恰恰相反，故一見一不見。

經云：「若有人見一切諸法無常無樂無我無淨，見非一切法無常無樂無我無淨。如是之人，不見佛性。一切者名爲生死，非一切者名爲三寶。聲聞緣覺見一切法無常無樂無我無淨，非一切法亦見無常無樂無我無淨。以是義故，不見佛性。十住菩薩見一切法無常無樂無我無淨，非一切法分見常樂我淨。以是義故，十分之中，得見一分。」（卷二十五，獅子吼品）

㈤不得大涅槃：二乘不見佛性，雖斷煩惱，但無常無我，只見樂淨，故證有餘涅槃，而不得常樂我淨大涅槃。世尊說：「善男子，有名涅槃，非大涅槃。云何涅槃，非大涅槃？不見佛性，而斷煩惱，是名涅槃，非大涅槃。以不見佛性故，無常無我，惟見樂淨。以是義故，雖斷煩惱，不得名爲大般涅槃。若見佛性，能斷煩惱，是則名爲大般涅槃。以見佛性故，得名爲常樂我淨。」（卷二十三，德王品）

衆生輪轉生死的主因

妙性圓明，離諸名相，無始來本自不動。本無煩惱、菩提，亦無生死、涅槃，更無輪廻、非輪廻，三世平等，本無來去。衆生之輪轉生死，實在是「無生」中之虛妄生滅！其所以輪轉生死，言其主因，則如下列各種：

一、衆生六根對六塵時（如眼見色，耳聞聲等），由根緣塵，識心分別，便卽妄動，此卽無明。貪瞋癡愛，廣造惡業，依因感果，遂有輪轉。我輩試冷靜深入觀照，恍然省悟：「此無明者，非實有體，如夢中人，夢時非無，及至於醒，了無所得。」

世尊說：「汝欲識知俱生無明，使汝輪轉生死結根，惟汝六根，更無他物。汝復欲知無上菩提，令汝速證安樂解脫，寂靜妙常，亦汝六根，更非他物。」（楞嚴經卷五）由此可見，虛妄根塵，令人顚倒。輪轉之生死結根，惟是六根，更無他物。我輩凡夫，修學佛道，須審觀煩惱根本，從此下手！倘如聖敎：「逆生死欲流，返窮流根，至不生滅。」（楞嚴經卷四）則知衆生無始來順着生死五欲流，刹那生滅，輪轉不休。今聞聖教，反其道而行之，故曰：「逆流。」卽是返本還源，窮生死流之根源，修習逆流照性而至不生滅之功夫。隨自己選擇一根，斷除攀緣，旋根脫塵，逆流深入一門，如「反聞」「反見」等。倘日久功深，則根塵識心，應時銷落，返妄歸眞！一根解脫，六根淸淨！觀世音菩薩選擇耳根，初於聞中，入流亡所。所入既寂，動靜二相，了然不生。生滅既滅，寂滅現前，故稱爲：「反聞、聞自性」。又如阿那律的眼根，周利槃特的鼻根，憍梵鉢提的舌根，畢陵伽婆蹉的身根，須菩提的意根，各入一門，各證圓通，此又可見，迥脫根塵，速證菩提，亦惟六根，更非他物。

二、推究根塵相接，無明卽起之原因，則由於凡夫之四顚倒。愽地凡夫，不知生死之無常，無樂、無我、無淨，而執着一切幻相爲常，撥無因果。世間諸樂，莫非苦因，乃竟執苦爲樂，如醉如狂。執着幻身爲我，溺於五欲。更執着一切染緣爲淨，如墮圜中而不自覺。衆生因此四顚倒，執迷不悟，惑業纏縛，不得解脫。

三、更進一步，推究衆生之所以迷執此四顚倒，則由於不明緣起性空之理。此理不明，便不知身心世界皆是如幻境界，不達「相妄性眞」。不達相妄性眞故，生死法便不能親切勘破，便不能照見五蘊皆空。蘊既不空，便執着我人衆壽四相，常爲境轉，遑論轉境？二執（我法）堅固，不離於「有」；二障（事理）深重，愈縛愈緊，由此沉淪矣！圓覺經云：「末世衆生，不了四相，雖經多刼，勤苦修道，但名有爲，終不能成一切聖果。」此實一劑阿伽陀藥。

壽命長短

（一）長　生

菩薩摩訶薩在因地時，我法雙空，自度度人，精勤不息。壽命長短，視同夢幻，本無愛憎。從前洪覺範說蘇東坡因學長生術致死。他說：「東坡文章德行，炳煥千古，又深入佛法，而不能忘情於長生之術。非惟無功，反坐此病卒。」蓮池大師對此，曾說：「余謂東坡尚爾，況其餘乎？今有口談無生，而心慕長生者；有始學無生，俄而改業長生者；蓋知之不眞，見之不定耳。故道人不可刹那失正知見。」觀此，我輩凡夫，不修般若，不悟蘊空，所以依舊執着身見，未脫世俗凡外之知見！

（二）算　命

從前上海城隍廟裏，有一個姓楊的算命先生，每天限算十命，排隊掛號。他熟讀各種命書，精究命理，且經常搜集已死親友的訃聞，一一加以推算。因爲訃聞上面常有這幾句話：「慟於×年×月×日×時，壽終正寢，距生於×年×月×日×時，享年××歲」，他便按照命理推算。算來算去，算了很多年，最後得到了一個結論：「各人壽命的長短，是算不出來的。」（這幾句話，他只對熟人說的，不對算命人說的）。因爲依照訃聞上的壽命，有的應該長的，反而短了（譬如這個人依照命理，應該活到七十八歲，但依照訃聞，他却六十六歲便死了）；有的應該短的，反而延長了（譬如這個人依照命理，應該只活到六十歲，但依照訃聞，他却活到了七十五歲才死）。這就是說，依照命理所推算壽命的長短，實際上並不準確！

(三) 轉業

佛說業報可轉，大涅槃經梵行品、金剛經、楞嚴經、優婆塞戒經業品等，都是佛金口親宣，說得很詳。（請參閱本書拙作「佛教因果論」一文）。袁了凡先生勤奮行善的結果，孔公算他壽限只有五十三歲，他却活到了七十四歲；孔公算他命中無子，他却生了一子，成了進士，做了知縣（今之縣長）。這便是「業報可轉」的一個有力證明！菩薩「修身，修戒，修心，修慧」，業報可轉，「能得現報」。譬如：轉病爲健，轉夭爲壽，轉窮爲達，轉重爲輕，轉罪爲福，轉凡爲聖，都可不求而自至！因此，我們不必擔心自己壽命的長短，只要「清夜捫心」，問問自心，便得。勤耕心田，持戒不殺的，得壽命長！反之，則短。各種各因，各得各果，其中自有加減乘除的妙理，業力是也。

（四）實　事

茲舉蓮池大師所記戒殺延壽的一件實事。「華亭趙某，詣靑浦探親。舟行次，見一人立舟上。諦視之，則亡僕也。驚問之，答云：現役冥司，今將追取三人耳。問：三人爲誰？則曰：一湖廣人，一郎所探親也。其第三人，不答。又問：得非趙某否？曰：然。趙大駭。至所探親，則已聞室中哭聲矣。益駭甚，趣舟返家。僕曰：君且無怖，及夜我不至，則免矣。趙問何故？僕曰：於路，有爲君解者，以君合門戒殺也。後夜果不至，趙竟無恙。今尙在，已十年矣。萬曆丙午七月記此。」（載大師著「竹窗隨筆」）

（五）夭　壽

衆生雖壽限未盡，但有九因緣，能夭其壽。佛言：「善男子，如是之人，壽命不定，命雖不盡，有九因緣，能夭其壽：一者知食不安，而反食之。二者多食。三者宿食未消，而復更食。四者大小便利不隨時節。五者病時不隨醫教。六者不隨瞻病教勅。七者強耐不吐。八者夜行。以夜行故，惡鬼打之。九者房屋過差。」（大般涅槃經德王品）

（六）結　話

世尊說：「衆生愛命，還依欲本。愛欲爲因，愛命爲果。」我輩修道，只問生死能否了？不問壽命短與長！與其虛生浪死，九十歲依舊輪廻，遠不如老實念佛，七十歲往生極樂！古人說：「神棲安養」。又說：「先迯心歸極樂天」。同修們！「遠離顚倒夢想」，一心念佛，這便是所謂：「教宗般若，行在彌陀。」願共勉旃！

佛弟子魔弟子

（一）入　門

修學佛道，主要在於信樂正法，了解法義，依法修行，終證佛果。是卽佛道之一期——信、解、行、證。晉華嚴經云：「信爲道元功德母，增長一切諸善法，除滅一切諸疑惑，示現開發無上道。」我輩凡夫，在家修道，以正信爲第一要件。佛法大海，惟信得入。正信堅固，翻邪改正，歸依三寶（歸依佛，歸依法，歸依僧）者，卽爲佛弟子。是爲進入佛門之初階。昔有嗟韈曩法天子，天報將盡，壽命惟餘七日，五衰現前。命終之後，當墮閻浮提王舍大城。以宿業故，受猪身。因此，宛轉於地，悲號啼泣。天帝（釋提桓因）

見狀，勸其誠心歸依三寶。嗟韈曩法天子乃受三歸。命終，生覩史多天（卽兜率陀天）。俱舍論云：「信三寶者，離惡道因。信於戒者，離賤貧因。」歸依三寶，免墮惡道，事詳嗟韈曩法天子受三歸依獲免惡道經。

我輩業障深重，至急莫如歸依三寶。若歸依佛，寧捨身命，終不依於天魔外道，邪鬼邪神。若歸依法，寧捨身命，終不依於外道典籍。若歸依僧，寧捨身命，終不依於外道邪衆。此乃佛弟子修道應具之信心，應有之精神。

世尊告慈氏菩薩：「若有衆生歸依三寶者，應發是心：我今此身已生人處，得離八難，難能難得，以善方便，當習一切勝妙之法。我若違於上願，不求善法，則爲自欺。亦如有人，至於寶所，空手而歸。」（大乘理趣六波羅蜜多經）

(二) 邪　正

現正在末法時代，（正法一千年，像法一千年，末法一萬年。）去佛久遠，聖教轉微，以致外道充斥，非上智不易明辨邪正。稍一不愼，便墮魔道，能不寒心？玆略述於次：

(一)佛弟子奉本師釋迦牟尼佛爲教主，修經律論三藏正法。外道則遵奉其祖師言教。但佛是出世間聖人，歷刼修行，覺行圓滿，已到彼岸。外道祖師則是世間凡夫，仍在此岸，未出三界。

㈡佛所說正法，能使行者斷煩惱，證涅槃，了脫生死。外道則背道而馳。

㈢外道以邪法攝衆，傳受秘法，誑惑無知。（如一貫道已被當局禁止，近據報載，邪衆轉入地下活動，竟以「佛」字爲暗記，誘人入道。）但佛教僧寺禪院，則紹隆三寶，正法常住，從無秘法傳授。故佛教與外道根本不同。

㈣未經政府登記，亦未加入當地佛教會之任何組織，佛弟子若不辨其邪正，有誤入歧途之虞。

㈤五部六册，均是外道魔說。佛弟子修佛道，以教主釋迦牟尼佛所說之經典爲主。如有疑義，先請有德比丘開示，或查考大藏經，以別眞僞邪正，免盲修外典道籍。

㈥弟子持戒（居士持五戒，八戒、十善戒、菩薩戒）均應以佛制戒律及佛說經典爲依據。外道則持邪戒。

㈢　事佛三輩

修正法者，爲佛弟子，修邪道者，爲魔弟子。世尊曾說事佛三輩。玆摘錄分別經一節如左：

「佛言：事佛有三輩。一輩爲魔弟子事佛，二輩爲天人事佛，三輩爲佛弟子事佛。何謂魔弟子事佛？佛言：雖受佛戒，心樂邪業，卜問是祟，解除禱祀。……假名事佛，常與邪俱。死有墮無擇地獄，（今譯無間地獄），受苦長久，久乃出爲魔邦屬。詼諂妖孆，難可得度。是曹輩人，宿命餘福，暫得一時見於正道。心意瞢瞢難寤，已當更復入邪見，無窮已也。是爲魔弟子事佛。何謂天人事佛？受持五戒，行於十善，至死不犯。信有罪福，作是得是。壽終之後，即生天上。是爲天人事佛。何謂佛弟子事佛？奉持五戒，廣學經戒，修持上慧。知三界苦，心不樂着。欲得解脫，行於四等六度。愍傷衆生，欲安濟之。不貪身命，知死有生，求長益福，不爲邪業。是爲佛弟子事佛。」

我輩修無漏聖道，爲斷苦本。邪道所修，增長苦因。世間爲魔網繫縛，演變爲魔弟子者，不在少數。我輩要做佛弟子，不做魔弟子。求正法，辨邪正，不爲邪衆所誘，不爲邪見所迷，更不爲魔說所動。最可憐憫者，莫過於自以爲佛弟子，而假名事佛，常與邪俱，，流爲魔弟子，而猶不自知！

阿難問事佛吉凶經云：「若疾病者，狐疑不信，便呼巫師，卜問解奏，祠祀邪神。天神遠離，不得善護。妖魅日進，惡鬼屯門。令之衰耗，所向不諧。或從宿行惡道中來，現世罪人也，非佛弟子。死當入泥犁中（泥犁梵語，譯地獄）。」經又云：「爲佛弟子，不得卜問請祟，符咒厭怪，亦不得擇良日良時。受佛五戒，福德人也，有所施作，當啓三尊。佛之玄通，無細不知。戒德之人，道護爲強，役使諸天。天龍鬼神，無不敬伏，無往不吉，豈有忌諱不善者耶？」佛弟子應遵佛之教，除經文明誨外，他如扶乩、碟仙、圓光、算命、相面、相手、摸骨、起課（文王八卦）、測字、風水、關亡等等，均非正法，均應遠離，不可着迷。某君，善鐵板神數（卽鐵算盤），門庭若市。後讀佛經，知此爲四邪命活之一，便歸依三寶，屏棄舊業，精進學佛。

（四）始覺

華嚴經云：「諸佛如來，以大悲心而爲體故，因於衆生而起大悲。因於大悲，生菩提心。因菩提心，成等正覺。」佛弟子由本覺之內薰，師教之外緣，發心度生，卽是發阿耨多羅三藐三菩提心。能發此心，卽名始覺。心佛衆生，本是同體，三無差別。發此心，卽是發同體大悲心。雖名始覺，不異本覺。楞嚴經云：「自未得度，先度人者，菩薩發心。」度人卽所以自度，自度卽所以度人。佛弟子若只圖自度，不發無上道心，則佛呵爲「焦芽敗種」而已。

可畏哉一言一字的果報

「舌爲禍福之門」，「人生喪家亡身，言語佔了八分」，這是我國先哲的明訓。但這些明訓，僅言世間禍福，令人深省。佛教則更爲深入，更爲透澈，說明了口業因果的可畏。

現在略述些故事，供我輩行人的借鏡。

（一）一句話，六萬世沒有舌根

大方廣總持經說：從前有一位比丘，法名淨命，住於正見，經常持花供養佛。同時又有一位比丘，法名法行，住於邪見。他坐得四禪，常說空宗般若最勝。謗淨命比丘說：「淨命所受諸花，不持供養，而自己受用。」坐這一句話，六萬世沒有舌根，乃至在五濁惡世成佛。這位法行比丘是誰？便是釋迦牟尼佛。（參考淨土十要，念佛三昧寶王論卷下第十九）

（二）十三歲，忽然閉口不說話

古代中印度北波羅奈國王的太子，名叫慕魄。出生以後，便知宿命，經常很少說話。到了十三歲，忽然裝聾作啞，閉口不說話。宮中驚駭，都以為不祥。國王聽信侍臣的話，命衆工掘一深坑，內建房屋，給予資糧，及僕役五人，安置太子在內。工人們正在掘坑，恰巧太子經過看見了，問工人：「你們掘坑何用？」工人們回答：「太子慕魄瘖啞聾癡，我等掘坑，要生埋他。」太子便說：「我就是太子慕魄！」工人們突然聽到了啞子開口，大為驚怖，奔告國王。太子乃在園林中樹下坐。不久，父王母后同車蒞止，太子趨前，迎入林下就坐，合掌對父母說：「慕魄入世已經十三年了。多生往事，盡在目前，我於往昔曾作國王。正法治國，奉行衆善。一言失察，墮於地獄。畏地獄苦，由口業造。出世以後，便少說話。迄今已十二年。雖少說話，還非究竟。所以閉口，斷絕禍根。現在王要活埋我，恐王因此墮入地獄，故我開口，送一消息，作爲警戒。」慕魄後來棄國捐王，一心修道，乃至成佛。慕魄何人？釋迦牟尼佛便是。（參考演本法師著故事淺說。）

（三）一個字，五百世得野狐身

唐朝百丈山的大智禪師懷海（馬祖道一禪師的法嗣），每次上堂說法，經常有一位老人聽法。聽罷，散去，不以爲異。有一天，他忽然聽罷不去。大師問道：「立在前面的，請問是什麼人？」老人答道：「我是某甲。過去迦葉佛時，曾住這山裏」。當時有學人問我：「大修行人還落因果嗎？」我答：「不落因果」。只因這一句話，後五百世，墮野狐身。今請和尚代轉一句話，使我脫這野狐身。」大師乃對他說：「不昧因果。」老人言下大悟，便脫狐身。（見會元三，大智章。）

作者按：這是一件禪家公案。「不落因果」是撥無因果，故有罪。「不昧因果」恰恰相反，聽法開悟，方脫狐身。一字出入，如此重大。差以毫釐，謬以千里。

（四）結　論

釋迦牟尼佛一代時教，本於緣生諸法，善惡果報。口業如山，因果可畏。但諸法所生，惟心所現。一切因果，世界微塵，因心成體。故知善惡果報，不出一心。上面故事中，世尊過去世的故事居其二。大覺世尊，喚醒羣迷，逗一消息。智者若生省覺的心，即得解縛。

我佛教誨佛子時語，軟語，離妄語，離兩舌，離惡口，離綺語，柔和忍辱，慈悲喜捨。且又制定佛戒，不許菩薩宣說比丘比丘尼優婆塞優婆夷所有罪過（六重二十八輕戒的第五重罪，十重四十八輕戒的第六第七重罪），度衆生同登覺岸。我佛大慈大悲，恩重逾須彌，難以譬喻！

可是，話又說回來。第一則故事中，世尊過去世爲比丘時，常說空宗般若最勝。念佛三昧寶王論作者飛錫大師則認爲「六波羅蜜應具足修，執一非餘，是爲魔業。」並引佛言：「少聞之人，於我法中作二說者，命終之後，墮於地獄，多百千刧。」按般若是佛母，佛爲大乘者說，爲最上乘者說。菩薩修六度萬行，以達彼岸，故稱六波羅蜜。六波羅蜜是布施，持戒，忍辱，精進，禪定，般若。般若是六度之一。慧，固然應修，但福亦不可不修。反過來說，專修福，祇修人天善業，福盡還墮輪廻，所以慧仍不可不修。菩薩福慧雙修，究竟一乘，到於彼岸！

外道與扶乩

(一) 邪正分明

末世邪法熾增，乩壇林立，爰草此文，以辨邪正。

何謂扶乩？扶乩又稱扶箕、扶鸞、開沙。「乩，卜以問也。從口卜，見說文卜部。」（辭海一一九頁。）又：「扶乩，依術延神至。……或示人吉凶休咎，或爲人開藥方。事畢，神退。」（辭海一二〇九頁。）此可見扶乩屬於求神問卜一類，至其所謂「依術延神至」之「術」，乃外道邪術，絕非佛說正法。

(二) 靈鬼假托

一、印光大師云：「乩壇所說，多屬靈鬼依托當人之智識而作。若說世間道理，則是者尚多。若說佛法，則非己所知，妄造謠言。」又云：「扶乩，多是靈鬼假冒仙佛神聖。鬼之劣者，或無此通力。其優者，則能知人心，故能借人聰明智識而爲之。」

二、紀文達（即紀昀，字曉嵐）亦云：「乩多靈鬼假托。余與兄（坦然）扶乩。余能詩，而不能書。余扶，則詩詞敏捷，書法潦草。余兄扶，則詩詞庸常，書法遒勁。所冒古人，問及集中奧竅，則云年代久遠，不復記憶。故知非眞。」

（三） 略舉史實

外道多以扶乩醫病攝衆，甚至假托佛法，冒充禪祖，製造謠言，誑惑愚民。入道者須發惡誓，奉其祖師言敎命令。而其言敎命令，以扶乩爲之。徒衆惟命是聽，各須嚴守秘密。

元代時，白蓮敎徒蔓延各省。至正十一年，有韓山童、劉福通、李二、明玉珍、徐壽輝等，妄稱：「彌勒下生，白蓮花開。」竟以持齋傳道爲名，焚香念經。乩示眞命天子所在，云可救刼。愚民盲從，遂成大亂。元相脫脫平定之。

迨至明永樂十八年，有妖婦唐賽兒之亂。事平，餘黨改爲靑蓮、紅蓮等名。弘治年間，有羅蔚羣爲首，詭稱：「五祖傳六祖，六祖道法密傳白馬爲七祖。」等語。羅自稱八祖，僞造彌勒成佛經，聚衆作亂。事敗，徒衆改爲淸水、八卜、榮華、白陽、紅陽等敎，分竄各省。

淸康熙時，黃德輝稱九祖。雍正時，吳靜林稱十祖，暗變爲先天，大道等名。乾隆時，何了苦稱十一祖。道光時，袁無欺稱十二祖，徐還無稱十三祖。徒衆又改變爲普度、大乘、淸淨、雙香、十燭等名。咸豐時，彭依法稱十四祖。以上均曾聚衆作亂。先後伏法者多人。其徒衆被捕處死者，亦甚衆。後又有曾悟性稱十五祖，艾元華稱十六祖。托乩云：「大衆皇風已免，緊防古怪考懲。」等語。其徒衆各立堂口，分散各省。

自民國成立迄今，外道充斥，邪說泛濫，仍未完全根絕。最近宣布解散之一貫道，亦以扶乩攝衆。

觀上史實，纏延至六七百年之久。外道除以扶乩攝衆外，並又假托佛法，吃齋念經（僞造之彌勒成佛經等），以資冒混。（外道所造僞經甚多。初學佛道者如偶有發見，可先請有德比丘指示，免致盲修。）又冒充佛教禪宗祖師，自稱第×祖，以資號召。更又造謠惑衆，如稱「彌勒下生，白蓮花開」等等。善男女盲從入道，終至株連召禍。

（四）自誤誤國

此外，爲扶乩自誤誤國，騰笑中外者，則有清末之兩廣總督葉名琛。

前清咸豐七年冬，英法聯軍入寇廣州。十二月九日艦隊侵入省河。聯軍先以最後通牒致當時兩廣總督葉名琛，限期答覆。葉信扶乩，不知事態嚴重，每日必聽命於長春仙館之「乩仙」。堅守乩壇，不離蛙步。乩語有「俟過十五日」之句。葉以爲一過十五日即可安然無事。各級官員，目擊危急，進言請作適當準備。葉但言：「諸君無慮，俟過十五日，彼將自去。」葉扶乩如故，置最後通牒於不顧。英法聯軍以葉總督逾期不覆，遂於十二日開砲轟城，十四日陷廣州。葉匿居長春仙館，不敢出。終被捕獲，挾之登艦。初囚香港，後移禁印度，死於國外。迷着扶乩，可爲殷鑑。（參考香港工商日報山川人物欄）。

（五）結　語

「乩」之一字，佛典所無。古德說：「寧可千年不悟，不可一日錯路」。因地不眞，果招紆曲，何可迷着？況且，卜問解奏，祠祀邪神者，佛呵爲「現世罪人，非佛弟子。」種邪因，得邪果。倘執迷不悟，則爲邪業繫縛，沉淪業海，豈不深可愍哉？

讀臺灣僧團訪日報告後

臺灣僧團一行，曾於民國五十六年十一月九日到日本去訪問，在日本寺院裏掛錫，逗留了一個時期。歸國後，有一位團員作成了訪日報告。事隔經年，作者方才匆匆地一讀。今僅就其中一二點，略述觀感如左。

㈠據該報告所載：有一天，我國僧團到日本藥房去買些藥品應用。買藥後，日本小姐（女店員）問道：「買些化粧品，怎麼樣？」伴遊的我國醫科留學生馬君代答道：「中國和尚不用化粧品。」日本小姐又問道：「買一點給太太，不好嗎？」馬君又代答道：「中國和尚是出家人，不結婚，沒有太太。」不料日本小姐聽了，大驚一跳，等語。

比丘，又稱苾芻，是出家受具足戒的通稱。日本佛法，從前多數從中國傳入。明治維新以前，世俗人出家爲僧，受戒修道，本來和中國大致相同。但從明治維新以後，僧伽制度遭到了破壞。多年前，緬甸發起結集經藏，日本眞宗派男女，赴會參加。緬甸佛教徒拒其出席。他們便不得不公開聲明：「並非出家比丘。」

佛法僧是三寶。世間有了持戒修道的僧寶，正法才能常住！中國比丘出家修道，受具戒，持梵行，何怪日本女店員聽了譯員馬君的話，大驚一跳。

㈡又據該報告記載：某日，日寺設宴歡迎。此一晚會，有葷有素，有煙有酒，再加上拍掌歌唱。日本佛教界稱酒爲般若湯。等語。

「般若湯」是日本佛教界的新名詞。須知般若和酒，南轅北轍。嘴裏，高唱般若。心裏，却像世尊在王舍城時對對弟子們所說的：「人們的貪愛心，在燃燒着！」般若兩個字，顯然是不可隨便濫用的！

那天晚會的情形，該報告語焉不詳。但當日本僧侶居士們歌唱的時候，中國僧團並不隨聲附和，只高聲念着「南無淸淨法身佛」的佛號。可見他們涇渭分流，那天晚會的素食不飲酒，是可以想像得到的。

㈢修學佛道、主要在修持。修持，不外戒定慧，而以戒爲上首。

以臺灣而論，修律研教的高僧大德很多，戒行嚴淨，足堪矜式。三藏經典，又浩如煙海。我國學人，正可親近本國高僧大德，深入經藏，埋頭修學，住於正知正見，成就豈有限量？

附錄空雲尼師所作的「中國僧伽在日本留學的概況」。文云：「以我們現在受的大學教育或正在攻讀碩士及博士學分的僧尼，將來回國，主要的長處是辦教育事業及文化事業。我們不是學的講經說法或住持寺廟。日本也沒有講經說法可給我們學習。老實說，講經的方法及對經義的深論玄談和理解，中國的名法師，不論何人，均比日本學者高明。但在一般教育及專門研究的方法上，我們是不能不佩服日本學者的。」（載五十九年五月十四日大衆佛教）。

品德第一

什麼是品德？品是人品，品格，品性。德是德行，德操，道德。做了一個人，便有他的人格。高尚的人格，從品德中陶冶出來，具體地表現出來。

（一）

先談世間法。砥礪品德，是世間法修齊治平的第一步，也是人們立身處世的基本。世間最大的事業，便是所謂「三不朽」。左傳：「太上有立德，其次有立功，其次有立言。」

可見「立德」居於三不朽的首位，人們立身處世，以敦品立德爲重。品德第一，文藝等還在其次。觀察一個人，先觀品德，次觀文藝等。倘先觀文藝，聽言論，必須兼觀其品德。最近省府規定，人員升轉等，以品德爲第一優先。人格教育，亦甚囂塵上。孔子說：「始，吾於人也，聽其言而信其行。今，吾於人也，聽其言而觀其行。」孔子最初聽信別人的話，後來聽了別人的話，還要看看他的行爲，不再輕信了。身的不可不修，很爲明顯！怎樣修身？千言萬語，不離「恕人，律己，自反」六個字！

明末，顧炎武（亭林）先生目擊當時道德淪亡，民不聊生，經常慨歎說：「禮義廉恥，國之四維，四維不張，國乃滅亡。」（語出管子）明亡，他便隱居山中，專事著述。又曾說：「一切壞事，都是夜裏幹的。」他自律很嚴，日歿後，便不再和人們交遊往還。

三國時候，華歆素有才名，向與管寧友善。有一天，寧歆二人共種園蔬，鋤地見金。寧揮鋤不顧，歆拾而視之，然後擲下。又一日，二人同坐觀書，聞戶外傳呼之聲，有貴人乘軒而過。寧端坐不動，歆棄書往觀。寧從此鄙視華歆的爲人，便割席分坐，與他絕交。歆後事曹操，助操爲虐，引五百甲兵到後殿，教甲兵打開朱戶，破壁搜尋，親手揪着伏后的頭髻，把她拖出來。管寧與歆割席，可謂知人！

過去歷史上的事跡，不勝枚舉。看一個人平日的私生活，便可略知他的品德。

（二）

次談出世間法。世尊說：「如來衆經，禁戒律法，爲一切之良藥，治人身口意，療人生老病死。」可見我輩倘欲斷煩惱，除惡業，了生死，必須從持戒開始！佛法的根本在戒，佛門所重的，便是戒德。所以通常稱昔賢爲「古德」，今賢爲「大德」。寺院誦經拜懺的疏文內，常有「延請戒德上士」的話。蓮池大師曾制定「僧約」十章，以資遵守。其第一章明定：「破壞根本大戒者，出院。習近女人者，出院。受戒經年，不知戒相者，出院。親近邪師者，出院……。」品德在佛門中的重要，便可概見了。

（三）

品德愈高的人，自省愈密，律己愈嚴，悲俗救世之心亦愈切！品德和因果，有極密切的關係。不重品德，不修戒德的人們，最後自食其果，這是可以斷言的！

記先母二三事

（一）庭院俚歌

余年少時，在滬求學，寄宿校中。暑假回家，與家人庭院乘凉，常隨先母同唱俚歌。今學佛，細味歌意，與蓮池大師所著「七筆勾」用意大致相似。玆就記憶所及，錄歌如次：

「丈夫個親，不是親，同床合被，兩條心。
兒子個親，亦不是親，身長六尺，心對外頭人。
女兒個親，亦不是親，嫁了三箱四簏，還是不稱心。
媳婦個親，亦不是親，小事不如意，扳起面孔不認人。
女婿個親，亦不是親，三聲重話，不上門。
修行念佛到彼岸，香爐脚上嫡嫡親。」

先母又常教我同唱下一俚歌。歌云：

「天上星多朗朗能，戒酒除葷報親恩。
爹娘正似冰和雪，日晒冰烊何處尋？
爹娘在世多孝順，轉眼自做父母身。
孝順還生孝順子，忤逆還生忤逆兒。
窮的沒有窮到底，富的那有富到頭？
善惡到頭終有報，因果從來不差分。」

先母葬滬西吳家巷西首范巷（沿靑滬公路）長春堂公墓，不及運回原籍，與先嚴同葬祖墳。現墓木已拱，回首當年，此情如昨。今欲依依膝下，同唱俚歌，而先母已「日晒冰烊何處尋」矣！世事如幻，恍同一夢。

（二）遺訓在耳

先母常言：「觀一家之興敗，一觀其起身之遲早；二觀其私生活是否正常。其家奢侈腐化，倫常乖張，一切無規律者，雖興必敗；三觀其子孫輩品德之優劣，主要在父母管教。朱門多皂隸，白屋出公卿。（註）」又常說：「不要看小姐上轎，要看八十歲婆婆收成好。」（註）朱門，富貴之家。白屋，貧賤之家。

先母遺訓在耳，余念茲在茲，不敢或忘，以上所舉，僅略述一二耳。

吃虧是福

「吃虧人，長在世，做人要做吃虧人。」——先母的話

先母在日，常以「吃虧人，長在世，做人要做吃虧人」教我。年稍長，我在社會上做事，便把先母的話，作爲我的座右銘。處處檢點自己，時時觀察世態，增加了立身處世的

體驗。某一時期，我在上海某大報做本埠新聞主編，每晚經過晝錦裡的一家湘繡店，玻璃窗裏懸掛着鄭板橋所書「吃虧是福」四個大字的絲繡鏡框。我經常佇立窗外片刻，默讀幾遍，然後離去。

後來我在司法界服務，終日置身是非場中，尤深感「吃虧是福」確有至理。吃虧的反面是便宜。先哲說：「我不識何等爲君子，處處肯吃虧的便是。我不識何等爲小人，處處佔便宜的便是。」吃虧的特質，是忍辱，退讓，乃至損己利人，故是修福。

我在數十年的長期體驗中，深深感覺到：

㈠世間人和人的一切糾紛，多從「好佔便宜，不肯吃虧」中來。本省凶殺案件特多，往往瑣屑小事，一言不合，挺身便打，拔刀便刺，釀成血案，後悔莫及，可爲殷鑒。

㈡守住自己的本份，絕不妄想佔別人的絲毫便宜。從大處着眼，遠處着想，遇到和別人發生利害得失衝突的關頭，常作退一步想，不與計較，不加報復，便可省却不少是非和煩惱，避免不少糾紛和災禍。我曾集幾句成語，書於案頭以自勉：「忍片刻，煙消雲散。退一步，海濶天空。」

㈢處亂世，能吃虧，是大便宜，大安樂。（此篇係本書著者所作，刊載於民國五十六年十一月六日中央日報副刊「我的座右銘」中，今附錄於此。）

修學精華錄

修學精華錄自序

嘗讀高僧集，蓮池大師自言：「余一生崇尚念佛，然勤勤懇懇勸人看教。何以故？念佛之說，何自來乎？非金口所言，明載簡册，今日衆生，何由而知十萬億刹之外，有阿彌陀也！」憨山大師亦勸人親近教乘，求眞知見，其言曰：「不知法華，則不知如來救世之苦心。不知楞嚴，則不知修心迷悟之關鍵。不知楞伽，則不辨知見邪正之是非。」

三藏十二分教，一文一字，一句半偈，皆佛歷劫勤苦所修，心血骨髓所成。是故經云：「若是經典所在之處，則爲有佛，若尊重弟子。」處此末世，邪法增熾，離經一字，便同魔說。魔王語佛：「我於汝末法中，令眷屬食汝飯，着汝衣，破壞汝法。」佛於經中，常言：「作是說者，名爲正說。若他說者，卽魔王說。」又常言：「作是觀者，名爲正觀。若他觀者，名爲邪觀。」可見菩提路上，障礙甚多，若誤入歧途，萬劫不復。楞嚴經五十種魔境，佛言之歷歷。因此，「欲知山下路，須問過來人。」佛是過來人，歸家道路，須佛指點，指路南針，便是經教。如佛所言：「依我教言，如教行道，直成菩提，無復魔業。」我輩學佛，聽人言說，讀人論文，必須印證佛之聖教，方能鑑別邪正，不致盲從。此卽「依法不依人」的一個大原則！

佛說正法，「中邊皆甜」，是無明黑暗中之大火炬。天臺宗四十三世諦閑大師，以三經（圓覺、金剛、觀無量壽經）為日課，歷四十餘年之久。淨土宗十三世印光大師，「念佛正行而外，研讀大乘經典，由是深入經藏，妙契佛心。」（見大師傳記）。圓瑛法師，精研楞嚴經五十年（二十四歲至七十四歲）。江味農居士，以金剛經為日課，亦四十年。古德精修教乘，研教廣被，我輩凡夫，讀誦經典，宛如面對世尊，親聆教誨。無邊佛海，飲其一滴，亦得妙味。若能摘出經中若干聖教（經中之精華處，亦即所謂「金句」），紙筆書寫，受持讀誦，研味句義，並在日常生活中時時體驗，即能獲得佛法上之利益。

聞、思、修，為進修佛法任何法門所必經之途徑。世尊昔在因地為菩薩時，聞古佛所說四句偈（上半偈二句，下半偈二句，分兩次具足），讀誦書寫，深思其義，以是因緣，超越十二劫成佛。觀世音菩薩，亦因聞思修，入三摩地。更就信、解、行、證言之，修道之重點，即在行證。若僅以研究世間學問之方法研究佛法，不求修證，則是文字語言上之知見而已。末法學佛者多，因此成道者少！此非諸佛世尊以一大事因緣出現於世知本懷！古德說：「理可頓悟，事須漸修。若但頓悟而不漸修，則有解無行，執理迷事。若但漸除而不頓悟，則有行無解，執事迷理」。虛雲法師佛七開示說：「一天到晚，專在求知解，不求修證，同時也不知修證一法，是解決問題的根本」。此皆言修證之重要也。

歸依三寶之佛弟子，應盡命歸依法，以法為師。經云：「菩薩不讀不誦如來正經，讀誦世典文頌書疏者，得罪。不犯者，若爲論義，破於邪見；若二分佛經，一分外書。」可見菩薩平日，除爲論義以破邪見，或讀誦佛經超過外書者外，不讀不誦佛經，讀誦外道典籍等者，即得罪。發菩提心，修菩薩道者，亦不能不三致意焉。

拙編「修學精華錄」，原名「修學雜記」，始刊於菩提樹雜誌第二百零二期，刊畢於第二百十五期。後又另選材料，增刊二次，以供同修。其發刊旨趣，已詳「開場白」。自刊佈以來，不覺已一年有半矣。現因本書係二十年來，余所選集之各種經論，以及古今大德之著作或開示，舉其綱領，錄其精華，藉窺門徑，並明法要，爲余日常自修基本工作之一。故改今名，俾符實際。茲酌予增刪，重加編次，全書共分十類，藉便查考：一佛教史略，二佛教宗派，三學佛法要，四佛教五乘，五心性，六唯識，七修戒，八修定，九修慧，十淨土。每則立一標題，綜合各種材料，分析、歸納而編纂之。其已刊各則中之性質相近者，復予以併合，俾讀者對某一個問題，便於集中參究。

典籍浩瀚，法門無量，滄海遺珠，勢實難免，但「佛法無多子」（黃檗禪師語），一句半偈，莫非藥石！

本師釋迦牟尼佛，大慈大悲，憫衆生垢心未淨，輪轉受苦，曾來此娑婆世界八千返。略開心地法門竟，復說光明金剛寶戒，「是一切佛本源，一切菩薩本源，佛性種子。」修學佛道，重實踐，不尚空談。彼岸非遙，乘戒俱急！普願同發大菩提心，同證無上道！

中華民國六十年三月九日

後學菩薩戒優婆塞周曉安，法名智龕，序於幻廬。

開場白

余年五十三，先母棄養，獲讀其書篋中所遺佛經多種，其中有上海佛教居士林出版的「金剛經解義」（附心經註釋）一書。因緣會合，樂此不倦。生死苦海，忽現曙光！余在此經書中，發見無上眞理，成佛妙門。恍然始知：以往數十年中，終日內外貪求者，祇爲了一個狹隘自私的「我」；經年熙熙攘攘者，祇是一個幻夢泡影般的妄境。古德云：「一日無常到，方知夢裏人，萬般將不去，惟有業隨身。」我輩凡夫，省悟於無常未到以前，如法修持，方得解脫。若無常到來，又是一世，悔已不及！深感人身難得，佛法難聞。若不急起直追，加倍努力，豈不依舊漂流業海，辜負佛恩？昔賢蘧伯玉，行年五十，而知四十九年之非。因此，讀畢此經書後，又至佛學書局及大法輪書局等處，廣搜金剛經及心經之古今各種註釋，逐一研習。其後又訂閱各種佛學刊物，並陸續請到其他大小乘各種經典，加以參究。這是在上海初期學佛的略況。

埋頭窗下，鑽研眞理，修集正法，志求成佛。平日依教修習之餘，遇有可資參考者，輒分門別類，隨手擇要摘錄，題署曰「修學雜記」（現改名修學精華錄）。其中有經有論，有深有淺，有修身修戒者，有修定修慧者，有古今大德之著作或開示（摘錄要點），有錄自滬港兩地書刊，而爲此間所未見者，更有余自作之少數筆記。其性質相同者，編在一起，俾便修習，集思廣益。總的說來，修持多於理論，因說食不飽也！古語云：「學，然後知不足」，此修學精華之記錄，並不至此而止，仍當繼續爲之。但三藏敎海，茫無際涯，現所編集者，僅大海中之一浮漚耳。

自港到臺後，禮松山寺上道下安上人爲師，受滿分五戒。後又於苗栗縣法雲寺傳授千佛大戒時，求受菩薩戒。市隱臺北，在家學佛。很像古詩所云：「市遠村深客到稀，草堂終日掩柴扉。」近有同修，談及治學方法，自謂：「工作忙，經卷多，經義又難明，常苦不能作一簡要而較有系統之研究。」見此記錄，勸卽發刊，自他兩利。爰略加整理，選錄其中一部分，發表於菩提樹雜誌。經云：「解一法句，行可得道。」語云：「他山之石，可以攻錯。」此乃發刊此修學精華錄之微意云爾。

民國五十八年八月十五日　　曉安謹識

目錄

第三類　學佛法要

第四類　佛教五乘……二八三

第六類　唯　識……二一四

第七類　修　戒……二二五

第八類　修　定

第九類　修　慧……三五〇

第十類　淨　土

增　選

修學精華錄

周曉安編纂

第一類 佛教史略

（壹）釋迦牟尼佛的家系

釋迦牟尼佛，姓喬答摩（又稱瞿曇），幼名悉達多。家系是釋迦族。種姓是刹帝利（王族）種。自從紀元前二千年到一千五百年之間，印度許多種族，建立了許多國家。其中有一支拘薩羅族，又分作一些家系，釋迦族就是從它分支下來的。佛的家系如左：

祖父 師子頰王

- 長子淨飯王
  - 妃子摩訶摩耶夫人，生一子，卽佛。
  - 妃子摩訶婆闍跋提夫人，生一子，名難陀。兩妃是姊妹。
- 次子白飯王
  - 長子調達，又名提婆達多。
  - 幼子名阿難陀，佛十大弟子之一，多聞第一。
- 三子斛飯王
  - 長子摩訶男。
  - 幼子名阿㝹樓馱，又名阿那律陀，佛十大弟子之一，天眼第一。
- 四子甘露飯王
  - 長子跋提。
  - 幼子提沙。
- 女（佛的姑母）甘露味。

摩耶夫人生產後七天故世，由佛的姨母婆闍跋提夫人撫育。佛十九歲時，和聖母（摩耶夫人）的內姪女耶輸陀羅結了婚。生子名羅雲，又叫羅睺羅。佛十大弟子之一，密行第一。

佛的父親淨飯王。是迦毘羅的國王。摩耶夫人在回到拘利城母家待產的途中，休息在藍毘尼花園內一棵阿育樹下，手攀樹枝，就生產了悉達太子。聖母姊妹倆是拘利國王的女兒。（上海持松法師著「釋迦牟尼佛一代行化記」第一、家世情況）

（貳）佛的一生事蹟

佛的一代說法，雖有天臺五時，華嚴五教，但一生事蹟，很少一貫的記述。根據「僧伽羅刹所集經」：成道第一年，波羅奈國。第二、三、四年，王舍城附近的靈鷲山。第五年，脾舒離（毘舍離）。第六年，摩拘羅山。第七年，三十三天。第八、十一、十三年，鬼神界。第九年，拘苦毘國（憍賞彌）。第十年，枝提山中。第十二年，摩伽陀閑居處。第十四年，舍衞國祇樹給孤獨園。第十五、十六年，迦維羅衞國（迦毘羅城）。第十七、十八、二十一年，羅閱城（王舍城）。第十九、二十年，柘梨山。此後在鬼神界四回，在舍衞城十九回坐夏。第四十五年，跋祇境界毘將村最後安居。（持松法師著「釋尊略傳」）

（叄）佛教的南傳北傳

淨海法師留學泰國十餘年，對於南傳佛教，頗有研究。去夏自泰返國，曾在臺北市慧日講堂開講，余曾往聽，玆略記一二如左：

一、北傳佛教　在印度阿育王朝，末闡地長老 Majjhantika 向北傳播佛教。先到罽賓、犍陀羅（卽今克什米爾），再輾轉傳入中國、新疆、高麗、日本等處。向北傳播的，後來發展爲大乘佛教。

二、南傳佛教　亦在印度阿育王朝，由摩西陀長老 Mahinda（阿育王之王子，出家爲比丘）帶了五比丘一沙彌，到錫蘭傳播小乘佛教。錫蘭常稱楞伽島（佛曾講楞伽經於此），輾轉傳到緬甸、泰國、高棉，寮國等處。南傳佛教所用者爲巴利語。南傳上座部現在沒有比丘尼。中國大乘佛教，以經律論爲三藏。南傳佛教則以律列首，稱律經論爲三藏。㈠律藏：甲、經分別（波羅提木叉）比丘戒二百二十七條（中國二百五十條），比丘尼戒三百十一條（中國三百四十八條）。乙、犍度：（出家人受戒等儀式二十二種）分大品小品二種。丙、附屬（錄出戒條及對戒律上之論議）㈡經藏，卽五尼伽耶（四阿含——長阿含、中阿含、雜阿含、增一阿含）。尙有一小部，共集合十五部經典，較前四部爲小，其中多數爲中國所無。㈢論藏，共七大部。（編纂者自作筆記）

（肆）　中國佛敎的兩大時期——上自漢魏，下迄明淸

中國佛教之流行，且千九百年。自其承受於印度者言之，可分爲二期：一、漢魏兩晉所傳，以「性空」爲本，兼弘大小乘，相當於印度佛教之中期。二、南北朝隋唐北宋之所傳，以「眞常」爲本，專弘大乘，相當於印度佛教之後期。自其流行於中國者言之，亦可分爲二期：一、上自漢魏，下迄隋唐，爲承受思辨時期（約偏勝說）。傳譯而思辨之，條貫之，其特色爲融貫該綜。得則華貴宏偉，失則繁文縟節，如世家子。確樹此一代之風者，襄陽釋道安也。二、上起李唐，下迄清季，爲延續篤行時期。即所知而行之證之，其特色爲簡易平實。得則渾樸忠誠，失則簡陋貧乏，如田舍郎。確樹此一代之風者，嶺南盧惠能也。思辨該綜之佛教，初惟「性空」之一味，繼分化爲南之「眞空妙有」，北之「眞常惟心」。極其量，成大乘八宗之瑰奇。篤行簡易之佛教，初承諸宗，而隱爲二流，即天臺之「眞空妙有」，禪者之「眞常惟心」。極其致，成禪、教、律、淨之渾融。中國佛教，源遠流長，已不僅爲行於中國之佛教，且進而爲中國所有之佛教矣。

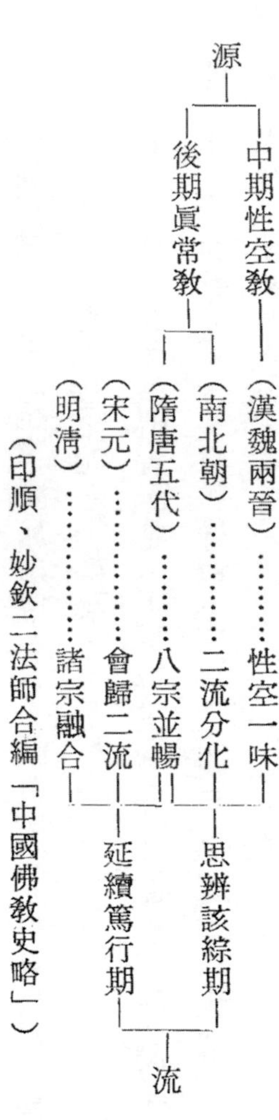

（印順、妙欽二法師合編「中國佛教史略」）

(伍)梵僧初來譯經的兩大系統

——小乘禪數毘曇系，大乘方等般若系

梵僧東來弘化之有顯著事蹟者，始於漢桓帝初年。桓帝建和元年（西元一四七），安世高東來，遊化江淮間，譯經三十餘部。世高「博聞稽古，特專阿毘曇學，其所出經，禪數最悉。」——如安般守意，大小十二門等，明禪定；陰持入經，九十八結經等，並明法數。時爲筆受助譯且傳其學者，爲臨淮嚴佛調，實我國出家並助譯之第一人。其前後有安玄優婆塞，譯法鏡經等，佛調亦爲參助。安玄與世高，同籍安息。又月氏國支婁迦讖，亦於桓帝時來洛陽。譯道行般若、般舟三昧、首楞嚴經等十三部（依佑錄），皆大乘學。竺佛朔與之同時，且曾合作翻譯。支曜、康巨、康孟詳等，亦略有所譯。

東漢桓、靈、獻三帝七十年間，佛教譯弘，可分二系：一、安世高等之小乘禪數毘曇系。二、支婁迦讖之大乘方等般若系。蓋時當西元二世紀後葉，正印度佛教大小兼暢之世也。西北印承說一切有系之學，以罽賓、犍陀羅爲中心，而遠及吐火羅、安息，聲聞佛教歷久彌新。於時大毘婆沙論結集前後，東方罽賓之學，盛弘一時。西方外國諸師，亦日以宏肆。說一切有系，素以禪學稱，罽賓尤爲淵藪。安世高籍安息，安息多聲聞學，其傳禪數也宜。中南印度，發爲方等般若之大乘，與案達羅王朝並興。嗣以北方貴霜王朝，尤以迦膩色迦王之護持佛教，大乘學者多北上。般若方等之教，因得行於月支及嶺東莎車、于闐等地，此所以般若經有「佛涅槃後，此經至於南方，由此轉至西方，再轉至北方」之記。支讖，月支人，略與龍樹、提婆同時，學大乘法，傳般若教。漢末之二大譯師，雖同來自印度之西北，而實代表印度佛教之兩大學系。

三國時，梵僧先後來洛陽者，有曇柯迦羅、曇無諦之傳戒律，康僧鎧之傳無量壽經。漢末安世高與支讖之學，則因世亂而流入東吳。紹承其學而予以弘揚者，為支謙與康僧會。僧會之於世高，支謙之於支讖，並有再傳之關係。是則東吳之佛學，即漢末二系之延續。支謙自吳大帝黃武初（二二二），至建興中（二五二—二五三），在吳譯經，孫權拜為博士，敕輔太子。謙譯孛經抄，有比丘參政之說。謙譯經三十餘部，重治道行、首楞嚴，於方等般若，弘闡頗力。是為兩晉般若學之先導。康僧會於赤烏十年（二四七）抵建業，譯經數部，孫權為立建初寺。會嘗從陳慧習禪，註世高譯之安般守意經。支謙生於洛陽，僧會長於交趾，均半漢化之西域人。謙重治小品，意在潤文，且創為會譯。僧會註安般守意等三經，集六度要目，製泥洹梵唄，江東佛教，漸可觀矣。（印順、妙欽二法師合編「中國佛教史略」）

（陸）　中國佛教大事表

（表例）一、表至唐末而止，以後無大事也。二、年代用西曆，省混雜，惟諸帝紀元仍附註於下。三、年代不能確考者，下附疑號（？）

二四七　（吳赤烏十）　立建初寺，江南有寺之始。
二五三　（吳建興二）　支謙卒，謙譯經百種。
二六〇　（魏景元元）　朱士行出家，漢地沙門之始。
二六六　（晉秦始二）　法護始譯經。
二六九　（晉秦始五）　方等泥洹經初出（護譯）。
二七二　（晉秦始八）　道行般若再出（護譯）。
二八八　（晉太康九）　法華初出（護譯），光讚般若初出（護譯）。
二九一　（晉元康元）　放光般若再出（竺叔蘭譯）。
三〇二　（晉太安元）　維摩詰經再出（護譯），護卒（？）
三七七　（苻秦建元九）　道安入長安。
三八四　（晉太元九）　慧遠入廬山。
三八七　（晉建元十九）　阿毗曇初出（道安監譯）。
三八九　（建元二十一）　道安卒。
三九七　（晉隆安元）　中阿含、增一阿含出。
三九九　（隆安三）　法顯往印度。

四〇〇（姚秦弘始二）鳩摩羅什至長安。
四〇二（晉元興元）智猛往印度。
四〇三（秦弘始五）摩訶般若三出（什譯）。
（秦元興二）阿毗曇毘婆沙初出（覺鎧譯）。
四〇四（弘始六）百論出（什譯）。
四〇五（弘始七）大智度論出（什譯）。
四〇六（弘始八）法華定本出，維摩詰定本出（什譯）。
四〇八（弘始十）小品般若三出、十二門論出（什譯）。
四〇九（弘始十一）中論出（什譯）。
四一一（弘始十三）成實論出（什譯）。
四一二（弘始十四）鳩摩羅什卒。
（涼玄始元）曇無讖至涼。
四一三（弘始十五）長阿含出（護念譯）。
四一四（涼玄始三）涅槃定本出（讖譯）。
（晉義熙十）慧遠結白蓮社念佛。
四一六（義熙十二）法顯歸國。
四一七（涼玄始五）大集出（？）（讖譯）。

四一八（義熙十四）大般泥洹經出（？）（法顯譯）。

四二〇（宋永初九）晉譯華嚴出（佛駄譯）。

四三五（宋元嘉十二）楞伽定本出（求那譯）。

四四六（魏太一眞君七）魏焚佛經、坑沙門。

四五二（魏興安元）魏復佛法。

五〇〇（魏景明元）菩提流支至洛陽。

五〇四（梁天監三）武帝集道俗二萬人，發願皈佛法，

五一一（魏永平四）十地論出（流支譯）。

五一六（魏熙平元）遣宋雲惠生，求經於印度。

五一九（梁天監十八）慧皎著高僧傳成。

五二二（魏正光三）惠生等賚經百七十部歸。

五二七（梁大統元）達摩至建業。

五五三（梁承聖二）大乘起信論出（眞諦譯）。

五六三（陳天嘉四）攝大乘論俱舍論出（眞諦譯）。

五七二（周建德元）周廢佛道二教。

五七五（陳太建七）智顗初入天台。

五九四（隋開皇十四）勅法經等，撰衆經目錄。

五九七（開始十七）　智顗卒。
六二四（唐武德七）　傅奕前七上書，請廢佛法，不報。
六二八（唐貞觀二）　玄奘適印度。
六四五（貞觀十九）　玄奘歸國，始譯經，顯揚論出。
六四八（貞觀二十二）　瑜珈師地論出。
六五〇（永徽二）　俱舍論再出。
六五九（顯慶四）　大毗婆沙論出，成唯識論出。
六六三（龍翔三）　大般若經出（以上俱玄奘譯）。
六六四（麟德元）　玄奘卒。
六七四（上元元）　惠能受衣缽於弘忍。
六七六（儀鳳元）　惠能在曹溪，開演宗門。
六八二（永淳元）　窺基卒。
六九四（武周證聖元）　義淨適印度。
七〇〇（武周久視元）　唐譯華嚴經出（難陀譯，法藏同譯）。
七〇一（武周大呈元）　法藏始在長安講新華嚴經。
七〇五（唐神龍元）　佛頂首楞嚴經出（密諦房融同譯）。
七一二（先天元）　惠能卒。

七一四　（開元二）　無畏至京師。

七三〇　（開元十八）　智昇撰開元釋教錄。

（梁啓超著「佛學研究十八篇」）

第二類　佛教宗派

（壹）大小各宗

甲、溯源流，知宗派，宗有十，分大小：

一、成實宗：六代盛，高僧傳，可爲證。

二、俱舍宗：陳至唐，五代後，漸微茫。此二宗，是小乘。律小大，七大乘。

三、禪宗：傳心印，爲禪宗。佛拈花，迦葉通。授阿難，爲二祖。次第承，皆可數。第十二，號馬鳴，造起信，大乘興。十四祖，名龍樹，入龍宮，華嚴遇，傳世間，法雨澍，造諸論，施甘露。二八祖，達摩尊，來東土，示性眞，離文字，要親證。有慧可，得心印。傳僧璨，爲三祖，信心銘，超今古。第四祖，名道信，知無縛，解脫竟。五祖忍，居黃梅，東山上，道場恢。第六祖，名惠能，傳衣鉢，道大行。六祖下，二禪師，南嶽讓，青原思。南嶽下，一馬駒，踏殺人，徧環區。青原下，一石頭，石頭路，滑似油。分五家，派各別。臨濟宗，行棒喝。玄要分，賓主則，人與境，奪不奪。溈仰宗，宗圓相，暗機投，義海暢。曹洞宗，傳寶鏡，定君臣，行正令。雲門宗，顧鑒咦，一字關，透者希。法眼宗，明六相，禪與教，無兩樣。

四、律宗：既明宗，須知律。持五戒，本乃立。爲沙彌，持十戒。比丘僧，具足戒，戒二百，又五十。尼增百，戒始定。梵網經，制菩薩，重有十，輕四八。律門祖，優波離，承佛印，肅清規。先束身，次攝心，得圓通，證道深。唐道宣，精毘尼，大小乘，咸總持。宋元照，繼其後，著述多，善分剖。既知律，須研教，辨權實，判大小。

五、天臺宗：北齊朝，有慧文，讀中論，得其精，祖龍樹，立三觀，空假中，歸一貫。傳弟子，南嶽思，止觀法，萬世師。第三世，有智者，演教觀，判高下。藏與通，別與圓，此四教，至今傳。談性具，善惡兼，百界如，有三千。此一派，號天臺，宗法華，佛慧開。

六、賢首宗：華嚴經，最尊勝，初傳來，在東晉。杜順師，是文殊，闡華嚴，盤走珠。第一傳，得智儼，作搜玄，記十卷。第二傳，是賢首，探玄記，世希有。清涼疏，釋新經，並作鈔，博而精。小與始，終與頓，至於圓，五教振。四法界，十玄門，暨六相，義最純。因該果，果徹因，攝萬法，歸一眞。圭峯密，疏圓覺，大鈔詳，小鈔略。此一派，賢首宗，亦行布，亦圓融。

七、慈恩宗（一名唯識宗）：唐玄奘，遊西域，學瑜珈，祖彌勒。依戒賢，大論師，親傳授，歷年時。歸長安，傳窺基，通因明，善三支。成唯識，作述記，破邪宗，伸正義。有現量，有比量，究竟依，聖教量。徧計執，依他性，二者離，圓成證。此一宗，號慈恩，先談相，後顯眞。

八、三論宗（一名空宗）：三論宗，傳最古，秦羅什，來玆土。眞空義，爲第一，羣弟子，競傳習。曰中論，曰百論，十二門，爲三論。唐吉藏，施大功，三論疏，傳海東。法藏釋，十二門，宗致記，至今存。

九、密宗：善無畏，至長安，唐一行，受眞傳。作疏釋，大日經，眞言教，始得明。金剛智，及不空，接踵來，廣流通。灌頂法，不輕授，非法器，轉獲咎。立禁令，自明始，秘密宗，勅停止。

十、淨土宗：晉慧遠，住匡廬，結蓮社，德不孤。魏曇鸞，修妙觀，生品高，瑞相現。唐道綽，暨善導，倡專修，爲妙道。此法門，三經說，大經該，小經切。觀經語，最驚人，許五逆，得往生。三藏教，所不攝，佛願力，誠難測。一稱名，衆罪滅，臨終時，佛來接。下中上，根不齊，一句佛，同生西。旣生西，皆不退，親見佛，得授記。淨土宗，眞簡要，協時機，妙中妙。（明季，聚雲禪師（吹萬老人）著「釋教三字經」，後經印光大師及楊仁山居士重行改訂者）

乙、俱舍宗：依俱舍論而立宗。

成實宗：依成實論而立宗。

律　宗：依十誦律、四分律、僧祇律，依戒律而立宗。

三論宗：依中觀論、百論、十二門論而立宗。

涅槃宗：依大涅槃經而立宗。

地論宗：依十地論而立宗。

淨土宗：依淨土三經念佛法門而立宗。

禪　宗：不立文字，以心傳心而立宗。

攝論宗：依攝大乘論而立宗。

天臺宗：依大乘妙法蓮華經而立宗。

華嚴宗：依大方廣佛華嚴經而立宗。

法相宗：（即唯識宗）：依解深密經、瑜珈論、唯識論而立宗。

眞言宗（即密宗）：以心口意三密，持密咒語而立宗。（香港禪慧法師著「佛教大略並修學佛法途徑」）。

(貳) 性相二宗

一、古者，相宗易，性宗難，故玄奘舍性習相；演教易，證宗難，故神光（二祖慧可）立雪斷臂。今也不然。以宗自鳴者，教、茫然也。以教自負者，相宗、紊然也。（澫益大師集）

二、佛說一大藏教，只是說破三界惟心，萬法惟識。及佛滅後，弘法菩薩解釋教義，依惟心立性宗，依惟識立相宗，各豎門庭，甚至分河飲水，而性相二宗不能融通，非今日矣。惟馬鳴大師作起信論，會相歸性，以顯一心迷悟差別。依一心法，立二種門：謂心眞如門，心生滅門。良以寂滅一心，不屬迷悟，體絕聖凡。今有聖凡二路者，是由一心眞妄迷悟之分，故以二門爲聖凡之本。立眞如門，顯不迷之體。立生滅門，顯一心有隨緣淨染之用。故知一切聖凡修證迷悟因果，皆生滅門收。其末後拈花，爲教外別傳之旨，乃直指一心，本非迷悟，不屬聖凡，今達磨所傳禪宗是也。其教中修行，原依一心開示，其所證入，依生滅門悟至眞如門，以爲極則。其惟識所說十種眞如，正是對生滅所立之眞如耳。是知相宗惟識，定要會歸一心爲極。此惟楞嚴所說「一路涅槃門」，乃二宗之究竟也！學人不知其源，至談惟識一宗，專在名相上作活計，不知聖人密意，要人識破妄相，以會歸一心耳。故今依生滅門中，以不生滅與生滅和合，成阿賴耶識，變起根身器界，以示迷悟之源。了此歸元無二，則妙悟一心，如指諸掌矣。（憨山大師集）

（叁）禪宗之世系

一、西土禪宗

初祖摩訶迦葉尊者——二祖阿難陀尊者——三祖商那和修尊者——四祖優婆毱多尊者——五祖提多迦尊者——六祖彌遮迦尊者——七祖婆須密尊者——八祖佛陀難提尊者——九祖伏䭾密多尊者——十祖脇尊者——十一祖富那夜奢尊者——十二祖馬鳴大士——十三祖迦毘摩羅尊者——十四祖龍樹尊者——十五祖迦那提婆尊者——十六祖羅睺羅多尊者——十七祖僧伽難提尊者——十八祖伽耶舍多尊者——十九祖鳩摩羅多尊者——二十祖闍夜多尊者——二十一祖婆修盤頭尊者——二十二祖摩拏羅尊者——二十三祖鶴勒那尊者——二十四祖師子尊者——二十五祖婆舍斯多尊者——二十六祖不如密多尊者——二十七祖般若多羅尊者——二十八祖菩提達摩尊者。（丁福保「六祖壇經箋註」）

二、東土禪宗

系統宗旨，爲禪宗所重視，故五祖六祖以後，傳燈甚詳，今僅就其重要之人或其派別大體，列其略系如左：

- 達摩—慧可—僧璨—道信
  - 法融（居金陵牛頭山幽棲寺，世稱此法系爲牛頭禪，當係禪有派別之始）—智巖—慧方—法持—智威—慧忠（以上爲牛頭六祖）
  - 弘忍
    - 神秀（北宗之祖）—普寂（日本傳律之道璿律師，亦受禪於普寂，此爲日本禪之始）
    - 慧安（即「圓覺經疏」所稱之老安禪）
    - 智侁（「禪源諸詮集」謂爲「南侁」，圓覺經疏亦載之）。
    - 惠能（六祖大師，南宗之祖）
      - 南嶽懷讓（洪州南嶽，圓覺經疏謂爲南嶽之禪。「拾遺門」謂爲洪州宗）
        - 馬祖道一（諸詮集之江西宗即此）
          - 百丈懷海
            - 黃蘗希雲—臨濟玄義（臨濟宗之祖）
              - 興化存奬—南院慧顒—風穴延沼
            - 潙山靈佑—仰山慧寂（潙仰宗所自出）
          - 南泉普願—趙州從諗
          - 天王道悟—龍潭崇信—德山宣鑑—雪峯義存
            - 玄沙師備—地藏桂琛—清涼文益（法眼宗之師）
              - 天台德韶
            - 雲門文偃（雲門宗之祖）
      - 青源行思—石頭希遷—藥山惟儼—雲儼曇晟
        - 洞山良價
          - 曹山本寂（曹洞宗所自出）
          - 雲居道膺（日本之曹洞宗所自出）
      - 荷澤神會（即宗密所謂荷澤宗是）—磁州法如—荊南惟忠
        - 遂州道圓—圭峯宗密（圓覺疏、諸詮集、拾遺門、皆舉荷澤宗，爲密之所自屬）
        - 五台山無名—華嚴澄觀（即再興華嚴之大德，宗密之師，即清涼大師也。）
      - 永嘉玄覺（即著永嘉集及證道歌者）

禪系五家（潙仰、法眼、雲門、曹洞、臨濟），發端於唐宋五代之時，皆起於南方。當是時，南漢、南唐、吳越、在南方建國，各據其地，禪宗亦受其保護。……其末最盛者臨濟宗也。至宋時，分楊岐、黃龍二派，而楊岐派之法孫，最爲繁榮。世以此二宗加於五家，呼爲五家七宗。（蔣維喬居士著「中國佛教史」卷二、六十九頁，卷三、三十八頁、四十五頁。）

（肆）宗下教下

宗門，本爲各宗之通稱，後爲禪宗自稱，故稱餘門爲教門。教法，爲佛所說大小十二分教（舊稱十二部經），是入道之門戶，故曰教門。宗門又稱宗下，教門又稱教下。今摘錄各位大師之開示於左：

一、其參禪者，藉口教外別傳，不知離教而參，是邪因也。離教而悟，是邪解也。饒汝參而得悟，必須以教印證。不與教合，悉是邪也。學佛者必以三藏十二部爲模楷。（蓮池大師集）

二、眞淨明妙，虛徹靈通，常一不變者，宗也。依之發揮，宣告於天下，使同體生民各得了悟者，教也。（諦閑大師語錄）

三、禪宗注重於修，教下注重於照。破千年之暗室，貴在明燈。出無始之樊籠，須憑

妙觀。（同上，開示溫州蓮社）

四、須知宗有宗眼，教有教眼，縱使於宗中開得隻眼，仍必以教眼而證之。所以達摩西來，必佩楞伽四卷，而後授法神光（慧可），並將楞伽共衣鉢而付之。（同上，覆華居士函）

五、末世講家，每好談宗，致令聽衆，多隨語轉。竊謂禪家機語，絕無義味，惟就來機，指歸向上。只宜參究，何可講說？如是講經，惟超格大士能得其益，其他中下之流，盡受其病。於宗，則機鋒轉語，不知力參，妄自以義路卜度。於教，則實理實事，由非己境，便認作喻意表法。以宗破教，以教破宗，近世流弊，莫此爲甚。（印光大師嘉言錄）

六、律、教、禪宗，最初須深明教理，依教修行。修行功深，斷惑證眞，方出生死……縱使理明功深，亦須斷惑。倘有絲毫未盡，依舊不出苦輪。（同上）

七、宗門但論見性，不重禪定解脫。悟心之人，自解作活計，翻轉本體作功夫。終日使得十二時辰，是爲全性起修，全修在性。善能調熟，不離當生，卽證聖果。（虛雲和尚事蹟下篇雜著）

（伍） 宗門教下不可支離

一、自達摩西來，立單傳之旨，直指人心，不尙文字。由是教爲佛眼，禪爲佛心，禪教齊驅，並行不悖。及六祖而下，禪道大興，則不無尙執之呵，而教禪始裂。圭峯（唐、宗密大師）力挽未能，永明（明、延壽大師）會性相，歸一心，目爲宗鏡（著有宗鏡錄），而全體大用，彰然大著矣。（憨山大師集）

二、莫謂離却經論詮示之第一義諦外，尙另有過於此而可求者，致爲邪見所惑，而不之知！後世昧心之輩，謬將「不立文字」解作捨經棄論之說，實屬魯莽無智，非狂即妄。縱悟道後，還應依教奉行，如法進止，廣閱教典，深入法海。宗門教下，入手方便稍異，究竟則無二路。前者逕升堂奧，後者廣示秘藏。教必歸指於宗，宗須印證於教，兩者不可支離。（果嚴著「論佛法與禪淨」）

（陸）道與文字

一、道，不在文字，亦不離文字，執文字爲道，講師所以有「說食數寶」之譏。執離文字爲道，禪士所以有「暗證生盲」之禍！達磨大師以心傳心，必藉楞伽爲印。誠恐離經一字，便同魔說。智者大師九旬談「妙」，隨處結歸止觀。恐依文解義，反成佛寃！（蕅益大師集）

二、竊謂禪宗有三藏，猶奕秋之有棋子。三藏須禪宗，猶棋子之需活眼。均一棋子也，善奕者，着着皆活；不善奕者，着着皆死。均此三藏也，知佛心者，言言皆了義；不知

佛意者，字字皆瘡疣。然為懲「隨語生見」，遂欲全棄佛語，又何異因噎廢食？（同上）

第三類　學佛法要

（壹）　佛學與學佛

一、佛學是一件事，學佛又是一件事。一者驟然看來，沒有分別，實則大有分別。怎麼叫做佛學？就是深通經典，精研教理，成為博聞強記的學者。這種人，全在知識方面用功，可以叫做佛學。怎麼叫做學佛？原來我佛教化衆生的本意，是叫人依照他的方法去修行，得以超出生死苦海，方算成功。所以佛所說的種種經典，都是對衆生的種種毛病，所開的藥方。並不是叫人熟讀這張藥方裏的藥名，就算了事。是要拿藥吃下去，除掉病根的。病根除掉，這藥方就用不着了。我們能够依照佛法修行，從精神方面用功，方可叫做學佛。

倘然有一種好說空話的人，說得天花亂墜，羅列許多山珍海味，單有菜名，沒有食物，結果任教饑餓的人，聽是聽得有味，腹中仍不得一飽。這叫做說食不飽。就是譬喻佛經裏的道理，窮高極深，我們單從知識方面去講求廣博的學理，不從精神方面去求實在的受用，那末，和「說食不飽」沒有兩樣。所以我們起初研究佛學，結果還是學佛要緊。（蔣

維喬著「佛學綱要」第五頁）

二、佛教、佛學、佛法，有的地方可以混用，有的地方絕對不能通融。佛教者，佛陀之教化，着重於教相。佛學者，佛陀之語言章句，猶如儒家「夫子之文章也」，着重於學術。佛法者，佛陀之所證，乃諸法之究竟義諦，卽一切法眞相，着重於實際。教化必有宗旨，故佛教之究竟義諦是空。學術必有詮義，故佛學的詮義是空。諸法實際，本自法爾，不依他起，不假造作，一切名言妄想所不能加，是故斷議絕思，不可說，不可說。以其不可說故，強名曰空。（趙亮杰居士講「佛學上的空義」，載獅子吼月刊第十卷第二期）

（貳）佛學非哲學

或有人疑佛法爲一種哲學，此說不然。哲學之要求，在求眞理，以其理智所推測而得之某種條件，卽謂爲眞理。其結果，有一元、二元、唯心、唯物種種之說。甲以爲理在此，乙以爲理在彼，紛紜擾攘，相非相謗。但彼等無論如何推測，總出於錯覺一途。譬如盲人摸象，其生平未曾見象之形狀，因其所摸得象之一部份，卽謂是象之全體。故或摸其尾，便謂象如繩；或摸其背，便謂象如牀；或摸其胸，便謂象如地。雖因所摸不同，而感覺互異，皆是迷惑顚倒之見而已。若佛法則不然。譬如明眼人能親見全象，十分清楚，與前所謂盲人摸象者逈然不同。因佛法須親證「眞如」，了無所疑，決不同哲學家之處盲測度也。何謂眞如？眞眞實實，平等一如，無妄情，無偏執，離於意想分別，卽是哲學家所欲了知之宇宙萬有之眞相及本體也。（弘一大師講演集四四頁）

（叁） 老莊等思想不能混入佛法

佛法以「眞如實相」爲最究極之本體，而老莊及周易，則以「無始無明」爲最究極之本體。其源不同，故所言各異。昔漢明帝時，佛經初入中國，簡陋殘缺，學者未能以經解經。迨苻秦鳩摩羅什大師廣譯大乘經論，印度空宗般若思想始入中國。然眞如實相之要旨，人尙未盡明瞭。其時適承老莊思想盛極漸衰之際，一般聰明睿哲之士，多去老歸佛。當時一般高僧，多先學老莊之說。及其發揮般若性空之理，遂多引用老莊周易，以爲註脚。每以老子所謂「無」，用來解釋般若之所謂「空」。「無」與「空」，表面雖近似，而意義則完全不同。蓋空宗初入中國，一般人尙未完全懂得「空」之妙義也。老子之「無」，卽「無極」「虛空」之義，卽佛家所謂「無始無明」是也，是一種空洞冥渺境界。而般若之「空」，乃第一義空，非虛空之「空」，亦非空洞之「空」，而是佛性徧滿虛空，圓滿現成，如如不動，妙用恒沙之義。老莊之本體，既是虛空，宇宙萬物不過是由無生有，由有歸無，只好讓它自然流行，不須再加分別。所以老莊變成虛無主義，自然主義。佛法本體是眞如，體用具足。欲達眞如，必須修行，打破無始無明，故產生六波羅蜜之積極思想。又以眞如自性之一體同悲，故產生利人利己之大乘思想。其源不同，故其教各異。然當時學者尙未察此，以「無」與「空」等量齊觀，因此兩種思想之混亂不清，遂陷一般後學者於拖泥帶水之境。千載之下，尙無人明白指出，良可慨也！

用老子莊子周易三書，六朝時稱爲三玄。用三玄及儒書以解釋佛經，謂之「格義」。例如：㈠劉虬無量義經序云：「玄圃以東，號曰太一。賓以西，字爲正覺。希無之與修眞，其揆一也」。㈡范曄後漢書西域傳，論佛教云：「詳其淸心釋累之訓，空有兼遣之宗，道書之流。」㈢高僧傳卷六，有云：「釋慧遠……博通六經，尤善老莊。時沙門釋道安，立寺於太行恒山，遠遂往歸之。年二十四，便就講說。嘗有一客聽講，講實相義，往復移時，彌增疑昧，遠乃引莊子義爲連類，於是惑者曉然。」㈣高僧傳卷四云：「法雅，河間人，少長外學，長通經義……時依門徒，未善佛理。雅乃與康法朗等，以經中事數，擬酌外書，爲生解之，例謂之「格義」。乃毗浮湘曇等亦辯格義，以訓門徒。雅，風采灑落，善於樞機外典佛經，遞互講說。㈤釋道安安般經序云：「安般（卽呼吸或出入息）者，出入也。道之所寄，無往不因。德之所寓，無往不託。是故安般寄息以成守，四禪寓骸以成定是也。寄息，故有六階之差；寓骸，故有四級之別。階差者，損之又損，以至於無爲。級別者，忘之又忘，以至於無欲也。無爲，故無形而不因。無欲，故無事而不適。無形而不因，故能開物。無事而不適，故能成務。成務者，卽萬有而自彼。開物者，使天兼忘我也。彼我雙癡者，守於惟守也。」損之又損，是老子，忘之又忘，是莊子。開物成務，是周易。（下略）（月溪法師講大乘佛法，刊五十一年十一月十六日香港華僑日報）

（肆）略明佛教遠超儒道之上，以辨眞假

夫道者路也，乃是從因至果的一條大路，非可言說，非不可言說。徹之者，頭頭是道，語默皆是；昧之者，處處俱非，意想不及。老子云：「道可道，非常道」，此以不可言說爲道，偏於無言，非正道也。又云：「人法地，地法天，天法道，道法自然」。此以自然爲究竟者，非正道也。楞嚴經中，破之詳矣。又道者法也，乃修因至果的方法；得之者名曰四聖，失之者號曰凡夫。……故斯道也，在凡卽是貪瞋癡，在聖名曰戒定慧。爲聖爲凡，都在我人一心。……眞心曰性，妄心曰識。識是諸妄之本，故曰萬法唯識。性是不生不滅之眞理，故能窮理盡性，則一生大事畢矣。窮理盡性，語出周易繫辭。彼曰：「窮理盡性，以至於命」。彼註云：「理謂理數，性謂性能，命者生之極，窮理則盡其性能，則順性命之道」。又以天賦爲命，「天命之謂性，率性之謂道」。在佛教，雖借用其文，而不用其意，故文同義別。理謂道理眞理，性謂法性心性，不取天賦，故不言命。起信論云：「心眞如者，卽是一法界大總相法門體。」謂眞如一法，橫對諸事曰理廣，豎貫一法曰性深。然在無情曰法性，在有情曰心性，亦曰佛性，亦名本覺，亦曰如來藏，卽顯性教中所

說眞性是也。謂色心等法，從緣而生（不是天賦），無實自性，全是眞如隨緣所成。故萬法虛妄，緣會而生，生法本無，一切唯識。識如幻夢，但是一心，心寂而知，目之圓覺。夫心意識三，皆有生滅，離心意識參，名之曰禪。……學世間法，全仗口議心思，學出世間法而用口議心思，則遠矣。佛不云乎：「是法非見量分別之所能解」。

性之一字，三教同說，然佛之所說超越於孔老者甚多。蓋老子雖亦宗性，以未親見，故但曰「恍恍惚惚，窈窕冥冥」。孔子雖宗性，然未見於六合之外。若佛則親證親見，即其弟子中，如阿那律陀亦能觀大千世界如掌果。故佛之教義，空前絕後，無以復加也。更設十種料揀以明之：㈠佛教所謂性者，不同子思之天命性，以彼是天賦之謂，此是本具之謂。㈡不同孟荀之善惡說，以彼是相皆成性，非是本性。㈢不同告子「生之謂性」，以彼是生義，此是無生義。㈣不同老莊之自然性，以彼是渾然不知其所以然，此是明知而不起覺知。㈤不同道家之先天性，以彼是始淸後濁義，此是本來一如，隨緣不變義。㈥不同天性之謂，以彼是與生俱生，非是性。㈦不同文學家之天性說，以彼雖含有本源洞徹義，而缺周徧圓常，隨緣不變等義。㈧不同老子之所謂道，以彼謂道生一等，此是無生。又彼是恍惚冥窈，此是靈明洞徹。㈨不同易之所謂元，以元字雖含有亨通貞正義，而其所括之理，不過是宇宙間一切冥窈莫測之象，非是了然洞徹，法住法位之本體。㈩不同理想意料之所有者，亦非影響揣揣之所有者，乃是親證所履踐者。有此十料揀，可知佛說之性，與孔老別。蓋孔老所言，乃性上之差別義，而於性之本義未夢見在也！性之本義有三：㈠本現成義，謂凡言性，必是從本以來現在成就。此揀由積集而後起：㈡不變壞義，謂凡言性，必常住不變，此遮隨緣改轉。㈢徧一切義，謂凡言性，復須徧一切法，無所偏缺。此遮各有體用義相不得言性也。詳具諸論，引之太繁，須自檢閱。道教以煉精化氣，煉氣化神爲命功，煉神還虛爲性功，號曰性命雙修。卽以精氣爲命，心神爲性。……佛教上乘，頓悟心性，山河大地，萬物身心，咸是性中虛影。若道教之依幻修影，豈不錯之太甚？……儒道所談至大者，不過天地而已，而人畜萬物皆在天地之中，故其所論不出天地之外。……今有強拉儒道，用以攙入佛教，而云三教同源。不知以儒治世，以道治身，以佛治心，世出世間法宗趣各別！今外道揑造非佛非儒之邪說，用以惑人，受愚者遍地皆是。予旣知其非，故爲說破，略而言之如上。（靈源法師作，載「大衆佛教」一七二、一七三期）

㈤ 聞思修三慧

一、聞　慧

有些人，由於過去生中修得的宿慧深厚，於現在生，成爲一聞卽悟的根機。但若將前後世連貫起來，依從初發心到現證的整個歷程說，則每個學佛者都要經過聞思修的階段，才能獲得無漏現證慧（或稱現證三摩地），決沒有未經聞思修三有漏慧，而可躐等超證的。在聲聞教裏，從初學到現證，有四預流支，即「親近善士，多聞熏習，如理思惟，法隨法行。」這就是說，初發心學佛，就要親近善知識，依善知識的開導，次第聞、思、修。大乘教典在這方面，也揭示了十法行：書寫、供養、施他、諦聽、披讀、受持、諷誦、開演、思惟、修習。……修習聞慧，在古代多親聞佛說，或由佛弟子的輾轉傳授。因此，親近善知識，成了聞慧的先決條件。然而自從各種教典編集流通後，稍具宿根者即可披讀研習，依經論的教示而得正解、修行，成就聞慧。……按照佛法的根本理趣，聞多識廣，並不就是聞慧。多聞博學而能契應三法印或一法印的，才够得上稱爲聞慧。如小乘經說，能如實諦觀無常、無我、涅槃寂滅，是名多聞。大乘教典則以堪聞法性空寂或眞如實性爲多聞。修學佛法，若不與三法印一法印相應，即是脫離佛法核心，聞慧不得成就。若能於種種法相言說之中，把握得這個佛法要點，並發諸身心行爲，如實修練與體驗，使心地逐漸清淨、安靜，然後乃能引發聞慧，眞正得到佛法的利益。

二、思　慧

其次就是對於所聞的佛法，加以思惟抉擇。思慧已不再重視名詞章句的聞慧，而是進入抉擇義理的階段了。這在「四預流支」，即「如理思惟」。衡以四依，則應依了義，不依不了義。合乎正理的思惟抉擇，應依了義教，以了義教爲準繩，然後衡量佛法，所得到的簡擇慧，才會正確。否則、所思所惟，非偏卽邪，**怎能契合**佛法的本義？……這在印度，有兩大系的說法。一、龍樹、提婆他們，依無盡意、般若經等爲教量，判斷諸教典：若說一切法空、無我、無自性、不生不滅、本性寂靜，卽是了義教。若說有自性、不空、有我，爲不了義教。他們本着這一見地，無論抉擇義理，開導修行方法，自有一嚴密而不共泛常的特色；談到悟證，也以極無自性爲究竟的現證慧境。這就成了「中觀」見的一大系。二、無着、世親他們，依解深密經等爲教量，認爲凡立三自性，徧計執無性，依他起，圓成實有性，才是了義教；若主張法空，而不說依他圓成實爲有性，卽非了義教。他們以此爲判教的準繩，衡量佛法教義，另成「唯識」見的一大系。其修行方法，也就與中觀者不同，並以二空所顯性爲究竟現證。……這無論是印度的中觀見，或是唯識見，甚至以楞嚴、起信爲究竟教證的中國傳統佛教，都各有他們審愼的判教態度，和嚴密的論證方法。我們不妨採其長處，棄其偏點，互相參證，彼此會通，以求得合理的抉擇觀點，完成明利而純正的思慧。

三，修　慧

思慧又譯爲作意，本是觀想的別名，因爲修定未成，不與定心相應，還是一種散心觀，所以稱爲思慧。如定心成熟，能够在定中觀察抉擇諸法實相，卽成修慧。……修慧雖不能直接取證，但却是到達證悟的必經階段。「四依」裏的依智不依識，就是修慧的指導標準。「識」是有漏有取的，以我我所爲本的妄想分別。若依此進修，不但不得證悟解脫，而且障礙了證悟解脫之路。「智」則相反地，且有戡破我執，遣除邪見的功能。無自性無分別的慧觀，能够降伏自心煩惱，引發現證智慧。（印順法師著「學佛三要」）

（陸）三身四土

三身卽法身、報身、應身。經論所說，或二身乃至十身，開合多途，但以三身爲通途。四土卽常寂光土、實報莊嚴土、方便有餘土、凡聖同居土。今分述如左：

一、法身者，自性具足常樂我淨之理體，諸佛軌之而得成佛。以法爲身言，故曰法身。報身者，以如如智，契如如理，理智一如，淸淨圓滿，約修因感報言，故曰報身（開之爲自受用報身，他受用報身）。約土言：法身及自受用報身所依，卽常寂光土。不遷不變，名常；離能離所，名寂；照俗照眞，名光。利他又分順化逆化二種。順化中，約身言，卽是應身、化身。無量無漏性淨功德，徧應衆機，廣度有情，曰應身。大悲願力，變化示現，曰化身。須知他受用報身，亦是應十地菩薩之機而現。若現千丈勝應身，或丈六、八尺等劣應身，則是應未登地菩薩及二乘凡夫之機。約土言：則他受用報身依實報莊嚴淨土，別敎十地、圓敎十住、乃至等覺等菩薩居此。勝應身依方便有餘淨土，二乘已斷見思，尚餘塵沙無明，方便居此。劣應身依凡聖同居淨土，如極樂世界各種莊嚴，無三惡道，上自彌陀，下至往生凡夫共住。又此娑婆，佛菩薩聖衆常來應化，而此土衆生無不有煩惱業

障，生老病死，故曰雜染土，此卽凡聖同居穢土也。（大乘止觀述記）

二、佛雖有三種身，實在仍舊只是一尊佛。法身好比月，報身好比月的光輝，應身好比水裏的月影。（鄭頌英居士著「佛史略記」，刊「在家學佛要典」）

三、佛爲果德之稱，具足色身則爲果報之身。報化佛並非法身如來，然必證得法身，方成報化身。是故化身與法身，不一而不異。法身無念無說，報化身雖有說而實無念。（江味農居士著「金剛般若經講義」）

(柒) 一切法門與一切行門——世出世間之理事

一、一切法門，以明心爲要。一切行門，以淨心爲要。……我人現前一念之心，全眞成妄，終日不變，終日隨緣。無念心體，惟佛獨證。自等覺以還，皆悉有念。凡起一念，必落十界。……當密自檢點，日用所起之念，與何界相應者多，則他日安身立命之處，不勞更問人矣。（徹悟禪師語錄）

二、世出世間之「理」，不外心性兩字。世出世間之「事」，不外因果兩字。衆生沉九界，如來證一乘，於心性毫無增減。其所以升沉迥異，苦樂懸殊者，由因地之修德不一，致果地之受用各別耳。闡揚佛法，大非易事。只談理性，則中下不能受益。專說因果，則上士每厭聞熏。然因果心性，離之則兩傷，合之則雙美。故夢東云：「善談心性等，

必不乘於因果，而深信因果者，終必大明乎心性」。此理 勢必比然也。（印光大師嘉言錄）

（捌） 佛教宗旨——悲智

一、此菩薩雖了眾生非有，而不捨一切眾生界。譬如船師，不住此岸，不住彼岸，不住中流，而能運度此岸眾生，至於彼岸，以往返無休息故。菩薩摩訶薩亦復如是，不住生死，不住涅槃，亦復不住生死之中流，而能運度此岸眾生，置於彼岸安穩無畏無憂惱處。（華嚴經十行品之二）

二、行者以妙道出家，若復習近白衣，則與本無異。以是故，先求自度，然後度人。若未能自度，而欲度人，如不知浮人，欲救於溺，相與俱沒。（大智度論）

三、佛教宗旨，曰悲曰智。惟其悲也，故急於救世。惟其智也，故急於自度。菩薩以自度為度人之準備，以度人為自度之資糧。自度不二，救度同時。（范古農居士著「古農佛學答問」）

四、佛過去世為菩薩時，常行慈心，要廣度眾生 他是蒲鄰奈國梵志的第三子。生時，眾師相曰：「是兒童歡正道，有聖人相，將來必做國師」，所以取名叫「孛」。後來父死，二兄爭遺產，母親制止不住。孛自念：「人生皆為貪苦」，便拜別慈母，親近明師，做了沙門，修菩薩道，得四意止：「一、慈衆生，如母愛子。二、悲世間，欲令解脫。三、解道意，心常歡喜。四、為能護，一切不犯。」（編纂者自作筆記，參考佛說孛經）

（玖）發菩提心

一、忘失菩提心，修諸善根，是為魔業。（華嚴經）

二、初發心時，便成正覺，知一切法眞實之性，具足慧身，不由他悟。（此係晉譯六十華嚴經經文。與唐譯八十華嚴經文，大同小異。）

三、佛子，此菩薩復作是念：此諸衆生，受如是苦，孤窮困迫，無救無依，黑暗纏裹。我今為彼一切衆生修行福智助道之法。獨一發心，不求伴侶。以是功德，令諸衆生，畢竟清淨。佛子，此菩薩如是智慧觀察：所修善根，皆為救護一切衆生，利益一切衆生，安樂一切衆生，哀愍一切衆生，成就一切衆生，解脫一切衆生。（華嚴經）

四、發阿耨多羅三藐三菩提者，當生如是心：我應滅度一切衆生，滅度一切衆生已，而無有一衆生實滅度者。何以故？若菩薩有我相人相衆生相壽者相，則非菩薩。（金剛經）

五、發阿耨多羅三藐三菩提者，於法不說斷滅相。（同上）

六、發阿耨多羅三藐三菩提心者，於一切法，應如是知，如是見，如是信解，不生法相。（同上）

七、菩薩修習意業，有二種心：一者精進，二者退轉。所謂發起菩提心，是精進；止息菩提心，是退轉。……爾時世尊告慈氏菩薩言：「若有善男子善女人，欲爲有情修大乘行，欲度有情，置大涅槃，應當先發五種勝心。一者於諸有情，普發平等大悲心。二者於一切種智，心不退轉。三者於諸有情，起親友想，於險難中誓當救護。四者常於有情起負債想。五者恒懷慚愧，何時償畢？能發如是五種心者，速能證得阿耨多羅三藐三菩提。」（大乘理趣六波羅密多經）

八、有諸衆生，受行外道，不樂外典顚倒說故，發菩提心。或有衆生住寂靜處，內善因緣，發菩提心。或有衆生觀生死過，發菩提心。或有衆生見惡聞惡，發菩提心。或有衆生，深知自身貪欲瞋恚愚癡慳嫉，爲呵責故，發菩提心。或有衆生，見諸外道五通神仙，發菩提心。或有衆生，欲知世間有邊無邊故，發菩提心。或有衆生，見聞如來不思議故，發菩提心。或有衆生，生憐愍故，發菩提心。或有衆生，愛衆生故，發菩提心。……在家之人發菩提心，勝於一切辟支佛果。在家之人發菩提心時，從四天王乃至阿迦尼吒諸天，皆大驚喜而作是言：我今已得人天之師。（優婆塞戒經集會品）

九、善生言：世尊，衆生云何發菩提心？善男子，爲二事故，發菩提心。一者增長壽命，二者增長財物。復有二事，一者爲不斷絕菩薩種性，二者爲斷衆生罪苦煩惱。復有二事，一者自觀無量世中受大苦惱，不得利益。二者雖有無量恒沙諸佛，悉皆不能度脫我身，我當自度。復有二事，一者作諸善業，二者作已不失。復有二事，一者爲勝一切人天果報，二者爲勝一切二乘果報。復有二事，一者爲求菩提之道，受大苦惱，二者爲得無量大利益事。復有二事，一者過去未來恒沙諸佛，皆如我身，二者深觀菩提是可得法，是故發心。復有二事，一者觀六住人雖有轉心，猶勝一切聲聞緣覺。二者勤心求索無上果故。……有智之人，發菩提心已，卽能破惡業等果，如須彌山。（同上，發菩提心品）

十、菩薩雖未成佛，誓期必成。以根大莖大，不樂小乘法，所以能信大教，解大理，立大志，修大行故。能於大乘中發淸淨心，以期成大因證大果故。淸淨心，卽菩提心也。意欲直取無上菩提，不爲人天有漏、二乘無漏之所混擾，故云淸淨。所發之心有三：一直心，正念眞如法故；二深心，樂集一切諸善行故；三大悲心，普度一切衆生苦故。意謂：念眞如，不念餘法；集善法，對治不善；度衆生，不住度相。故三心皆淸淨也。三心圓發，遠離諸病。（諦閑大師著「圓覺經講義」）

（拾）頓、漸、悟、證

一、問：「上上根人頓悟自心，還假萬行助道熏修否？」

答：圭峯禪師有四句料簡：

㈠漸修頓悟。如伐樹，片片漸斫，一時頓倒。

㈡頓修漸悟。如人學射，頓者箭箭直注意在的，漸者久久方中。

㈢漸修漸悟。如登九層之台，足履漸高，所見漸遠。

㈣頓悟頓修。如染一綟絲，萬條頓色。

上四句，多約證悟。惟頓悟漸修，則約解悟，如日頓出，霜露漸消。華嚴經說：「初發心時，便成正覺」，然後登地，次第修證。若未悟而修，非眞修也！惟此頓悟漸修，亦是多生漸修，今生頓熟。頓，如種子已包。漸，似芽莖旋發，又如見九層之臺，則可頓見，要須躡臺，而後得升。頓了心性，卽心是佛，無性不具，而須積功徧修萬行。又如磨鏡，一時徧磨，明淨有漸。萬行頓修，悟則漸勝。此名圓漸，非是漸圓，亦是無位中位，無行中行，是以徹果該因，從微至著，皆須慈悲根力，乃能自利利他故。（永明延壽禪師著「萬善同歸集」）

二、凡修行人，有先悟後修者，有先修後悟者。然悟有解證之不同。若依佛言教明心者，解悟也，多落知見，於一切境緣，多不得力。以心境角立，不得混融，觸途成滯，多作障礙。此名相似般若，非眞參也。若證悟者，從自己心中樸實做去，逼到山窮水盡之處，忽然一念頓歇，徹了自心。如十字街頭，見親爺一樣，更無可疑。如人飲水，冷暖自知，亦不能吐露向人，此乃眞參證悟。然後以悟處融會心境，淨除現業流識，妄想情慮，皆鎔成一味眞心，此證悟也。（憨山大師著「禪宗法要」）

三、所謂頓悟漸修者，乃先悟已徹，但有習氣，未能頓盡。就於一切境緣上，以所悟之理，卽起觀照之力。歷境驗心，融得一分境界，證得一分法身，消得一分妄想，顯得一分本智。是又全在緜密功夫，於境界上做出，更爲得力。（同上）

四、梵語三摩鉢提，此云等持，卽觀也。觀亦有三：一空觀；二假觀；三中觀。然其修功，無論修止修觀，均須以悟爲先。未悟而修，乃爲緣修。悟而後修，方名眞修。（諦閑大師著「圓覺經講義」）

五、欲了生死，必須實證。若惟悟而未證，則煩惑尚在，大須努力！倘能兢兢業業，歷緣煆煉，則覺照存心，方符聖智，人我是非之凡情，無由而起。若不加覺照，依舊凡情熾然，功行愈高，情見愈重。由悟入迷，在所難免。如人睡惺不起，久復睡着。古人謂「大事未明，如喪考妣」，正以煩惑未斷，或恐復迷。須知斷惑之人，便無凡情。旣無凡情，何有生死？大悟之人，其悟縱與佛同，但惑猶未斷除，必須念念覺照，方免凡情用事（印光大師嘉言錄）

六、悟者，了了分明，如開門見山，撥雲見月。證者，如就路還家，息步安坐，亦如持此藏寶，隨意受用。（同上）

（拾壹）共業與不共業

一、共業　衆生殺盜淫妄等共業。古德云：「欲知世上刀兵劫，但聽屠門夜半聲。」此卽共業也。山河大地，共業所成。

二、不共業　人和別的動物（牛羊犬馬等），都共同生活在地球上，有許許多多的彼此相同點，類似點，就是共業。但人和別的動物，也有不相同之業，如人會說語，別的動物不能。人能寫字，別的動物不能，等等。

三、共中不共　這可拿國家民族做代表。人，都是圓頂方踵，這是共業。但有中國人，外國人，又有亞洲人，歐洲人，美洲人等。中國人中，又有上海人，臺灣人，廣東人等。這是共中的不共。又同屬人類，但有男女、老小、和尙、尼姑等，也是共中的不共。

四、不共中共　拿家庭做代表。一個家庭，對外是不共的。趙錢沈李，各各不共的。但姓周的一家，有祖父母，父母、伯叔嬸、兄弟、姊妹等，都是周家的一份子，對內是共的。這是不共中的共。

五、不共中不共　可拿個人的人格做代表。人和人間，是不相同的，張三有張三的特性，李四有李四的特性。甲喜動，乙喜靜，丙行善，丁作惡，每個人彼此都不能一樣。這是不共中的不共。（佚名）

（拾貳）業報可轉

一、菩薩摩訶薩知諸衆生修身、修戒、修心、修慧。是人今世惡成就，或因貪欲瞋恚愚癡，是業必應地獄受報。是人直以修身、修戒、修心、修慧，現世輕受，不墮地獄。云何是業能得現報？懺悔暴露所有諸惡。旣悔之後，更不敢作。慚愧成就故，供養三寶故，常自訶責故，是人以是善業因緣，不墮地獄，現世受報。所謂頭痛目痛，腹痛背痛，橫罹死殃，訶責辱罵，鞭杖閉繫，饑饉困苦，受如是等現世輕報，是名爲知。（大涅槃經梵行品）

二、是業四種，一者現報，二者生報，三者後報，四者無報。業有四種，一者時定、果報不定。二者報定、時不必定。三者時定、果報亦定。四者時果二俱不定。時定者，所謂現在，次生後世。若時不定，果報不定，是業可轉。若果報定，應後受者，是業可轉，現在受之。何以故？善心智慧因緣力故。惡果定者，亦可轉輕。何因緣故，名果報定？常作無悔故，專心作故，樂喜作故，立誓願故，作已歡喜故，是故是業得果報定。除是之外，悉名不定。衆生行業，有輕有重，有遠有近，隨其因緣，先後受之。如有修身、修戒、修心、修慧，定知善惡當有果報，是人能轉重業爲輕，輕者不受。若遭福田，遇善知識，修道修善，是人能轉後世重罪，現世輕受。若人具有欲界諸業，得阿那含果，能轉後業，現在受之。阿羅漢果，亦復如是。智者若能修身、修戒、修心、修慧，是人能壞極重之業，如阿伽陀咒，及除毒寶，破壞惡毒。若作小罪，初方便輕，後成已重。是人不修身戒心

慧，令輕作重。（優婆塞戒經，業品第二十四之二）

（拾叁）誰入地獄？

地獄的苦報，經中所述頗多，玆纂述一二如左：

一、犯五逆重罪者　五逆，又云五無間業，是謂感無間地獄苦果之惡業。通於三乘所立之五逆：㈠弒父，㈡弒母，㈢弒阿羅漢，㈣出佛身血，㈤破和合僧。破和合僧者，多數僧衆和合而行法事，修佛道，竟以手段離間之，使其鬪亂，廢法事，五逆之中，此罪最重。（阿闍世王問五逆經）

二、侵損常住等者　若有衆生，侵損常住，點汚僧尼，或在伽藍恣行淫欲，或殺或害，如是等輩當墮無間地獄。千萬億刼，求出無期。（地藏經）

三、衆生造十習因，受六交報。㈠十習因，爲墮地獄之因，卽淫習、貪習、慢習、瞋習、詐習、誑習、怨習、見習、枉習、訟習。㈡六交報爲墮地獄之果，卽見報、聞報、齅報、味報、觸報、思報。入阿鼻地獄、無間地獄、十八地獄、三十六地獄、一百八地獄、各種苦報，詳楞嚴經卷八。（編纂者自作筆記）

（拾肆）二死永亡——分段生死與變易生死

一、變易生死，實非生死。以雖了生死，尙有無明惑未能頓盡，故數數斷惑，數數證眞。約所斷義，名爲死。約所證義，名爲生。（印光大師文鈔續編卷上）

二、學佛法的人，最淺近是破我執，了分段生死，不再受胞胎之苦。再常一步，破法執，了變易生死。變易卽是心行變易，名變易生死。二死永亡，卽圓成菩提。（慈舟大師開示錄六十八頁）

三、前念迷，後念悟，無明分分斷，佛性分分證。念念變易，因移果變，故名變易生死，實非幻身之所謂生死。（江味農居士著「金剛般若經講義」）

（拾伍）每天摩頭三次

一、世尊說：「阿難，汝常晨朝，以手摩頭」。（楞嚴經）

圓瑛老法師講解說：「律中，佛勅弟子，一日三摩其頭，默誦偈曰：「守口攝意身莫犯，莫惱一切諸有情，無益之苦當遠離，如是行者得度世」。此中無益之苦一句，指外道所修苦行，非是眞因，不得實果。佛弟子中，多有外道歸佛者，欲令捨邪從正。三摩其頭者，自覺落髮出家，不忘爲僧也。佛以阿難遵依佛勅，每日行之，故舉爲問。」（首楞嚴經講義第七卷三四七頁）

二、從古以來，出家的大德，一天要算幾回賬。朝晨起來摸摸頭，自問：「我把頭髮剃的光光，當出家人，爲的了生死，到底生死了幾分沒有？」到中午，又摸摸頭，自問：「又過了半天，生死了幾分沒有？」到夜晚，又摸摸頭。如是盤算，如果生死未了，煩惱宛然現前，就要痛哭流涕，如喪考妣（考妣，卽父母）。生死，究竟怎樣了法呢？妄想漸少，煩惱減輕，就是了了幾分生死！現在的人，善根淺薄，卽使一天不能三盤算，也應一天一盤算。……諸位，究竟盤算了沒有？此事，如人飲水，冷煖自知。果能放下萬緣，眞實用功，得力很快。（慈舟大師開示錄）

（拾陸）　眞正信佛之信條

現在信佛之人，不爲少矣。然而，信不專一，非佛亦信，知見多乖，非佛爲佛。前者爲不眞，後者爲不正。不眞不正，雖名信佛，實與不信無異，其爲害且有甚於不信者。乃就所謂眞且正者，錄擧三十六條，以爲正鵠，願信佛者詳察而奉行之。（一）依本師釋迦牟尼佛，奉爲敎主，不依其他天仙神鬼。（二）依釋迦牟尼佛的經典，奉爲敎訓，不依於他敎典籍。（三）依奉行佛法的人爲敎師，不依於不奉行佛法者。（四）以佛法利人的人爲菩薩，不以菩薩名號濫稱天仙神鬼。（五）看佛菩薩如同父母，要孝敬他們。（六）看佛經上的敎訓，如同軍令，要服從它。（七）有疑難憂愁事，但於佛菩薩前請決求救，不請決求救於天仙神鬼。（八）爲自他利益起見，但於佛菩薩前作功德，不作功德於天仙神鬼。（九）須知佛是覺行已圓，菩薩尚在修行。（十）須知佛菩薩是出世聖人，天仙神鬼是世間凡夫，有凡聖的不同。（十一）深信佛菩薩有莫大的靈感，天仙神鬼萬萬比不上。（十二）求佛菩薩未蒙救護時，須知自己業障深厚，益自慚愧，勿生缺望疑慮，轉向天仙神鬼前乞憐。（十三）信我人言行善惡，自作自受，相益相損，業識牽引，長刼輪轉。（十四）遵守佛戒，凡有性命，不可殺害。（十五）遵守佛戒，凡非己有，不與勿取。（十六）遵守佛戒，凡非夫婦，不行淫欲。（十七）遵守佛戒，與人言語，不敢欺誑。（十八）遵守佛戒，酒煙醉劑，不敢飲吸。（十九）自己遵守佛戒，不以違佛禁戒事使人行之。（二十）自己遵守佛戒，並願他人及天仙神鬼一切衆生遵守佛戒。（廿一）既奉佛教，當自作正人，以正衆人，修身齊家治國，求世界和平，人民安樂。（廿二）深信一心念念西方極樂世界阿彌陀佛，發願往生彼佛國土，常得見佛。（廿三）願臨終往生淨土，不求來世爲天仙神鬼及富貴人等。須知人身難得，福報享盡，必遭墮落。往生淨土，才免危險。（廿四）知世間法無常如幻，得意不喜，失意不瞋，但依佛法精進，自行敎他，以求進善。（廿五）深信因果，諸惡莫作，衆善奉行。（廿六）當知稱念佛號，持誦經咒，現生來世，爲佛菩薩威德之所護念，勿作鬼神道中爲錢幣想。（廿七）須知彌勒菩薩現在尚未成佛，成佛尚在數千萬年後。（廿八）須知觀音菩薩有三十二應身法門。爲度人故，或現女身，非實是女子。（廿九）須知佛菩薩超出人天，住妙淨土。爲救度衆生，往來六道，亦非常在天上。（三十）勿執三教或諸教同源之說，混亂佛法。（卅一）寶卷是俚語小說，勿作正經宣講。（卅二）五部六册，是外道魔說，不應爲人唱誦。（卅三）先天、大成、無爲、長生、理教、一貫道、同善社等社團，並非佛教，不應歸依。（卅四）深信眞正信佛，來世決定不生地獄餓鬼畜生三道。（卅五）深信佛說一切衆生皆有佛性，皆當作佛，惟須眞正修行。（卅六）願一切衆生，咸受三歸五戒。

上來三十六條，略明眞正信佛之軌範，所冀仗佛慈力加被，令見聞者咸生如是眞正信仰。更願以此功德，同施一切有情，發達無上菩提，決定皆得往生成佛。（范古農居士作，載「在家學佛要典」）

信、解、行、證，詳見拙著「心性悟修論」第七章，請參閱。

（拾柒）兩種無明——根本、枝末

無明，有根本無明和枝末無明兩種。（一）不明理性之空，謂之迷理無明（不知眞空實相離相之理）——根本。（二）不明事相之假，謂之迷事無明（妄見萬法爲實有）——枝末。

迷理無明，指一念妄覺，障於中道實相之理，使之不能顯發。迷事無明，指見思煩惱，障生死之事，使之不能出離。凡夫不明眞諦理，着於邪見，名爲見思無明。二乘不明俗諦理，着於空寂，名爲塵沙無明。權教菩薩不明中諦理，着於二邊，名爲根本無明。總之，迷眞謂之根本無明。起妄謂之枝末無明。（斌宗法師講演集「我人生死之由來」）

（拾捌）煩惱與菩提

禪宗達摩祖師（東土初祖）座下有二僧一尼親近，祖問三人所見的性理。總持尼說：「斷煩惱，得菩提。」祖云：「汝得我肉。」次，道育禪師說：「迷卽煩惱，悟卽菩提。」祖云：「汝得我骨。」再，慧可禪師說：「本無煩惱，原是菩提。」祖云：「汝得我髓。」此卽顯性之三層境。斷煩惱，得菩提，義本無誤，但層境則甚低。因將煩惱與菩提對立爲二，這是佛家叫做「二法」。又，迷卽煩惱，悟卽菩提，此已能統一於心源，但迷悟之迹未泯。又，本無煩惱，原是菩提，此是直了性體之悟。菩提覺體，本自清淨，本自無染，何來煩惱？悟得此理，最爲究竟。（朱世龍居士著「佛家眞如心之自由精神」）

第四類　佛教五乘

（壹）五乘法門

佛說修行的法門，廣言之，有八萬四千之多，要言之，不出五乘法門。何謂五乘？卽人乘、天乘、聲聞乘、緣覺乘、菩薩乘。乘者，車也。謂車能運載一切物，以喻衆生修何種法，卽得何種果，如坐何車，卽到何地一般。

一、人乘之法，卽修五戒是也。五戒云何？一不殺生，二不偷盜，三不邪淫，四不妄語，五不飮酒。……佛言五戒得人身，故修此五戒之因，必獲人道之果報。我們今生得此人身，皆由前生坐此五戒之車而來。

二、天乘之法，卽修十善是也。一不殺生，二不偷盜，三不邪淫，四不妄語，五不兩舌，六不惡口，七不綺語，八不貪欲，八不瞋恚，十不邪見。謂不爲邪魔外道所迷，而能明白因果是非。坐此十種善業的車，則必運至天道中。

此人天兩乘，是世間法。人道受輪廻苦，天道雖生到非想非非想處的最高一層天，福報盡時，仍墮三惡道，受無量苦。故世間之法，尙不是圓滿究竟的。佛大慈大悲，特爲世間衆生說出世三乘法，使其修行，出生死苦海。

三、聲聞乘之法，卽修四諦是也。四諦者，苦、集、滅、道。衆生聞佛說此四諦之聲教，而後修行得道出世間者，謂之聲聞乘。四者之理，眞實不虛，故謂之諦。苦集二諦，世間之因果。道滅二諦，出世間之因果。

苦　是世間六道衆生之苦報，謂天上有大小五衰的苦，……人間有八種的苦。一是生苦，二是老苦，三是病苦，四是死苦，五是愛別離苦，六是怨憎會苦，七是求不得苦，八是五陰熾盛苦。

集　是世間六道苦報的苦因，即由貪瞋癡三毒，造殺盜淫妄的種種惡業，爲招集苦報之因。欲斷六道之苦果，先斷三毒之集因。因滅則果滅，集斷則苦斷。

滅　即出世之果報，所謂涅槃是也。涅槃又有有餘無餘兩種的不同。聲聞所證者，是有餘涅槃，猶有餘而未究竟。

道　即出世之淨因。約言之，即戒定慧三學。廣言之，則有三十七道品之多。欲證涅槃的滅果，必須修正道之淨因，因圓果自滿矣。此四諦，皆先說果，後說因者，以衆生畏果，果易見而因難知。即是使彼先惡其苦果，而後教斷其邪集之因。先樂其滅果，而後教修正道之淨因。

四、緣覺乘之法，即修十二因緣是也。觀此十二種法，皆是因緣和合，虛妄有生，因生有死，而覺悟修行出生死者，名緣覺。輾轉感果，名爲因。互相生起，名爲緣。十二因緣生法，第一是無明，……爲一念癡迷不明的緣故，而起貪瞋癡的惑，遂生出第二個行來。行，即因貪瞋癡而造出身口意的業。此二者爲過去世一切惑業之因。第三是識，即第八識，因業受報，遂有入胎的種子。第四是名色，即住胎時。……第五是六入，即六根之別名，身心逐漸發育之時。第六是觸，出胎與外境接觸之時。第七是受，即接觸外境後，感受一切苦樂之時。此五者乃現生所受之苦報。第八是愛，感受一切外境而生貪愛之時。第九是取，由貪愛故，則有種種求取之時。第十是有，由貪愛妄取而造業，遂有將來之生死苦果。此三者乃現生所作之業因。第十一是生，又因宿業而受生。第十二是老死，因有生之後，又復由老而死。此二者乃未來世之苦報也。十二種因緣生法，無明為主因，如能覺破無明，譬如病眼見空中花，本非實有，即能顯此眞心之本然淸淨光明。斯則無明滅，乃至行、識、名色、十二種因緣生法，一時俱滅。

此聲聞緣覺兩乘，都叫小乘，即是小車之意。謂但能自度生死，不能發大悲心普度衆生，與本來無量無邊的眞心不能相應，故又謂之小聖，不能圓成無上的佛道。若能回小心而發大悲度生的宏願，實行菩薩自度度他的大道，即是成佛之正因。

五、菩薩乘之法，即修六度（六波羅蜜）是也。六度者，一布施，二持戒，三忍辱，四精進，五禪定，六般若（出世智慧）。菩薩修此六度之法，自度度他，同出生死苦海，同成無上佛道。坐此六度之大車，則必能到達如來之地位。（江謙居士作，載「在家學佛要典」一）

（貳）求正法

一、菩薩摩訶薩，處於王位求正法時，乃至但為一文一字，一句一義，生難得想。能悉罄捨海內所有，若近若遠，國土城邑，人民庫藏，園池屋宅，樹木花果，乃至一切珍奇妙物，宮殿樓閣，妻子眷屬，及以王位，於不堅中，求堅固法。爲欲利益一切衆生，勤求諸佛無礙解脫究竟清淨一切智道。如大勢德菩薩，勝德王菩薩，及無量諸大菩薩，勤求正法，乃至極少爲於一字，五體投地，正念三世一切佛法，愛樂修習，永不貪着名聞利養。願一切衆生，皆得諸佛菩提光明，成菩提行，不由他悟。（華嚴經）

二、如佛所說，是諸比丘，當依四法。何等爲四？依法，不依人；依義，不依語；依智，不依識；依了義經，不依不了義經。（大般涅槃經卷六，四依品）

(叁) 求善知識

一、末世衆生，將發大心，求善知識，欲修行者，當求一切正知見人，心不住相，不着聲聞緣覺境界。雖現塵勞，心恒清淨。示有諸過，讚歎梵行，不令衆生入不律儀。求如是人，卽得成就阿耨多羅三藐三菩提。末世衆生見如是人，應當供養，不惜身命。（圓覺經）

二、明蕅益大師說：「其人雖智淺，而信解見地穩者，應親近之。其人智深，見地不正而非戒者，不應親近之！」（慈舟大師開示錄第二〇頁）

三、天臺宗第四十三世諦閑大師說：「末世善知識，有有功夫而無辯才者，有口才利而所說皆是病者。知見正，口才好，雖有此類人，又不易值，此末世之苦也。知見正難得，有通宗而不通教者；有教義明白，功夫少用，宗眼未開者；有宗教俱明白，未能博覽經典，但通性宗，不通相宗者；或但知相宗，不知性宗者；又有議論甚好，不曾實行者。若語言句句是正，實行步步是正，此等人豈易得哉？末世善知識，有見地未深，爲師太早，不免爲人天福報所迷者。如僧當參學時，非不淸高，迨出而任事，大則方丈，小則當家，祇知建叢林，造大刹，一味以福利勸人，是卽住相之病！此等長老，學者不必親近，因其不能了生死也。」（諦閑大師講「圓覺親聞記」普覺菩薩章）

四、親近善知識者，本爲求正法眼，得正法藏，學長不學短，依法不依人。供養恭敬，方爲正道。善知識有三：一外緣善知識，二同行善知識，三教授善知識，三緣不可缺一。旣求善知識，則彼能成就汝之道業，汝亦當供養彼之需要。（諦閑大師著「圓覺經講義」）

（肆）多聞與精進

一、佛言：「我與阿難等，於空王佛所，同時發阿耨多羅三藐三菩提心，阿難常樂多聞，我常勤精進，是故我已得成阿耨多羅三藐三菩提。」（法華經授學無學人記品）

二、佛告阿難：「世間一切諸修學人，現前雖成九次第定，不得漏盡成阿羅漢，皆由執此生死妄想，誤爲眞實。是故汝今雖得多聞，不成聖果。」阿難聞已，重復悲淚，五體投地，長跪合掌而白佛言：「自我從佛發心出家，恃佛威神，常自思惟，無勞我修，將謂如來惠我三昧。不知身心本不相代，失我本心，雖身出家，心不入道。譬如窮子，捨父逃逝。今日乃知：雖有多聞，若不修行，與不聞等。如人說食，終不能飽。」（楞嚴經卷一）

三、佛告淨諸業障菩薩：「末世衆生，希望成道，無令求悟。惟益多聞，增長我見。但當精勤，降伏煩惱。起大勇猛，未得令得，未斷令斷。貪瞋愛慢，諂曲嫉妒，對境不生；彼我恩愛，一切寂滅。佛說是人，漸次成就。求善知識，不墮邪見。」（圓覺經）

諦閑大師講解說：「末世衆生不肯用功者，固不必說。卽肯用功者，往往先欲求悟，此最不宜，故世尊說：「無令求悟。」此一語，最關緊要。卽如近世參禪之人，未曾眞實用功，但看幾部語錄，打幾句機鋒，究與自身何干？須知我相未忘，任汝閱盡三藏十二部，但就文字討生活！縱有一知半解，皆從他人學來，並非自己證得，有何益處？旣欲希望成道，須依自己一念不生之心而修！降伏煩惱者，降伏見思惑也。旣斷煩惱，已破粗相我執，然不過脫離分段生死，不可以此爲究竟。故曰：「起大勇猛。」……果其貪瞋癡等，對境不生，便是涅槃已得！果其彼我恩愛等，一切寂滅，便是無明已斷也。」（諦閑大師講「圓覺親聞記」）

四、如人設美膳，自餓而不食，於法不修行，多聞亦如是。如人數他寶，自無半錢分，於法不修行，多聞亦如是。如人善方藥，自疾不能救，於法不修行，多聞亦如是。如聾奏音樂，悅彼不自聞，於法不修行，多聞亦如是。（華嚴經菩薩問明品第十）

五、寧當少聞，多解義味。不願多聞，於義不了。（大般涅槃經）

六、若但只求多聞而不已，則既無觀行，必致所知障起，增長我慢，反招罪過，不但被嗤爲口頭禪已也。（大乘止觀述記）

（伍）超出生死的開示

如來謂出家三種事業：坐禪、讀誦、營衆福業，皆超出脫死。……復有一輩怯弱之人，我相習氣放不下，名利關鎖打不開，希望討一適性便宜的路頭，不肯徹底向一門中透去！禪不禪，教不教，律不律，行門不行門，依稀彷彿，將就苟且，混過一生，毫無實益！百千萬刼，依然還在生死！若的確求出生死，證菩提，先將近時禪講流弊，盡情識破；自己從來杜撰主意，盡情放捨；軟煖習氣，盡情打掃乾淨；夢幻身命，盡情拌得拋得；種種惡逆境界，盡情看作眞實受益之處；名利聲色，飲食衣服，讚譽供養，種種順情境界，盡情看作毒藥毒箭！能如此降伏，不坐一柱香，看一句經，保出生死有分。倘不痛處加錐，欲向法邊起見，假饒坐斷八萬四千刼，通盡三藏十二部經，只好向無事中過日。一遇順緣，依舊牽去。一遇逆緣，依舊打失。一不覺察，依舊落在無記，如何出得生死，到得西方，成無上菩提？圓覺經云：「末世衆生，無令求悟，惟益多聞，增長我見，但當精勤，降伏煩惱。」須知坐禪、讀誦、作福，皆可增長我見，可降伏煩惱，但審何事自己最切近，最對病根。身見重者，宜苦行消之。貪愛強者，宜苦境鍊之。人我山高者，逆緣挫之。體面心重者，忍辱治之。一意向此門打徹，自能遊戲百千三昧，通達無量法門！（蕅益大師集）

（陸）菩薩修行的方法

大慧菩薩請世尊指示修行的方法。世尊說：「菩薩依四種方法修行：

第一、三界惟心觀。觀察所有的事物，都是由自心所現，沒有我和我所，無去無來。所有種種事物活動，語言，都從無始的執着習氣所薰染而有。

第二、離生滅見。觀察諸法如幻，不從自生，不從他生，不從自他共生，都從自心分別而現，外界的一切既沒有實在，內心的分別也就不起了。

第三、觀察外物無自性。所有的法，都沒有原來的體性，如陽焰，如夢，都因無始妄想習氣執着而有。

第四、得無生智忍。不斷地觀察諸法，得到正確的智慧。」（上海持松法師著「釋迦牟尼佛一代行化記」，參考楞伽經）

(柒) 菩薩何故得壽命長？

一、善男子，諦聽諦聽，當爲汝說如來所得長壽之業。菩薩以是業因緣故，而得長命。譬如王子犯罪繫獄，王甚憐憫，愛念子故，躬自廻駕，至其繫所。菩薩亦爾，欲得長壽，應當護念一切衆生，同於子想，生大慈大悲，大喜大捨，授不殺戒，教以善法，亦當安置衆生於五戒十善，復入地獄餓鬼畜生阿修羅等一切諸趣，拔濟是中苦惱衆生，脫未脫者，度未度者。未涅槃者，令得涅槃，安慰一切諸恐怖者。以如是等業因緣故，菩薩得壽命長遠，於諸智慧而得自在。隨所壽終，生於天上。（大般涅槃經長壽品）

二、佛言「善男子，菩薩摩訶薩無量世中，慈心不殺，以是因緣，獲得長壽。……菩薩所以求於長命，爲欲衆生讚不殺故。」（優婆塞戒經）

三、爲人長壽，無有疾病，身體強壯，從持戒中來。（佛說輪轉五道罪福報應經）

(捌) 菩薩層次及其修行時間表

關於成佛時間的算法，在佛典中有許多種。下面所列一表，乃是筆者根據多種的資料參考，綜合而成。正確與否，尙待高明者的印證。

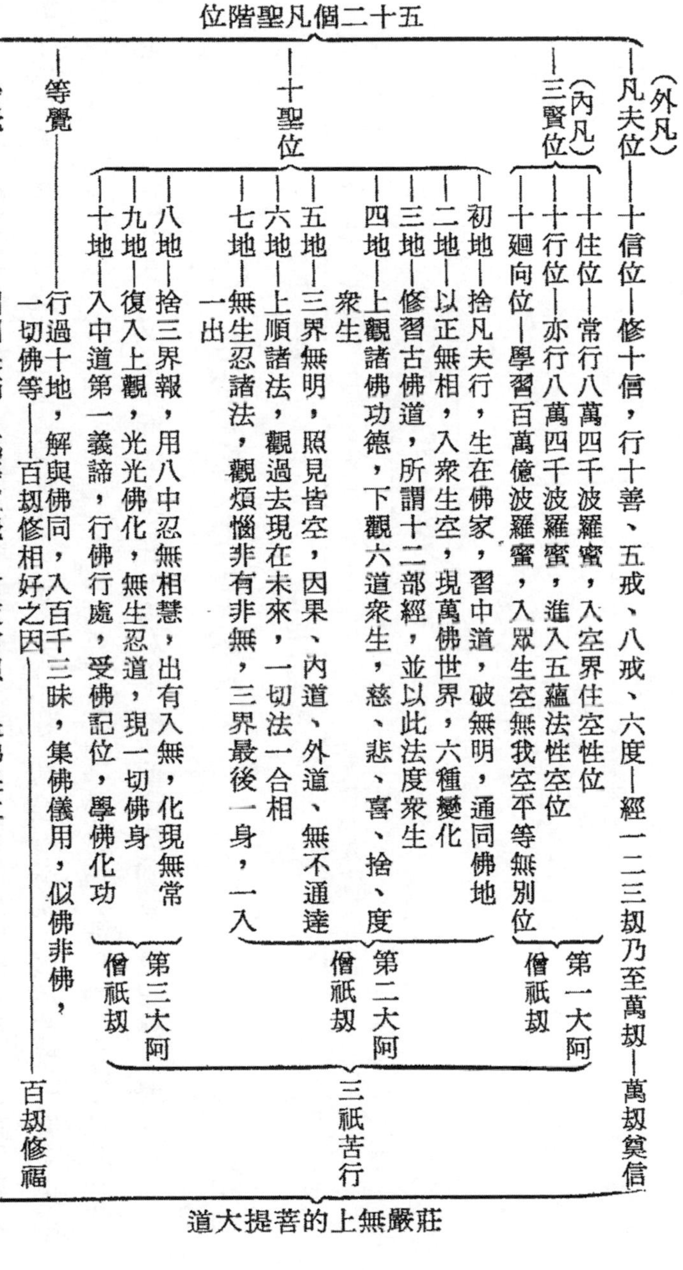

劫，是梵語劫婆 Kalpa 的簡稱，通常是印度用作計算時間單位的。所以對於劫的應用，非常廣泛。劫的含義，也有長有短。不過一般的解釋是這樣的：人壽自八萬四千歲，百年減一歲，漸減至人壽十歲。再由十歲，百年增一歲，漸又增至人壽八萬四千歲。如此一減一增的時間過程，稱爲一小刼。二十小刼爲一中刼，四個中刼爲一大刼。通常經中所稱若干刼者，便是指的大刼。所謂阿僧祇，乃梵語 Asamkhya 無央數的意思。這是印度大數字名稱的一種，若要問一個阿僧祇刼究有多少時間? 勉強可以說，以萬萬爲一億，以萬億爲一兆，一阿僧祇刼的時間，約爲一千萬萬萬萬萬萬萬兆刼。這是個很長很長的時間。然據瓔珞經的算法，又是不同的，在此不再列舉。（聖嚴法師著「戒律學綱要」）

（玖）菩薩斷惑及世間果報表

五十二位	分位斷惑	分感世間果報
十信位	伏三界見思惑	上品鐵輪王，化一天下。中品粟散王，下品人中王。
十住位	斷三界見思惑，開慧眼	銅輪王，化二天下。
十行位	漸斷三界塵沙，開法眼	銀輪王，化三天下。
十迴向位	伏無明，習中觀	金輪王，化四天下。
初地	以中道觀，漸破無明，漸開佛眼	七寶相輪，四天王。
二地		八寶相輪，忉利天王。
三地		九寶相輪，夜摩天王。
四地		十寶相輪，兜率天王。
五地		十一寶相輪，化樂天王。
六地		十二寶相輪，他化自在天王。

七地
八地
九地
十地
等覺

十三實相輪，梵天王。
大應實相輪，光音天王。
白雲光實相輪，淨天王。
無畏珠實相輪，淨居天王。
覺德光實相輪，三界王。

妙覺——法界一切無明頓斷——千福相輪，法界王。

（聖嚴法師著「戒律學綱要」）

（拾）魔所攝持

菩薩摩訶薩，有十種魔所攝持。何等爲十？所謂懈怠心，魔所攝持。志樂狹劣，魔所攝持。於小行生足，魔所攝持。受一非餘，魔所攝持。不發大願，魔所攝持。樂處寂滅，魔所攝持。永斷生死，魔所攝持。捨菩薩行，魔所攝持。不化衆生，魔所攝持。疑謗正法，魔所攝持。是爲十。若諸菩薩摩訶薩，能棄捨此魔所攝持，則得佛所攝持。（華嚴經）

（拾壹）參方須具眼

爲僧於正法之世，惟恐其分別人。爲僧於末法之世，惟恐其不分別人！何也？末世澆漓，薰蕕（好壞）雜處。苟藻鑑不審，決擇失真，以是爲非，認邪作正，宜親而反疏，宜遠而反近之，陶染非人，久而與之俱化，刧刧生生，常爲魔侶，參方可勿具眼乎哉？（蓮

池大師集)

(拾貳) 天王空中聽讀經

爾時世尊以法句經與優波斯那(優婆夷),令諷奉行。得已作禮,繞佛三匝而去。還本聚落,思維憶念佛所與經。是時中夜,於高屋上思佛功德,讀誦法句。時毗沙門天王欲至南方,從優波斯那屋上過,聞誦經聲,住空聽其所誦,讚言:「善哉善哉,姊妹,善說法要」。優波斯那聞此語已,仰視空中,不見其形,即問言曰:「汝爲是誰?不見其形,而但有聲空中!」答言:「我是鬼王毗沙門天也。爲聽法故,於此住耳。」(下略)(賢愚因緣經)。

(拾叁) 眞供養佛

若人能以四天下寶供養如來,有人以種種功德,尊重讚歎,至心恭敬。是二福德,等無差別。所謂:「如來身心具足。身有微妙三十二相,八十種好,具足大力。心有十力,四無所畏,大悲,三念,五智,三昧,三種法門,十一種空觀,十二緣智,無量禪定,具足七智,已能度到六波羅蜜彼岸。」若人能以如是等法讚歎佛者,是人則名眞供養佛。(優婆塞戒經供養三寶品)

（拾肆）慈舟三拜——禮佛

一、第一拜　發露實相懺悔　弟子某某，願與法界衆生，同修懺悔：

往昔所造諸惡業，皆由無始貪瞋癡，

從身語意之所生，一切我今皆懺悔。

罪從心起將心懺，心若滅時罪亦亡，

心亡罪滅兩俱空，是則名爲眞懺悔。

二、第二拜　發願修道　弟子某某，願與法界衆生：

同消三障諸煩惱，同得智慧眞明了，

普願罪障悉消除，世世常行菩薩道。

三、第三拜　同普賢回向　弟子某某，願與法界衆生，同生極樂，共證眞常：

我此普賢殊勝行，無邊勝福皆回向，

普願沉溺諸衆生，速往無量光佛刹。

（慈舟大師開示錄）

（拾伍）近世行人之通病

甲、學佛者之貼骨大瘡

學佛之人，先以知因果，愼獨下手。旣能愼獨，則邪念自淸，何至有不如法處？如有，則力令斷滅，方爲眞實行踐。否則，學在一邊，行在一邊，知見愈高，行履愈下，此今學佛自稱通家者之貼骨大瘡。倘能以不二過是期，則學得一分，便得一分實益矣。……雖在暗室，如對佛天，克己復禮，愼獨存誠，不效近世通人之了無拘束，肆無忌憚之派。……自古高僧，或古佛再來，或菩薩示現，皆常以凡夫自居。故楞嚴經云：我滅度後，敕諸菩薩及阿羅漢，應身生彼末法之中，作種種形，度諸論轉，終不自言我是菩薩，眞阿羅漢，洩佛密因，輕言未學，惟除命終，陰有遺付。（印光大師嘉言錄）

乙、重理撥棄事修因果

今之聰明人，雖學佛法，因未親近具眼善知識，專重理性，撥棄事修及因果。旣撥棄事修因果，並理性而失之。所以每有高才等輩，詞驚鬼神，究其行爲，與市井無知無識者無異。所謂以身謗法，罪過無量。（同上）

丙、掠虛漢不修不證

知之非艱，行之維艱。世有一班掠虛漢，聞得「心佛衆生，三無差別」之理，或由閱教參宗，悟及此理，遂謂我與佛同，而了無所用其若修若證。遂放心恣意，於一切境緣之中，誤謂六塵卽覺，貪瞋癡卽戒定慧，何須制心攝身，無繩自縛？此種見解，最爲下劣，

謂之執理廢事，撥無因果。自誤誤人，罪豈有極？（同上）

丁、兩種人輪廻不休

上焉者，終日作模作樣，求禪求道，不能離於「有」心。下焉者，貪瞋癡愛，牢不可破，背道而馳。這兩種人，生死輪廻，沒有已時，（虛雲和尚事蹟中篇，語錄開示）

戊、妄想習氣放不下

初用心人的通病，就是妄想習氣放不下來。無明、貢高、嫉妒、障礙、貪、瞋、癡、愛、懶做好吃、是非、人我、漲滿一大肚皮，那能與道相應？或有些是公子哥兒出身，習氣不忘，一些委屈也受不得，半點苦頭也吃不得，那能用功辦道？又有些識得幾個文字，便尋章摘句，將古人的言句作解會，還自以爲了不起，生大我慢！遇着一場大病，便叫苦連天，或臘月三十日到來，便手忙脚亂，生平知解，一點用不着，才悔之莫及！（虛雲和尚事蹟，開示）

（拾陸）學人歧錯

甲、不求智慧但求福報

外界的悞解不談，回過頭來，看看我們學人自己。我們自己眞認識佛法嗎？如果有人作一次實地調查統計的話，我的估計：在佛教徒中希獲福報的人，至少佔百分之八十。這是學人們自己走錯了路，不認識佛教的眞相。其實正確的途徑，是應該「福慧雙修」的。

乙、不解實義只習唱念

好多佛教徒，多不認識佛教的眞實意義，除了種種福以外，其中多有跟着師父學習五堂唱念。雖然唱念不是壞事，但要學佛是爲了什麼？他們對生死問題，却漠不關心。拿了一顆金剛鑽去換糖吃，豈不可惜？眞所謂：「入了寶山，空手而歸。」

丙、不重實行希作通家

還有一些學人，只求學問，不重實踐，三句不離「口頭禪」，等於說食數寶！不要說利人，連自己也得不到好處。因爲佛法是重實踐的，若不脚踏實地的去做功夫，妄想做一個通家，即使你能說得天花亂墜，寫得筆上生花，還是隔靴搔癢。（朱斐居士講詞之一節，載樹刊 201 期）

（拾柒） 讀經閱經的方法

江味農居士云：「余閱經四十餘年，當時絕無居士可問疑，只好自己暗中摸索。多用功夫，莫得要領，垂二十年。須知讀經須要得總鑰匙。綱要旣明，然後隨習何經，迎刃而解。起初宜先看起信論義記講義，及大乘止觀述記。」又云：「當時看起信論諸書，總是五十遍，乃至百遍，乃有領會。但看經聽講，縱使多遍，曉得意義，還是不濟事。總要思

、修、悟、證，自己發出智慧來，乃能眞明佛法，諦信佛理。」」（鄭因達居士作「參訪江味農老居士備忘記」，載樹刊二三五期）

第五類　心　性

（壹）佛說法為度一切心

佛說一切法，為度一切心，若無一切心，何用一切法？衆生之機有千差，如來之教有萬別。如衆生着於相者，如來說性以破之。衆生着於性者，如來說相以破之。執於小者，說大以破之。執於權者，說實以顯之。六道凡夫執於有，如來說空以治之。二乘聖人墮於空，如來說假以出之。大心菩薩着於二邊，如來說中以融之。是故如來所說性、相、權、實、大、小、偏、圓、空、假、中、種種法門，無非對治衆生種種之病。（諦閑大師著「唯心論」）。

（貳）三界所有惟是一心

十方三世，不離一心。玆就佛經明誨及祖師開示的有關心性者，選集少許於左，幸留意焉。

（一）佛經明誨

甲、華嚴經：

一、如來智慧，無處不至。何以故？無一衆生而不具有如來智慧，但以妄想，顚倒執着，而不證得。若離妄想，一切智、自然智、無礙智，則得現前。

二、應觀法界性，一切惟心造。

三、若人欲知佛境界，當淨其意如虛空，遠離妄想及諸取，令心所向皆無礙。

四、一切法無生，一切法無滅，若能如是解，諸佛常現前。法性常空寂，無取亦無見。性空卽是佛，不可得思量。若知一切法，體性皆如是，斯人則不爲煩惱所染着。凡夫見諸法，但隨於相轉，不了法無相，以是不見佛。

乙、大般涅槃經：

一、一切衆生，悉有佛性，乃至一闡提等，亦有佛性。

二、衆生佛性，不名爲佛。以諸功德，因緣和合，得見佛性，然後得佛。

三、若見佛性，能斷煩惱，是則名爲大般涅槃。以見佛性故，得名爲常樂我淨。

四、凡有心者，定當得成阿耨多羅三藐三菩提。

丙、大方等如來藏經：

我以佛眼，觀一切衆生貪欲恚癡諸煩惱中，有如來眼，如來智，如來身，結跏趺坐，儼然不動，乃至德相備足，如我無異。

丁、楞嚴經：

一、諸修行人不能得成無上菩提，乃至別成聲聞緣覺，及成外道、諸天魔王及魔眷屬，皆由不知二種根本，錯亂修習。猶如煮沙，欲成佳饌，縱經塵刼，終不能得。云何二種？阿難，一者無始生死根本。則汝今者，與諸衆生，用攀緣心爲自性者。二者無始菩提涅槃，元清淨體。則汝今者識精元明，能生諸緣，緣所遺者。由諸衆生遺此本明，雖終日行，而不自覺，枉入諸趣。

二、諸法所生，惟心所現。一切因果，世界微塵，因心成體。

三、性眞常中，求於去來迷悟生死，了無所得。

四、如此會中摩訶迦葉，久滅意根，圓明了知，不因心念。

五、自未得度先度人者，菩薩發心。

戊、妙法蓮華經：

一、是故舍利弗，我爲設方便，說諸盡苦道，示之以涅槃。我雖說涅槃，是亦非眞滅。諸法從本來，常自寂滅相。佛子行道已，來世得作佛。

二、如來說法，一相一味，所謂解脫相，離相，滅相，究竟至於一切種智。

己、圓覺經：

一、一切如來，本起因地，皆依圓照清淨覺相，永斷無明，方成佛道。
二、知幻卽離，不作方便。離幻卽覺，亦無漸次。
三、彼之衆生，幻身滅故，幻心亦滅。幻心滅故，幻塵亦滅。幻塵滅故，幻滅亦滅。幻滅滅故，非幻不滅。譬如磨鏡，垢盡明現。
四、覺成就故，當知菩薩，不與法縛，不求法脫，不厭生死，不愛涅槃，不敬持戒，不憎毀禁，不重久習，不輕初學。……光體無二，無憎愛故。
五、奢摩他至靜，三摩正憶持，禪那明數門，是名三淨觀。若能勤修習，是名佛出世。

庚、金剛經：

一、凡所有相，皆是虛妄。若見諸相非相，則見如來。
二、諸菩薩摩訶薩，應如是生清淨心！不應住色生心，不應住聲香味觸法生心，應無所住而生其心。
三、信心清淨，則生實相。
四、以無我、無人、無衆生、無壽者，修一切善法，則得阿耨多羅三藐三菩提。
五、不取於相，如如不動。

辛、般若波羅蜜多心經：

一、行深般若波羅蜜多時，照見五蘊皆空。

二、是諸法空相，不生不滅，不垢不淨，不增不減。

（二）祖師開示

甲、馬鳴菩薩（西土十二祖）：

一、一切諸法，惟依妄念而有差別；若離心念，則無一切境界之相。是故一切法，從本已來，離言說相，離名字相，離心緣相，畢竟平等，無有變異，不可破壞，惟是一心，故名眞如。（大乘起信論）

二、以依不覺故心動，說名爲業。覺則不動，動則有苦，果不離因故。（同上）

乙、龍樹菩薩（西土十四祖）：

一、有念是魔業，無念是法印。（大智度論）

二、一切佛法，皆爲涅槃故說。譬如衆流，皆歸於海。（同上）

丙、達摩大師（西土二十八祖，東土初祖）：

外息諸緣，內心無喘，心如牆壁，可以入道。

丁、弘忍大師（東土五祖）：

一、世人生死事大，汝等終日供養，只求福田，不求出生死苦海。自性若迷，福何可救？（六祖壇經）。

二、無上菩提，須得言下識自本心，見自本性，不生不滅，於一切時中，念念自見，萬法無滯，一眞一切眞，萬境自如。如如之心，卽是眞實。若如是見者，卽是無上菩提之自性。（同上）

戊、惠能大師（東土六祖）：

一、不思善，不思惡，正與麼時，那個是明上座本來面目？（六祖壇經）

二、心若住法，名爲自縛。（同上）

三、若開悟頓教，不執外修，但於自心，常起正見，煩惱塵勞，常不能染，卽是見性。（同上）

己、慧思大師（臺宗二祖）：

我人現前一念介爾之心，具足體相用三大。隨緣不變，體卽眞如，是爲體大。全妄卽眞之心體，具足過恒河沙淨性功德，在凡不減，在聖不增，是爲相大。卽此一念心性之體相，不變隨緣，能出生十法界因果。達此十法界因果，緣生無性，便能翻染爲淨，是爲用大。（大乘止觀述記）

庚、諦閑大師（臺宗四十三祖）：

故知雖不變，常自隨緣；雖隨緣，常自不變。不變者，眞諦也。隨緣者，俗諦也。不變隨緣，隨緣不變者，第一義諦也。（大師語錄，演講詞）

（叁）諸法實相

一、實相有三，即三如來藏。㈠無相之實相。無一切妄法差別之相，祇有一眞平等實相，即空如來藏，空諸一切虛妄染法之相，乃藏性不變之體。㈡無不相之實相。並非無相，而能隨緣現一切相，即不空如來藏。具足十界諸法，非無諸相也，乃藏性隨緣之用。㈢無相無不相之實相。若言其無，則不捨一法。若言其有，則不立一塵，即空不空如來藏。眞空不礙妙有，妙有不礙眞空，乃藏性體用雙彰。（圓瑛法師，首楞嚴經講義第八卷三八一頁）

二、不生亦不滅，不常亦不斷，不一亦不異，不來亦不去。能說是因緣，善滅諸戲論，我稽首禮佛，諸說中第一。（龍樹菩薩中觀論）

三、如來（即清淨佛性，又即眞如）隱藏於衆生的貪瞋癡諸煩惱中，隱藏於衆生的人我法我中，不得顯現。眞如在纏，名如來藏，出纏名法身。世尊說：「我者，即是如來藏義。一切衆生，悉有佛性，即是我義。如是我義，從本已來，常爲無量煩惱所覆，是故衆生不能得見」。（大般涅槃經如來性品）（編纂者自作筆記）

（肆）三因佛性之義

若能詳察三因佛性之義，則無疑不破，無人不欲修習矣。三因者，正因、了因、緣因也。㈠正因佛性，卽我人本具之妙性，諸佛所證眞常之法身。此則在凡不減，在聖不增，處生死而不染，居涅槃而不淨。衆生徹底迷背，諸佛究竟圓證。㈡了因佛性，此卽正因佛性所發生之正智，以或由知識，或由經教，得聞正因佛性之義，而得了悟。知由一念無明，障蔽心源。不知六塵境界，當體本空，認爲實有，以致起貪瞋癡，造殺盜淫，由惑造業，由業受苦，反致正因爲受苦之本。從玆了悟，遂欲返妄歸眞，回復本性。㈢緣因佛性，緣卽助緣。旣得了悟，卽須修習種種善法，以期消除惑業，增長福慧，必令所悟本具之理，究竟親證而後已。請以喻明；正因佛性如礦中金，如木中火，如鏡中光，如穀中芽，雖復本具，若不了知，加以烹煉、鑽研、磨礱、種植、雨澤等緣，則金、火、光、芽、永無發生之日。是知雖有正因，若無緣了二因，不能得其受用。（印光大師雜著、十五）

(伍) 心之妙用

有一件東西，是很深又很淺的，是人人都知，而又人人都不知的。這是什麼呢？那就是各人的心。此心，上至佛、菩薩、緣覺、聲聞而皆同，下至修羅、畜生、餓鬼、地獄而無別，所謂佛性是也。佛性，亦卽是現前一念之心。若問人曰：心在那裏？則必曰心在肚裏。此種謬見，舉世皆然。我從前讀了數十年的儒書，對於此理，終想不通。若言心在肚外，何以肚中痛癢能知？若言心在肚中，何以徧知外界種種事物？如我們今在此地，若一想上海南京，即時現前。心如在肚中，何以能現出上海南京種種狀態？如在肚外，而肚中事，亦何故一一皆知？故易知者莫若心，而最難知者亦莫若心也。佛即是心，心即是佛，此二語人人所知，亦人人所不能深知。衆生不知佛法，皆由不知自心之故！

我再以三法來說明心之體相，與心的作用：（一）曰心體。它是不生不滅的。凡夫所見，謂身死心亡。不知這心是不老不死，豎窮三世的。人之生死，祇是改軀換殼，與靈性本無相關。軀殼如房屋車船，靈性如主人。雖屢屢遷居搬家，乘車坐船，而主人未有變異。（二）曰心量。它是無量無邊的，含裹十方虛空世界的。楞嚴經云：「十方虛空，生汝心中，猶如微雲點太清裏。」此非佛說，誰能得知？所謂佛法無邊，要知即是心法無邊。（三）曰心具。它是具足萬有，包羅天地的。華嚴經云：「心如工畫師，能畫諸世間，五蘊悉從生，無法而不造。」楞嚴經云：「世界與山河，皆是心中物，皆是妙眞如。隨諸衆生心，應諸所知量，循業而發現。」此皆心具之說也。心體本無名相，然天地萬物，皆從此中變化而出。實則清淨如虛空，本來無一物也。本來無一物，而又具足萬有，故心是無相而無不相，無知而無不知，無能而無不能的。（江謙居士作「易園法味」之一節，載「在家學佛要典」）

(陸) 不變隨緣、隨緣不變

一、依一心法，有二種門。云何為二？一者心眞如門，二者心生滅門。（大乘起信論）。

二、一如來藏心，含於二義：一約體絕相義，卽眞如門也；二隨緣起滅義，卽生滅門也。（起信論義記中本）

三、應萬法是眞如，由不變故。眞如是萬法，由隨緣故。（金錍論）

四、隨緣不變，萬法卽是眞如。不變隨緣，眞如舉體以成萬法。又云：「不變隨緣，故為心。隨緣不變，故為性。」（臺宗九祖荆溪大師著「止觀大意」）

五、隨緣不變，萬法惟心。不變隨緣，心惟萬法。（諦閑大師語錄，開光法語）

六、眞身不變，原無去而無來。應迹隨緣，乃有生而有滅。（同上）

七、所謂性，不變之體也。心，隨緣之能也。不變之體，本具隨緣之能。隨緣之能，不離不變之體。……若欲識不變之性體，諸上善人當聽法之際，試急回光返照自心，收攝六根，照住當下一念。知六根隨緣之能，全從體起。於本體現功能，還從功能見本體。一念回光，便同本得。六根雖終日隨緣，本體則終日不變。（諦閑大師釋阿彌陀經總題）

八、用隨緣故，則有四聖六凡，苦樂升沉之殊；而緣有染淨，必隨其一。隨染緣，則

起惑造業，輪廻六道。隨淨緣，則斷惑證眞，常住涅槃。（印光大師嘉言錄）

（柒）中　道

一、如來所得法，此法無實無虛。（金剛經）

二、中道者，名爲佛性。佛性常恒，無明覆故，令諸衆生不能得見。（大般涅槃經）

三、聲聞緣覺，見一切空，不見不空，乃至見一切無我，不見於我。（編纂者按、此我，指眞我，卽佛性。）以是義故，不得第一義空。不得第一義空故，不行中道。無中道故，不見佛性。（同上）

四、我已隨順中道之行，得成阿耨多羅三藐三菩提。（現在過去因果經）

五、有無二見，皆是此岸。二見若離，方達彼岸。（龍樹菩薩）

六、別人（此別指藏通別圓之別）根鈍，先修「空」，次修「假」，後修「中」，次第而入。彼修空時，但見於空，不見不空。修假時，但知有「假」，不知「空」亦是「假」。若知「空」「有」俱是「假」，當處卽「中」。彼不解故，所以修「中」時，必須雙捨空有二邊而入中道，彼謂：「中道佛性如雲外月，僅能不變，不能隨緣。」所以圓人斥彼（指別人）所證者爲「但中」理也。因彼根鈍執重，三觀歷別而修，三諦不得圓融耳。其過在法執太深，非法門咎也。今圓教二諦（眞俗）則大不然。圓人於名字位中，了知一色一香，無非中道，隨舉一微塵，一切法趣一微塵，是趣不過，故云一卽一切，一切卽一。前所謂一切法趣有、趣空、趣不有不空是也。（諦閑大師著「七種二諦名義」）

七、實際理地，一法不存。如來藏中，無法不備。是故一念動，十法界依正森然（卽森羅萬象）。一念泯，十界依正寂然。當寂然時，妙有非有。正森然時，眞空不空。果能空有雙忘，忘亦忘，此便是「絕待中」也。（又大師上堂法語）

八、「中」之一字，因二邊相形而有。若離二邊，「中」無覓處。豈可看呆，致成法執？（江味農居士著「金剛般若經講義」）

（捌）什麼法叫涅槃？

一、佛證大涅槃，玆略述一二：㈠諸佛世尊，從六波羅蜜、三十七品、十一空、來至大涅槃。（大般涅槃經）編纂者按、十一空卽十一種空觀：內空、外空、內外空、有爲空、無爲空、無始空、性空、無所有空、第一義空、空空、大空、詳見同經。㈡從佛出十二部經，從十二部經，出修多羅。從修多羅，出方等經。從方等經，出般若波羅蜜，出大涅槃，猶如醍醐。言醍醐者，喻於佛性。（大般涅槃經）㈢無相定者，名大涅槃，無十相故。何等爲十？所謂色相、聲相、香味觸相、生住壞相、男相、女相。（同上）

二、大德菩薩問世尊：「什麼法叫涅槃？」世尊說：「把所有的雜染煩惱、習氣、阿賴耶識、末那識等，轉變過來，到諸法自性空寂的境界，就是涅槃。涅槃是聖者自覺，離開斷常有無的範疇，涅槃是不壞不死。若有「死」，就有相續的「生」。若有壞，則成有爲法。涅槃是無生法，無爲法，是修道者的歸趣。涅槃非捨，非得，非一，非種種，所以叫涅槃。」（持松法師著「釋迦牟尼佛一代行化記，二十五，楞伽山說法」，參考楞伽經，載上海弘化月刊）

三、無餘涅槃是對有餘涅槃而言，有二義：㈠凡夫二執未破，依煩惱障爲助緣，所感輪廻於三界的生生死死，謂之分段生死。二乘雖破我執，法執尚存，依所知障爲助緣，所感的界外淨報，無色身壽命，但有微細生滅，念念遷移，謂之變易生死。分段生死已了，尚餘變易生死未斷，謂之有餘涅槃。分段變易二種生死，斷盡無餘，謂之無餘涅槃。㈡以小乘滅生死苦果，灰身滅智之涅槃，爲有餘涅槃，（或曰小涅槃），因其不了如幻之理，畏懼生死，不修悲智，度一切衆生入涅槃之故。以大乘生死本來涅槃，爲無餘涅槃（或曰大涅槃）。因其能不住涅槃，遊戲生死，誓度一切衆生，同入涅槃之故。（普行法師著「金剛經探微述要」）

四、涅槃是梵語，雖譯有滅度、無爲、寂滅、解脫等多種，總滙歸於不生不滅之性體一義。性體云何？乃宇宙萬有所依的本體。諸法生時，性本不生。諸法滅時，性本不滅。

性體實非諸法，故無生滅。諸法依於性體，生滅隨緣。佛爲弘揚出世法，以涅槃爲歸趣。（普行法師著「金剛經探微述要」）

（玖）一粒粟中藏世界

問：古偈云：「一粒粟中藏世界」，作何解釋？

答：此明眞如離相，法界無礙之義。粒粟至小，世界至大，小中藏大，則大不大而小不小矣。蓋大小者，事相也。不大不小者，理性也。因理性之非大小，能令事相之大小融通相入而無礙。法界原來如是，諸佛證之，凡夫背之耳。（范古農居士著「古農佛學答問」）

第六類　唯　識

（壹）解生死之謎

佛法卽覺法，其覺了之對象，不外生死問題。茫茫宇宙，擾擾人生，不外生死循環。倘能覺了生死之謎，則宇宙人生之眞理實相，便可全盤覺了，不必他求。佛典謂：「萬法唯識」。所謂「萬法」，卽包括宇宙人生之一切現象。所謂「識」，卽分別心。心起分別，則生死相續，萬象森羅。心無分別，則萬法全歸寂靜。

依佛法，人有八識。曰：眼識，耳識，鼻識，舌識，身識，意識，末那識，阿賴耶識。分別形色者，眼識；分別聲音者，耳識；分別氣味者鼻識；分別滋味者，舌識；分別身根所觸之堅濕暖動等者，身識。就所對境，能綜合、分析、思考、想像、計較者，曰意識。恒常分別人我者，曰末那識。而此七識，又皆以阿賴耶識為其根本。阿賴耶，乃梵語，其義為「藏」，為「執」。「藏」謂能攝藏諸法種子。「執」謂執持根身。人之一切思想行為，既生之後，必留一餘習，歷久不壞，如花草雖萎，種子猶存，故佛典謂之「種子」。此種子遇了機緣，仍復生為現行（心思行為），亦如花草「種子」，遇水土則復生為花草。而後起之現行，復留新種子。現行隨緣（環境）變化，種子亦隨現行而逐變其性質。如是，無數種子現行，相生相變，無有已時，為人之生死根本，說名阿賴耶識。例如：小兒初見地上隆然而起者，父母告之曰：「此是山」，乃有山之種子留存於其阿賴耶識中。又如吸煙，初吸一次，事出無心，即留一種子。以後屢吸不輟，其種子乃日益強大而成為嗜好。前例，山之種子由名言而起，謂之「名言種子」。後例，吸煙種子由作業而起，謂之「作業種子」。阿賴耶識中所藏種子，不外此二種。

人是多欲衆生，食欲色欲之種子特強，其「中有生」（又稱中陰生），得父母會合交媾之緣，為色業種子的業力所牽，乃極趣之，住母胎中，經時九月餘而出母胎，是即為「生」

。人之所以生爲人，現人行，存人心，作人業，受苦樂者，乃前生行業之結果。故曰：「欲知前世因，今生受者是。欲知後世果，今生作者是。」壽命業報已盡，卽歸老死。惟死者是肉身，不死者阿賴耶識。如人脫却舊衣，另着新服。人於死時，阿賴耶識復因其所藏善惡業行種子而轉至六道，是卽生死輪廻。生死之謎，如是而已。至於如何始能眞知此生死惟識之理，親證眞如淸淨之境，是在多聞聖言，如理思維，如說修行，精進不息，自能眞知親證。（丁文雋居士作，載「在家學佛要典」）

（貳）唯識百法略釋

研究唯識學之先，必須先明了百法。百法就是一百個名詞的解釋，是唯識學的提綱，是唯識論對於心理簡單的說明。這一百種法，分成五類：第一是「心法」（共八種）；第二是心所附屬的作用，叫作「心所有法」（共五十一種）；第三是心法同心所有法的對像，便是「色法」（共十一種）；第四叫作「心不相應行」（共二十四種）；第五是「無爲法」（共六種）。

第一「心法」八種　一眼識，能見色；二耳識，能聞聲；三鼻識，能嗅香臭；四舌識，能嘗味；五身識，能感受觸摩。這五種叫作前五識。六意識，能思想事理。以上的六識，在佛教大小乘中是共同的。小乘教只就自己心意識上用功夫，但求眼不見色，耳不聞聲，以至於意不思法，逐漸的六識不起，便達「灰身滅智」的涅槃境界。所以在小乘的經論中，只說有六識。大乘教便不如此，是要澈底研究宇宙的本源，澈底解決一切人生的本源的。第一步，先要研究意識的由來。眼識的生起，是由於眼，耳識的生起，是由於耳……由此證明，意識的生起，必定是由於「意」。這意識是種種差別的。這「意」，一定是個單純的惟一的直覺。他直覺個什麼？就是覺得有「我」。……所以「我見」是意識的根，叫做「意」，照梵文叫做「末那」。因爲他是一種直覺，所以一方面是一種直覺，一方面却又是識的一種，便是「第七識」。佛教宗旨是說「無我」的，何以第七識直覺「有我」？所以第七識的直覺是錯誤的。因爲他放棄了整個宇宙的本源，但執着局部的活動，所以才有這錯誤的感覺。人要證得人生的本源，證得宇宙的本源，必須要打破第七識這一重關！這宇宙人生的本源，叫做「第八識」，又叫做「阿賴耶識」：這便是唯識學所推敲研究的！但是人在第七識未破除以前，對於第八識，只是在文字上了解，而沒法可以實在證知的。

第二「心所有法」五十一種　又分六類，一「偏行」，是一切心法，無論何時全都有的，有五種法。二「別境」，是只對某種環境而生起的，有五種法。三「善」的心所有法，共十一種。四「煩惱」，有六種。這六種法可以擾亂人的心，所以叫作煩惱。五「隨煩惱」有二十種。這二十種法是隨從前六種煩惱的。六「不定」，有四種。這不定的意思，不是指普遍不普遍說，是指善惡說的。這四種法可以成就善，也可以成就惡，所以叫作「不定」。（下略，請參閱下面（叁）（肆）（伍）所列各表）

第三「色法」十一種　一是眼，二是耳，三是鼻，四是舌，五是身。這處所指的，不是細胞所組織的肉體，却是專指神經系統的。這五處是前五識所依據的地方，所以分爲五種。六是色，七是聲，八是香，九是味，十是觸。這五種便是前五識所感覺的對像。十一是「法處所攝色」。攝是包含統屬的義思。這一類色，是無質的，用前五根所不能取得的，只可以用意識來領略，就是意識的一切對像。

第四「心不相應行」二十四種　一是「得」。得是成就的義思，總指心法，心所有法，色法三種的作用發現生起，成就善惡無記的種種行爲。二是「命根」。就是心法色法的作用，在相當的時期之間繼續不壞不斷，假定名叫作「命根」。三是「衆同分」。衆是衆多，同是相同，分是類別。就是人類與人類，身體言語智識是相同的，畜類與畜類相同，以至其他各類各各相同。四是「異生性」。異生就是宇宙間一切衆生，因爲衆生的見解各異，種類各異，所以叫異生。「異生性」就是指一切衆生不能明解眞理。五是「無想定」。這是非佛教的禪定的一種。修這種定，前六識不起，但第七識仍在。六是「滅盡定」。這是佛救最高的禪定。修成這種定的，前七識都不起。七是「無想根」。這是由修無想定的力量所成就的一種果報。八是「名身」，九是「句身」，十是「文身」。這三種就是語言文字。名身就是一切名詞，句身就是聯合若干名身，表明一種完全的事理，文身是用以集合成字的，在其他各國的文字就是字母，在中國的文身就是點劃。十一是「生」，十二是「住」，十三是「老」，十四是「無常」。無常就是死。這四種，在人叫做生住老死，在物叫做生住異滅。……十五是「流轉」。就是因果相續不斷。譬如種子生芽，芽生根葉花果，果又結種，種又生芽，宇宙的因果，是循環不斷的。十六是「定異」，就是不同的因，決定生不同的果。譬如桃種決定不生杏樹。十七是「相應」，就是桃樹所結的果子，還如當初桃種相似。十八是「勢速」，就是說因果變遷是極快的，時時刻刻的不同。十九是「次第」，就是因果進演的，有一定的次序，決不會錯亂的。二十是「時」，便是年月日時。二十一是「方」，便是東南西北。二十二是「數」，便是十百千萬。二十三是「和合性」，二十四是「不和合性」，便是一事一理，不能單獨發生或存在的，一定要藉衆法互相維持爲力量。由於衆緣集合生起的，叫做「和合性」；由於衆緣分散而消滅的，叫做「不和合性」，就是衆緣有時相吸，有時相推。

第五無爲法六種　這無爲法，直接無從表示，只可借事理間接的顯明。一是「虛空無爲」，這無爲的眞理，如同虛空。一切萬象都在虛空中生生不已，而虛空永無改變。一切萬象都在眞理中流轉，而眞理常住不改。二是「擇滅無爲」。擇是揀擇，滅是寂滅。擇滅就是由智慧揀擇的力量，斷除一切煩惱而所得的寂滅。這名叫「涅槃」。這眞理是由於證得涅槃的果而表現的，所以叫作擇滅無爲。三是「非擇滅無爲」，就是不由智慧揀擇的力量而自然寂滅所表現的眞理，就是一切萬象由於衆緣分離，還歸於空時所顯的眞理。四是「不動無爲」，這是色界第四禪不爲一切苦樂所搖動的身心所顯的眞理。五是「想受滅無爲」，是無色界中一切想受都不生起時所顯眞理。六是「眞如無爲」，眞是不假，如是不變。這一切法的本性，都是眞實常住的。這就是無爲。

以上總計一百種法。（周叔迦教授著「唯識研究」，前北京大學唯識學講義）

(叁) 八識心王表

前五識
- 眼識。見色塵。
- 耳識。見聲塵。
- 鼻識。見香塵。
- 舌識。見味塵。
- 身識。見觸塵。（觸，謂冷熱、飢飽、輕重、澁滑等）

第六識即意識。知法塵。（又前五識起時，各與意識俱起，隨念計度分別。）

第七識即未意識。執我。（執第八識之見分，以為實我。）

第八識即阿梨耶識。受薰持種。（受前七識業力之薰，而成種子。即復執持種子，現

作根身器界。根身正報，器界依報。）（大乘止觀述記）

（肆）五十一心所表

心，謂八識心王。心數，又名心所，亦名心使，謂爲心王之所驅使也。心所之數共有五十一，分爲六位，列表於後，以便省覽。

偏行五　作意、觸、受、想、思（此五心所，有善惡之別。因其一切心中，俱得生起故曰偏行。）

別境五　欲、勝解、念、定、慧（此五心所，亦有邪正之分。因其各別緣境而生，故曰別境。）

善十一　信、精進、慚、愧、無貪、無瞋、無癡、輕安、不放逸、行捨、不害（此十一心所，惟善心中得生。）

煩惱六　貪、瞋、癡、慢、疑、邪見（此六心所，惱亂有情，能生其他煩惱，故名根本煩惱）。

隨煩惱二十　忿、恨、惱、覆、誑、諂、憍、害、嫉、慳、無慚、無愧、不信、懈怠、放逸、昏沉、掉舉、失念、不正知、散亂（此二十心所，由根本煩惱引起，故曰隨煩惱。又分三門：前十爲小隨、各別起故。中二無慚無愧爲中隨，惟徧不善故。後八爲大隨，自類俱生，徧染心故。）

不定四　悔、睡眠、尋、伺（此四心所，善染不定）（同上）

（伍）心王心所相應表

前五識　相應心所三十四
- 徧行五。
- 別境五。
- 善十一。
- 根本煩惱三（貪瞋癡）
- 中隨煩惱二。
- 大隨煩惱八。

第六識　五十一心所法全相應。

第七識　相應心所十八
- 徧行五。
- 別境一。慧。
- 根本煩惱四（貪、癡、慢、邪見）。
- 大隨煩惱八。

第八識　相應心所五。遍行五也。（同上）

（陸）八識與本性

佛說六根六塵。六根之意識，小乘祇限於第六識，大乘則包括六七兩識。第八識是本性之變相，與本性一而二，二而一。從泛說，第八識是性。嚴格說，第八識亦是相。故研究第八識者，稱為法相宗。第八識又名種性，謂其能將前七識之種子含藏之，又能去後來先作主公，傳種不斷也。種性與本性，一而二，然是本性所變，不可認錯。普通所稱之「神」，即第八識。若認為本性，則大謬！古人所謂「學道從來認識神」是也。儒家言性，不但錯認識神，並將陰陽二氣亦混在內。道家言谷神不死，亦是識神，皆是錯誤主人翁。（江味農居士講「止觀述記」）

(柒) 轉識成智

一、「學道猶如守禁城，緊把城頭戰一場，不受一番寒徹骨，怎得梅花撲鼻香？」這是黃檗禪師說的。每個人都有一個心王。這個心王即是第八識。八識外面還有七識、六識，前五識等。前面那五識，就是眼耳鼻舌身五賊，六識即是意賊，第七識即是末那。它（末那）一天到晚，就是貪着第八識的見分為我，引起第六識，牽領前五識，貪愛色聲香味觸等塵境，纏惑不斷，把八識心王困得死死的轉不過身來。所以我們今天要借這句話頭，用金剛王寶劍，把那些刼賊殺掉，使八識轉過來成為大圓鏡智，七識轉為平等性智，第六識轉為妙觀察智，前五識轉為成所作智。但是最要緊的，就是把第六識和第七識先轉過來。因為它有領導作用，它的力量就是善能分別計量。現在你們作詩作偈，見空見光，就是這兩個識在起作用。我們今天要借這句話頭，使分別識轉成妙觀察智，計量人我之心轉爲平等性智。這就叫轉識成智，轉凡成聖，要使一向貪着色聲香味觸法賊，不能侵犯，故曰：「如守禁城」。我們三界衆生沉淪於生海中，被五欲所纏，被塵勞所惑，不得解脫，故拿梅花作譬喻。我們把這些東西去掉了，則心王自然自在，也就如梅花在雪天裏開花吐香了。（虛雲和尚年譜，佛七開示）。

二、如來智慧覺性，卽實相般若。「妄想」卽分別心，第六識。「執着」卽是我見，第七識。而觀照般若，卽轉此二識者也。此二識轉，藏識及前五識皆轉！降伏分別心，卽是轉第六識。降伏我相，卽是轉第七識。（江味農居士著「金剛般若經講義」）

三、四智，卽是轉第八識爲大圓鏡智，不被諸相區局障蔽；轉第七識爲平等性智。第七識執我執法，至此悟到我法兩空，都從一體變出，故能平等看待。轉第六識爲妙觀察智。第六識不是着有，卽是着空，至此不偏於空，不偏於假，空假雙照，卽是中道，方成妙觀察智。轉眼耳鼻舌身的五識爲成所作智。以前五根對境，必隨「意識」染着，至此意識轉成妙觀，它們也自然淸淨解脫自在，無作無不作，無成無不成，而能隨緣應物了。（江謙居士作「一心幻分八識偈」，載（在家學佛要典」）

四、第六識所造之業，熏習第八識而留種子。此「熏習」，就是我們進修的途徑。本諸聞思修三慧，修習佛道，如閱經、讀經、聞法、作觀、念佛、參禪等，不斷由第六識熏入第八識，便於因地中轉染爲淨。所生一切淨法種子，遂爲第八識所執藏。發長遠心，修諸菩薩十地中之初地——歡喜地，遂轉第六識而爲妙觀察智。至此，只是成功之初步，必進修至第十地，妙觀察智便圓滿成就。修至歡喜地，不獨第六識得轉，第七識亦同時轉爲平等性智。惟此智仍係初得，最後要轉第八識，須修至第八地——不動地，因此時第七識我執永不復起，不再執着第八識爲我，由是第八識捨去藏識之名，而叫做「異熟」。等到修到金剛道將成佛時，便斷異熟識種，永不發生，即進入解脫道而成佛。那時，即有大圓鏡智之成就。由是前五識也就轉爲成所作智，現報身、化身，普度衆生，就是圓滿佛果。

（周宣德居士講詞之一節，刊於樹刊二〇二期）

第七類　修　戒

（壹）佛爲衆生作保證

佛說法門雖多，戒定慧三，攝無不盡。故楞嚴經云：「攝心爲戒，因戒生定，因定發慧，是則名爲三無漏學。」而三者之中，惟戒最要。以能持戒，則諸惡莫作，衆善奉行，其行與佛近，其心不致與佛相遠也。故如來於梵網經，爲衆生作保證云：「汝是當成佛，我是已成佛，常作如是信，戒品已具足。」又云：「衆生受佛戒，即入諸佛位，位同大覺

已，眞是諸佛子。」可見持戒一法，乃超凡入聖，了脫生死之第一要道也。（印光大師嘉言錄）

（貳）不墮三塗，證聖果，從持戒開始

魔王語佛：「我於汝末法中，令眷屬食汝飯，着汝衣，破壞汝法。」佛言：「汝但自壞，法不壞也。」今欲不墮三塗（即三惡道），竟證聖果，請必從持戒始。若掛名受戒，又輕視戒法；既不精戒法，又爲人授戒；既爲人授戒，又不教學戒，且言戒是小乘，不須習學，則決墮三惡道。（蕅益大師集）

（叁）戒之緣起

㈠菩薩戒，由報身盧舍那佛說，化身釋迦牟尼佛誦出。無問自說，破二執。利他故，教戒在先。㈡比丘戒，由釋迦牟尼佛說，結集時由優婆離尊者誦出。傳至百年優婆鞠多時，分爲五部。至四百年時，分爲十八部（教行有殊，理果無別。理雖一致，機則有別。）隨犯而制，破我執，自利故，淫戒在先。㈢我國始有僧尼，後漢永平十二年。我國僧尼受戒，曹魏嘉平二年。又明起業之源：有心無境，戒；有境無心，定慧；無心無境，戒定慧。上三屬「持」。有境有心，「犯」。（懺雲法師講「律學大綱」之一節）

(肆) 乘戒俱急

一、永明壽大師云：「末代宗門中，學大乘人，多輕戒律。所以大涅槃經扶律談常，則乘戒俱急，故稱此經為續常住命之重寶。何以故？若無此教，但取口解脫，全不修行，則乘戒俱失。故「乘」謂悟第一義，「戒」謂止一切黑業。」祖師於此分四料簡：一、戒急乘緩。以戒急故，生人天中，如箭射空，力盡還墮。以乘緩故，雖聞大法，如聾若啞。二、乘急戒緩。以戒緩故，生惡趣中。以乘急故，常聞大法，如華嚴會上八部鬼神是也。三、乘戒俱急。則生人天中，而常聞大法。四、乘戒俱緩。則墮三惡道，而永不聞法。故乘戒二法，如車二輪，廢一不可得故。（淨土十要，西方合論第八，見網門之四）

二、有戒、無定慧，墮欲天。有戒定、無慧，墮色無色界天。有定、無戒慧，墮土木金石，或空散消沉。有定慧、無戒，墮邪魔神鬼。有慧、無戒定，不免三惡道。與其急乘緩戒，墮惡道而方昇，何如乘戒俱急，常近佛而無退？（蕅益大師集）

三、其人智深，見地不正而非戒者，不應親近之。（慈舟大師開示）

四、若輕律者，定屬邪見，非宗匠也。（蕅益大師集）

(伍) 各種佛經中之持戒明誨

一、世尊臨入涅槃，阿難問佛：「如來在世，以佛爲師。世尊滅後，以何爲師？」佛答：「阿難，尸波羅戒是汝大師。依之修行，能得出世甚深智慧。」（大般涅槃經遺教品第一）

二、一切衆生，雖有佛性，要因持戒，然後乃見。因見佛性，得成阿耨多羅三藐三菩提。（大般涅槃經邪正品）

三、佛子離我千里，憶我念我，必證道果。在我左右，雖常見我，不順我戒，終不得道。（四十二章經）

四、戒爲無上菩提本，應當具足持淨戒。（華嚴經）

五、一切衆生，初入三寶海，以信爲本。住在佛家，以戒爲本。（瓔珞本業經）

六、戒爲正順解脫之本，故名波羅提木叉。因依此戒，得生諸禪定，及滅苦智慧（佛遺教經）

七、佛告阿難：「汝常聞我毗奈耶中，宣說三決定義，所謂攝心爲戒，因戒生定，因定發慧，是則名爲三無漏學。」（楞嚴經）

八、若人捨命，只壞一生。若復破戒，令百萬生沉淪惡道。若人持戒，當得見佛。戒爲最上莊嚴，戒爲最上妙香，戒爲歡喜勝因。（佛說大乘戒經）

九、吾今成佛，由其持戒。五戒十善，無願不獲。諸比丘，若欲成其道者，當作是學

（增一阿含經高幢品）

十、佛言：「有戒則有慧，有慧則有戒。戒能淨慧，慧能淨戒。如人洗手，左右相須。左能淨右，右能淨左。此亦如是，有慧則有戒，有戒則有慧，戒能淨慧，慧能淨戒。戒慧具者，我說名比丘。（種德經）

（陸） 戒律的起源及制度

甲、定 義

梵語尸羅 Sila 此云清涼，旁譯爲戒。戒亦律之別義，故通常合併說爲戒律。梵語毗奈耶 Vi Naya，譯曰律，或譯爲滅、調伏、善治等。律爲禁制之法，能「滅」除惡非，「調伏」煩惱，「善治」身心而得清淨。又梵語波羅提木叉 Prati Moska 亦爲戒律的一種名稱，譯爲別解脫，從因得名。七衆所受戒，通名別解脫戒。以能各別防止惡非，故名爲別。稱解脫者，持戒能免罪非，解脫惡業；又由持戒，能得彼有爲無爲二解脫果，故名解脫。若要言之，防非止惡，曰戒；處斷輕重，開遮持犯，曰律。戒律的功能，是在斷絕生死道中的業緣業因。

乙、起 源

戒律的起源，是釋迦牟尼佛在世時，因弟子隨犯而結爲條文，作爲佛徒生活行爲的規範。佛教能歷二千五百多年而不滅，歸功於釋迦制戒攝僧。佛入滅後，由優波離尊者結集八十誦律大毗尼藏。百年後，律分五部，傳入中國。至唐代道宣律師，專宏曇無德比丘所傳之四分律，漸成為中國佛徒的中心律法。道宣律師久住終南山，故亦稱南山宗。律學之成為專宗，始自中國。在南山律宗未開建以前，三國魏齊王嘉平二年（西元二五〇年），由中天竺曇摩迦羅比丘到洛陽白馬寺，曾開壇制受戒律，即中國有戒律之始。

丙、種　類

佛教的戒律，因佛徒身份的不同，而有等級層次的差別。可分為在家戒與出家戒。在家戒共有四種：㈠三皈戒，㈡五戒，㈢八關齋戒，㈣菩薩戒。出家戒共有五種：㈠沙彌及沙彌尼戒，㈡式叉摩尼戒，㈢比丘戒，㈣比丘尼戒，㈤菩薩戒。出家戒中的沙彌沙彌尼戒，各為十條。式叉摩尼戒，除了嚴持沙彌十戒，另外加六法。比丘戒是二百五十條，比丘尼戒是三百四十八條，菩薩戒是五十八條。佛教的戒律雖多，但都不離五戒的基本原則。一切戒多由五戒中分支開出。一切戒的目的，也多為了保護五戒的清淨。五戒是做人的基本道德，也是成佛的正因。五戒的戒相：不殺生，不偷盜，不邪淫，不妄語，不飲酒。前四戒為根本戒，又名性戒。出家僧尼犯之，即為破根本戒，不通懺悔。酒為遮戒，雖通懺悔，但酒醉能迷亂理性，影響前四戒的守持。菩薩戒的內容是三聚淨戒的攝律儀戒，攝善法戒及饒益有情戒。出家與在家都可求受的。（廣元法師作，載「大眾佛教」）

（柒）遮戒性戒

衆生機有大小，故戒有三品，沙彌十戒，比丘二百五十戒，菩薩十重四十八輕戒。以沙彌比丘二種戒，乃因事而設，名爲遮戒，謂遮止過非。雖大小同遵，但執身不行。有能執心不起者，卽爲大乘。至若梵網經所說，十重四十八輕戒，名爲性戒，謂了達自性淸淨，本來無染，頓悟本有淸淨法身，性自具足，故名爲戒。經云：「若人受佛戒，卽入諸佛位。」故以佛性而觀衆生，則凡起一念殺盜淫妄，乃至說四衆過、自讚毀他、謗三寶者，卽斷佛慧命，故列十重之科。（佚名）

（捌）大小乘戒之同異

戒有大小二乘之分。菩薩十重四十八輕戒爲大乘，比丘二百五十戒，比丘尼三百四十八戒，沙彌、沙彌尼十戒等爲小乘。然雖小乘，若受戒者發上品心，卽得受上品戒。此上品戒體，與大乘三聚戒體相當。如隨持一戒，禁惡不起，卽攝律儀。用智觀察，卽攝善法。無非將護，卽攝衆生，故小乘亦通大乘。所謂內秘菩薩行，外現聲聞相是也。聲聞戒本爲制身不犯，菩薩戒則爲制心不起。故於結犯大小，各有不同。十誦律等諸犯，不約心論，須動身口，方成犯戒。此是正小乘戒。四分律結犯，則約心論。若以後念還追前事，卽成犯戒。此是通大乘戒。菩薩戒最重約心，結犯。微縱妄心，卽爲犯戒。此是正大乘戒。故大乘初念卽犯，四分律次念乃犯，十誦律等要動身口才犯。此等分齊，不可不知。（虛雲和尚年譜，開示）

（玖） 戒法、戒體、戒行、戒相

甲、戒法

佛爲優婆塞優婆夷所制之五戒、八關齋戒、式叉摩那之六法戒，沙彌沙彌尼之十戒，比丘之二百五十戒，比丘尼之三百四十八戒，出家五衆菩薩之十重四十八輕戒，在家二衆菩薩之六重二十八輕戒，及一百八十四種羯磨，八萬四千無量律儀等，皆名戒法。

乙、戒體

當受戒時，領納戒法於心，於身內卽生一種戒體。此體雖非凡夫可以看見，然一生之中，恒常相續，有防非止惡之功能，是名戒體。戒體之優劣，在於受戒時發心的高下，故受戒者當先明白發心。分上中下三品心，從略。

丙、戒行

得戒體已，於日用中，動靜行爲，任運止惡，任運修善，順本所受，不越毗尼，則世出世間一切行門，無非戒行。並非離一切行外，別有所謂戒行者。

丁、戒相

卽佛所制諸戒，於一一戒中，有持犯止犯之分，輕重開遮之別。持者，以順受體爲名，分止持作持。犯者，以違受體爲名，分止犯作犯。止持者，方便正念，護本所受戒體，禁防身心，不造諸惡，是名止。止而無違，戒體光潔，順本所受，是名持。持由止成，卽非法惡業，不當行卽不行，是名止持。作持者，策勤身口意三業，修習戒行，有善起護，是名作。作而如法，順本所受戒體，是名持。持由作成，卽如法善業，當行卽行，是名作持。止犯者，癡心怠慢，行違本受，於諸勝業，厭不修學，是名止。止而有違，反彼受願，是名犯。犯由止成，卽勝業當行而不行，是名止犯。作犯者，內具貪瞋癡慢我見等毒，鼓動身口，違理造境，是名作。作而有違，汚本所受，是名犯。犯由作成，惡業非法，不當行而行，是名作犯。其他輕重開遮等，各須研習律藏，現在不能細說。此等名爲戒相。

（虛雲老和尙年譜，開示）

（拾）護世譏嫌

瓜田不納履，李下不整冠，所以遠嫌離譏也。玆集數則於次：

一、佛告文殊師利菩薩：「又菩薩摩訶薩，不應於女人身，取諸生欲想相，而爲說法，亦不樂見。若入他家，不與少女處女寡女等共語，亦復不近五種不男之人，以爲親厚，不獨入他家。若爲女人說法，不露齒笑，不現胸臆，乃至爲法，猶不親厚，況復餘事？（法華經安樂行品）

二、菩薩爲法攝女人，雖恒教授心遠離，若時太過而親近，如鳥折翼不能飛。（華嚴經）

三、蓮池大師制定「僧約」十章，其第一章云：「破壞根本大戒者，出院。……習近女人者，出院。（受戒經年，不知戒相者，出院。親近邪師者，出院。」（蓮池大師集）

四、按律來說，所有方丈、客堂、及各寮房，均不容許女人久坐久談。雖自信心地光明，要行菩薩道，但亦要善護譏嫌。無論當衆背人，均非佛法不說。（慈舟大師開示錄第二十二頁）

五、湛眞法師生西見聞錄云：「湛眞法師在香港，臨終自知時至，瑞相昭然。至於護世譏嫌，更嚴持不犯。每當其他女人因事入他房內時，他必定走出門外，靜默念佛。等到女人出來，然後再入，終身如此。」（獅子吼月刊第五卷第一期）

六、凡入尼寺，不得一人單入，見尼師，但彼此合掌，不得與尼屏處共坐。女人入僧寺，亦然。但見大比丘，須禮拜。（道安法師著「學佛手册」）

（拾壹）不非時食

一、不非時食、卽所謂「過午不食」，或「持午」。這裏的「時」，指「明相出」，至「日中午」，爲出家佛子受用飲食之時。所謂「明相出」，卽早晨東方既白，以在屋簷下張手可見掌中紋路爲準。所謂「日中午」，應以日居中爲準。若過時，卽爲「非時食」。在家居士受菩薩戒者，一月之中，應於六日（初八、十四、十五、二十三、二十九、三十日，小月二十八日、二十九日）受持八關齋戒（依佛說齋經及俱舍論爲七戒一齋，依智度論則爲八戒一齋）。「齋」卽「不非時食」。蕅益大師有沙彌十戒錄要云：「九、不非時食。（中略）若非時漿，含消藥、終身藥，並皆無犯。非時漿者，果漿、蜜漿等，淸無渣滓。含消藥者，蜜糖、酥、油、亦無渣滓。終身藥者，薑、桂、椒、梅及一切丸藥、一切湯藥、一切散末，其味酸澁苦辣，有病因緣，盡壽聽服。」（佚名）

二、大智度論云：「過中不食、是功德將人至涅槃。」毗羅三昧經云：「佛令斷六趣因，令入道中。」佛制此戒，乃向道離俗之必具條件。對修道弘法及身體康健，無何影響。臺北觀音山淩雲寺，從前有位居士廖化平，持「不非時食」戒，聞聽鐘敲十二點，立刻放下飯碗，不再進食。（了了法師作，詳載海潮音五十卷九月號）

三、過中不食，是齋戒。事實上，吃素不「持午」，就叫吃素，絕對不可稱爲吃齋。

從八戒、十戒、式叉摩那戒而到比丘比丘尼戒，無一沒有「不非時食」戒。此戒卻是輕戒中的重要戒，所以弘一大師也主張此戒必持。（聖嚴法師作「佛教的飲食規則」）

（拾貳）　居士受戒後的生活規律

在家戒子，受戒以後的生活規律，有以下十點：㈠在家居士，不得為寺院住持及當家。㈡不可招收出家徒眾，及收皈依弟子。㈢不可以攜帶家眷，同住寺院內。㈣不可將寺院與自己物不分，或取為己用。㈤不可作經懺佛事，以維生活。㈥不可披搭出家比丘三種袈裟㈦不可作跳神扶乩等事。㈧受戒居士，在家庭社會，應起模範作用。㈨時時想著受戒法重要不可違犯。㈩時時莫忘念佛修行，求生西方。（白聖法師作，祝壽文之一節）

第八類　修　定

（壹）　世間定、出世間定

定，指正定，梵語三昧，亦云三摩地。它的意思是：不為外緣所動，而心常寂然。也就是說，心境統一，意志力不分散，沒有其他一切妄想分別，而專注一境，正念諦觀，心集中在一點上。修定，須一切盡捨，心無二相。最簡單的方法，可用數息觀（見後）。楞嚴經卷六觀世音菩薩云：「彼佛教我從聞思修，入三摩地。」謂從聞法、思維、修持而入三昧。聞法所得爲聞慧，思維所生解悟爲思慧，由此修持而證得爲修慧。謂由三慧而入正定，皆謂之「以慧資定」。又佛告阿難：「汝常聞我毗奈耶中，宣說三決定義，所謂攝心爲戒，因戒生定，因定發慧，是則名爲三無漏學。」這都是指修習佛法的正定。凡夫外道也有世間定。我們日常生活中，也有定。一切世間定，包括四空四禪等在內，是有漏的。定成，生四空天或四禪天，但不能出三界。正定是無漏的。所謂無漏，是指斷貪瞋癡等煩惱。衆生的生死根本，就是煩惱。斷煩惱盡，生死結解，所以正定是出世間定。否則，只在心所上做些功夫，使某些心所不特別發展（如：捨心所、樂心所、善心所、尋心所、伺心所、定心所等），其他心所起來的機會相對減少，致暫時伏而不起，就是世間定，亦卽是凡夫外道之定。一旦煩惱從有漏處長出，就能破壞定力，被業力牽引而去！

戒能生定。小乘是事戒，重行爲，只起念而不動身口，尙不犯戒。大乘起念卽犯。如淫戒，大乘以心分別男女卽犯，所以兼重制心。佛在楞嚴經中特別指出，修行人必須嚴持四根本戒（殺盜淫妄）。如云：「淫心不除，塵不可出。如不斷淫，縱有多智，禪定現前，必落魔道。」因爲魔王也能多智修禪（禪那），也能變身爲佛。九十六種外道，都能修禪，但他們沒有佛戒。他們帶殺修禪，帶盜帶淫帶妄修禪，終不成聖道。修行人如果修定不持戒，也是世間定，甚至是邪定，不是正定。（淨三大德作，載上海佛學月刊）

定，在通途教途上，指四禪八定，滅盡定，總稱九次第定。四禪定，即修四禪天的定。八定，謂修四禪天的定，和四空天的定。定成，生四禪天或四空天。故不但佛教徒可修，外道也可修。八定中最後一定，稱非想非非想定。第九定，出入息盡，受想皆滅，稱滅盡定，合稱九次第定。禪定有二種：㈠世間禪，即四禪定和無色定（即九次第定中的前八定）。凡夫修此，以生天爲目的。㈡出世間禪，如八背捨，八勝處，九次第定等，以成就無漏聖果爲目的。凡夫、外道、佛弟子，同修四禪。定成，凡夫生四禪無雲天，外道生無想天、佛弟子生五不還天，所修之因不同也。（鍾吉宇居士作，載上海佛學月刊）

（貳）四禪八定、九次第定

（叁）修禪定——初禪至四禪

迦葉菩薩問佛：「世尊，彼第四禪，以何因緣，風不能吹，水不能漂，火不能燒？」佛答：「善男子，彼第四禪，內外過患一切無故。善男子，初禪過患，內有覺觀，外有火災。二禪過患，內有歡喜，外有水災。三禪過患，內有喘息，外有風災。彼第四禪，內外過患，一切悉無，是故諸災不能及之。」（大般涅槃經聖行品）

（肆）如幻三昧、金剛三昧

百千三昧，不能盡述，玆略舉一二如左：

甲、如幻三昧　凡歷一切境，無論順逆，皆以「如幻」二字印之。遇順境，識得如幻，則不生喜心。逢逆境，識得如幻，則不起瞋心。「空」也如幻，「有」也如幻。利衰毀譽，稱譏苦樂，皆如幻也。乃至生死、涅槃、二邊、中道，亦如幻也。如此則在在皆爲解脫之場，無處不是安樂之地。終日度生，不見度相。如斯修習，乃名如幻三昧。（諦閑大師著「圓覺經講義」）

乙、金剛三昧　菩薩摩訶薩修大涅槃，得金剛三昧。安住是中，悉能破散一切諸法。見一切法皆是無常，皆是動相，恐怖因緣，病苦劫盜，念念滅壞，無有眞實，一切皆是魔之境界，無可見相。（大般涅槃經德王品）

(伍) 入涅槃惟此門

民國十年，上海南園居士發起講經會，請諦閑大師開講南嶽大師之大乘止觀，由江味農居士筆記，八年成書，呈師印可，名曰「大乘止觀述記」。玆摘錄一二要旨如左：

一、出生死無別路，入涅槃惟此門。心性本來寂照，以本寂故，能起妙止。以本照故，能起妙觀。止者，了惑業苦本無自性，有卽非有，諸妄永寂。觀者，惑業苦三，非有而有，洞明緣起。修止觀者，必以此心爲所依止，必藉第六識心爲能依止。我人因文得義，能修止觀音，全仗第六識了解之功。修止能入空門，修觀能入有門。修止觀不二，能入雙亦（亦有亦空）雙非（非有非空）之中道門。

二、此惑業苦三障，非懺悔不能除，而真實懺悔，須念實相。欲證實相，須修止端。由體真止，入空觀，能破見思惑，空善惡不動業，了分段生死報。由方便隨緣止，入假觀，能破塵沙惑，空無漏業，脫變易生死報。由息二邊分別指，入中道觀，能破無明惑。融二邊業，而知虛犯果報，不生不滅，惟是一心，體證真如。

三、試觀初自凡夫，從分別性起修，了達惟虛無實，而入無相性。從此進修，了達虛妄惟心，而入無生性。復從此進修，了達淨心之體，常無分別，而入無性性。由是久久修習，無明盡故，而得體證評等一性之真如。自始至終，以無間三昧，運大白牛車，徑入究竟圓滿覺果，是之謂「一轍入修滿足」。

四、止行成故，知生死即涅槃。觀行成故，知涅槃即生死。又止行成故，知生死涅槃二俱不可得。觀行成故，知流轉即生死，不轉即涅槃。

（陸）臺宗一心三觀的修法

我扼要介紹關於臺宗一心三觀的初步修法。摩訶止觀（智者大師著）開所觀之境，共有十種。在十境中，先揀定陰入境中的第六意識為所觀之境。因為第六意識是我們的妄想，日常現前，為生死的根本，所以必須從第六意識下手觀起。此外，立能觀的方法有十乘。在十乘中，以觀不思議性德最為圓妙。這性德，有卽空、卽假、卽中的三方面。自性不生不滅，本來空寂，叫作眞諦；自性應用無盡，具足妙假，叫作俗諦；自性卽空卽假，而又非空非假，叫作中諦。這三諦，實際上就是一諦，一諦就是三諦，是自性一物的三面，圓融而不可分離。在這三諦圓融的自性中，自然具足百界千如的三千諸法。這三千諸法，包括盡了世間心物、因果、性相、體用等等一切諸法在內。我們日常一念之間，三千諸法同時具足，既不是本無今有，也不是前後縱橫，而是卽空卽假卽中，不可思議。現在下手修觀，就在這性德不思議境上，起空假中的三觀之修，用橫豎四句推理檢點這性具三千的道理。

所謂橫四句者，就是推檢這性具三千諸法，究竟是我主觀的自心所具備的呢？還是客觀的諸緣所具備？是心緣和合而具備的呢？還是無因自然而具備？若說是自心所具備，自心的生起，必待外緣，這樣心尚不可得，怎能具備這三千諸法？若說是心緣和合而有，心緣還沒有和合前，既各各都不具有，和合時又怎能眞有所具？若說無因自然而有，沒有因就等於空無，既空無，又怎能具足諸法？這樣用上列四句來推檢，來挖根，就可知一法尚不可得，怎麼會有三千諸法呢？所以中論說：「諸法不自生，亦不從他生，不共不無因，是故知無生。」在推檢過程中，如果有一句相應，就能使六識妄想入於空寂，那時可不必再用其他四句。若不能入寂，可再各句一一推檢，乃至用豎四句（就是一念心滅生三千法呢?還是一念心不滅生三千法?是一念心亦滅亦不滅生三千法呢?還是一念心非滅非不滅生三千法?）及亦橫亦豎，非橫非豎等句推檢，必使妄想入於空寂爲止。若果能一念澄澈，當下湛湛寂寂，萬念俱空，這叫作一空一切空的不思議空觀，照於不思議的眞諦境。恰當空空寂寂時，卽便頓了自性中原本具足一切諸法，並不像木石般冥頑不靈，所以能妙用無盡，法法全彰，這叫作一假一切假的假觀，照於不思議的俗諦境。又正當諸法宛然時，卽照而寂，却當體全空。卽寂而照，却法法具備。這樣非空非假，卽空卽假，叫作一中一切中的不思議中觀，照於不思議的中諦境。但以上所說，由圓具三諦的本性，起圓具三觀的妙修，所說似有次第，實際上沒有先後，行起解絕，惟寂惟照。假使能驀直照去，則圓融三觀，一時現前。能觀的心與所觀的境相冥合，則破見思、塵沙、無明的三惑，證一切智、道種智、一切種智的三智，而成般若、解脫、法身的三德。那時自性體、相、用的三諦妙理，就全體顯現。讀者可研閱摩訶止觀十卷。（徐恒志居士著「學佛是怎麼一回事?」）

（柒）　六妙門修法簡要

禪定度，修六妙門（智者大師講）：㈠數，攝心在息，從一至十。㈡隨，細心隨息，知出知入。㈢止，息心靜慮。㈣觀，分析推究。㈤還，返照心源。㈥淨，識浪不生。由是滅一切法，空諸煩惱。（張純一居士著「發菩提心約說」）

（捌）大小乘之數息觀

善男子，若諸衆生，修於禪那，先取數門，心中了知生住滅念，分劑頭數。如是周徧四威儀中，分別念數，無不了知。漸次增進，乃至得知百千世界一滴之雨，猶如目覩所受用物。非彼所聞一切境界，終不可取。（圓覺經）

諦閑大師講解說：數息法門，原是藏教（小乘）五停心觀之一，爲多散衆生不能修四念處觀，而先示以調心之法，乃初機最易入手之法門也。今經（指圓覺經）乃圓頓大敎，又是止觀雙修最極利根之士，何以如來示以藏教初機之法，而教圓頓利根從此入門？須知圓人修法，無法不圓。彼藏教人根鈍執重，不悟圓理，稱爲多散衆生。謂多散亂故，教以數息，收攝其心，所以爲修觀前之方便也。今爲末世未悟凡夫，教修禪那妙觀，先示以數息。攝想念於鼻端，超出凡外。化至靜於計數，不落聞緣（聲聞緣覺）。禪那成時，（第七章威德自在菩薩）超出礙無礙境。此數門，乃其漸耳。心中下，明修習。了知者，了了分明，知彼一出一入之間，有生住異滅之不案故。念才起爲生，既起爲住，將盡爲異，既盡爲滅。此四相遷流，前後不亂，了了當知，分劑分明也。分劑頭數者，生有生的分劑，乃至滅有滅的分劑，微細境界，歷歷了知。要從一數至十，數出不數入，數入不數出，不可出入雙數，亦不得出入合數。不緩不急，從頭數之。務使了了分明，一數不錯。其所以攝散入寂，化寂不住之方便，無過於此者。以上約初心修習靜坐時言之。如是下，更約久修功純，四儀（行住坐臥）不廢也。分別念數者，謂分明辨別，於一出一入之間，有生念住念異念滅念之四相分劑，而又合此分劑爲一息。如是息息分明，從一至十，無不了知。其所以攝散入寂、化寂不住之功，較前更緜密矣。漸次下，顯以利益。攝散入寂，不被事礙。化寂不住，不被理礙。如是漸次增進，絕待心靈，隱隱發現。由彼潛興密運之力，不惟知息、知念、知數，竟至於無所不知，有法皆了。先舉一最難知爲例，故云乃至百千等。佛意以百千世界，最遠難知。一滴之雨，最繁難知。此且得知，其他近者簡者，不待言矣。非彼下，戒誤取可知。（諦閑大師著「圓覺經講義」）

（玖）奢摩他、三摩鉢提、禪那

無上大覺心，本際無二相，隨順諸方便，其數卽無量，如來總開示，便有三種類：寂靜奢摩他，如鏡照諸像；如幻三摩提（三摩鉢提），如苗漸增長；禪那惟寂滅，如彼器中鍠。三種妙法門，皆是覺隨順。十方諸如來，及諸大菩薩，因此得成道。三事圓證故，名究竟涅槃。（圓覺經）

（拾）修觀和念息法

世尊對羅睺羅說：「平時應當修地平等觀。在一切好惡的情感裏，心不被它所困。譬如大地，對好醜事物，不起分別。修水平等觀，譬如水流，不分好惡。對於火、風、空、平等觀，也是這樣。還應當修慈、悲、喜、捨的無量觀。修慈觀，去瞋怒。修悲觀，去惱。修喜觀，去不滿。修捨觀，去害意。又應當修念息法，利益很大。在樹下或靜處，身體端正地坐下來，去掉心中的雜念，專憶念着呼吸。當呼吸長的時候，自覺地知道它長。短時，知道它短。自己訓練着下列幾種：知覺雖然在全身，但很自由地知道在呼吸着；身體雖然靜靜地，但自由地知道在呼吸着；覺着歡喜時，沒有忘記在自由呼吸着，心無雜念地知道在呼吸着；修無常觀、解脫觀，同時也知道在呼吸着。這樣念息法，不斷自己訓練着，好處很多。最後可以在意識中消滅呼吸。但修的時候，要很自然地，隨意地，不能着意沉滯。着意沉滯，心中會感覺不舒服的，有害處的。」（上海持松法師著「釋迦牟尼佛一代行化記」第四十一、參考增一阿含經）

（拾壹）　修定下手方法

什麼叫做定學？定是治心的最要修功。人們的身心苦果，既是業和煩惱的因所造成的，可知要解脫這苦果，先要斷這苦因。業和煩惱，從心發生。試看我們的心，前念去，後念來，念念相續不已的無數妄念。於此可以斷言：人們生死的根本（因），就是這個妄念！

所以治心功夫是最要緊沒有的了。持戒旣除掉身口意方面惡業，修定就專從心的方面下手。下手方法：每天早晨或晚上，到靜室中去打坐。這也要在身心兩方面注意。㈠身的方面，應置一方櫈，上舖厚軟的坐墊，臀部坐的地方，再墊高一二寸，然後盤足端坐於上。或用右腿加於左腿，或用左腿加於右腿，都可以隨便。左右手交握，安於小腹的下方。腎囊要懸空，勿使受壓。㈡心的方面，就要一切放下，把妄念掃除乾淨，祇存一個正念，猶如明鏡，不染一塵。初學的人，這種功夫最難下手，但有一種簡便方法，就是數息法。鼻端的氣，一出一入，叫一息。入坐以後，怕心裏散亂，就可留意一出一入的息。第一息，數個一字，第二息，數個二字，如是一直數到十字。再回轉來，從頭再數個一字，循環默數，從一至十，一點不亂。念頭全注在數字上，紛亂自然可免。況且「息」是屬於心的方面，今用這法，可使身心自然合而爲一。這法是初習定學的人最合式的。（蔣維喬居士著「佛學綱要」）

（拾貳）　宗門的參公案、看話頭

一、近來諸方少年有志參禪者，及乎相見，都是顚倒漢。以固守妄想爲誓願，以養懶惰爲苦功，以長養我慢爲孤高，以弄唇舌爲機鋒，以執愚癡爲向上，以背佛祖爲自是，以持點慧爲妙悟，以禮誦爲下劣，以行門爲賤役，以佛法爲寃家，以套語爲己見。縱有能看話頭做功夫者，先要將心覓悟，故蒲團未穩，瞌睡未醒，夢也未夢見在，卽自負貢高，走見善知識，說玄說妙，呈悟呈解，便將沒下落胡說求印正。若是有緣，遇明眼善知識，卽爲打破窠臼，可謂大幸！若是不幸，撞見拍盲漢，將冬瓜印子一印，便斷送入外道邪坑，墜落百千萬刼，無有出頭之時，豈非可憐憫者哉？（憨山大師集）

二、宗門主參禪，這個法門，屢有變遷。唐宋以前的禪德，多由一言半句就悟道了。師徒間的傳授，不過以心傳心，並沒有什麼實法。平日參問酬答，也不過隨方解縛，因病與藥而已。宋代以後，人們的根器陋劣了，講了做不到。譬如說「放下一切」，「善惡莫思」，但總是放不下。祖師不得已，教學人參公案，或是看話頭，甚至要咬定一個死話頭，目的在以一念抵制萬念。古人的公案多得很，後來專講看話頭。有的看「拖死屍的是誰？」有的看「父母未生以前，如何是我本來面目？」晚近諸方，多用看「念佛的是誰？」這一話頭。其實都是一樣，都很平常，並非奇特。「誰」字下的一個答案，就是「心」。話從心起，心是話之頭。念從心起，心是念之頭。萬法皆從心生，心是萬法之頭。其實話頭卽是念頭。念之前頭就是心。直言之，一念未生以前，就是話頭。由此知道，看話頭，就是觀心！父母未生以前的本來面目，就是心。看父母未生以前的本來面目，就是觀心。性卽是心。「反聞聞自性」，卽是反觀觀自心！「圓照清淨覺相」，清淨覺相卽是心，照卽觀也！念佛卽是觀佛，觀佛卽是觀心！所以說「看話頭」就是觀心！行人都攝六根，從一念始生之處看去，照到此一話頭，看到離念清淨自心。再緜緜密密，恬恬淡淡，寂而照之，直下五蘊皆空，身心俱寂，了無一事。從此晝夜六時，行住坐臥，如如不動。日久功深，見性成佛，苦厄度盡。（虛雲和尚事蹟，中篇語錄）

（拾叁） 坐禪須知

坐禪要曉得善調養身心，若不善調，小則害病，大則着魔。跏趺坐時，宜順着自然正坐，不可將腰作意提起，否則火氣上升，過後會眼屎多，口臭氣頂，不思飲食，甚或吐血。又不要縮腰垂頭，否則容易昏沉。如覺昏沉來時，睜大眼睛，挺一挺腰，輕略移動臀部，昏沉自然消滅。用功太過急迫，覺心中煩燥時，宜萬緣放下，功夫也放下來，休息約半寸香，漸會舒服。然後再提起用功，否則日積月累，便會變成性燥易怒，甚或發狂着魔。

坐禪有些受用時，境界很多，說之不了，但你不要去執着他，便礙不到你。俗所謂「見怪不怪，其怪自敗」。雖看見妖魔鬼怪來侵擾你，也不要管他，也不要害怕，就是見釋迦佛來替你摩頂授記，也不要管他，不要生歡喜，楞嚴經所謂，「不作聖心，名善境界，若作聖解，卽受羣邪」。（虛雲和尚）

（拾肆） 如何證性？

一、對待之見未忘，仍未能出世間。故出世法，必須離開分別心，在絕對上作觀，轉凡夫觀念至絕對境界，卽是證性。證性，須要無念。「念」卽分別心。有分別心，卽落於對待。落於對待，卽時時刻刻去分別，而爲「意識」所籠罩，必觀至無念方可。然心中尙存「無念」二字，仍是住相。（江味農居士著「金剛般若經講義」）

二、大乘起信論云：「若離於念，名爲得入。」得入，卽是證入。此語一深無底。當知由觀行而相似，然後方到分證。分證者，分分證入也。最初只入得一分，由是經歷四十一位次，而後到妙覺成佛，念頭方得離盡。離盡，方爲完全證入眞如之性。（同上）

（拾伍）妄說勝境界

今人多半要體面，憑空造樓閣，有一分半分，便說有百千萬分。若或見言不見，不見言見，乃妄語之流類。若憑空造樓閣，妄說勝境界，卽犯大妄語戒，乃未得謂得，未證謂證，其罪甚於殺盜淫百千萬億倍。其人若不力懺，一氣不來，卽墮阿鼻地獄，以其能壞亂佛法，疑誤衆生故也。汝切須愼重，所見之境有一分，不可說一分一，亦不可說九釐九。此種境界過說亦罪過，少說亦不可。何以故？以知識未得他心道眼，但能以所言爲斷耳。此種境界，向知識說，爲證明邪正是非，則無過。若不爲證明，惟欲自衒，亦有過。若向一切人說，則有過。除求知識證明外，俱說不得。說之，則以後便永不能得此勝境界。此修行人第

一大關。（印光大師嘉言錄）

第九類　修　慧

（壹）般若綱要

㈠謂般若為大乘佛法之綱要　大乘教義，深廣如海，壹是以自度度他為本。自度度他，法門無量，壹是以六波羅蜜為本。然而施、戒、忍、進、定五度，若離般若，即非波羅蜜。是所謂六波羅蜜者，壹是以般若波羅蜜為本。然則，般若為大乘佛法之綱要也，彰彰明矣。故大智度論曰：「般若波羅蜜是諸佛母。諸佛以法為師。法者，即是般若波羅蜜。」大般若經曰：「摩訶般若波羅蜜是諸菩薩摩訶薩母，能生諸佛，攝持菩薩。」可見所謂大乘最上乘者，唯一般若而已！除般若外，便是佛法。

大小乘一切教乘，皆自般若出。一切教義，間有與外道（如儒家道家）中之最高理論相近者，獨有般若，惟佛能證，惟佛能說。外到最高之理論，一遇般若，冰銷火滅矣！故華嚴會上，諸大菩薩讚曰：「天上天下無如佛，十方世界亦無比，世間所有我盡見，一切無有如佛者。」知此，則三教同源之說，其荒謬何待言哉？知此，則學佛者苟不了解般若，雖盡知種種教義，學盡種種法門，皆是捨本逐末，在枝葉上尋覓耳！豈能到彼岸乎？夫般若非他，理體本具之正智是也！理體者，實相般若也。正智者，觀照般若也。旣曰學佛，首當開佛知見。云何爲佛知見？般若是也！從來罕有學此者，或望而生怖，或無知妄談，此所以學佛者雖多，而證道者甚少也。

(二)所謂般若綱要者，謂卽般若而明其綱要　如大智度論所言「佛法卽是般若。」可見般若一門，攝義無量，若不明其綱要，未免泛濫無歸。前人有宗第一義空立說者，有宗二諦立說者，有宗八不立說者，其說至不一也。第一義空，卽謂本性。性爲絕待之體，故曰第一義。性體空寂，故曰第一義空。此義是明般若綱要，在於破我除執，必須我法俱遣，情執盡空，所謂「得無所離，卽除諸幻」，而後實相現前也。

二諦者，俗諦與眞諦也。謂世間之事相，凡俗見以爲審確，是名俗諦。眞實之理性，聖智乃知其審確，是名眞諦。若約佛法言：凡明諸法緣生之義者，曰俗諦。何以故？以世俗未悟本性，逐相而轉，因曉以諸法但是緣生，有卽非有，其義決定故。凡明緣生卽空之義者，曰眞諦。何以故？以聖智卽虛妄相，見眞實性，故洞然一切諸法，非有而有，當體皆空，其義決定故。龍樹菩薩曰：「爲世諦故，說有衆生。爲第一義諦故，說衆生無所有。」世諦卽俗諦，第一義諦卽眞諦也。由此可知俗諦明卽空之有，眞諦明卽有之空！般若綱要，不出二諦，明矣。

八不者，所謂不生不滅、不常不斷、不來不去、不一不異。因迷八不之淺深而成六道。因悟八不之淺深而有三乘。蓋一切衆生計執生滅、斷常、一異、來去等相而着「有」，故謂之迷。三乘中人，雖不執生滅諸相，而又着於不生不滅等，以偏於空，故佛說八不之義，正令洞明乎二諦。二諦明，而後中道顯！而第一義空之義，亦是令空有俱空，而後一切不着，中道圓明。

由是觀之，第一義空、二諦、八不，說雖不同，而義顯中道則同。然則般若之綱要非他，即是令於空有二邊，遣蕩情執，務令罄盡，以顯圓融中道耳。（江味農居士著「金剛般若經講義」）

（貳）智慧成就爲第一義

一、捉賊、縛賊、殺賊　戒如捉賊，定如縛賊，慧如殺賊，三行次第，賢聖行之。（成實論）

二、般若是出世大智慧　佛學上的智慧（般若），乃出世大智慧，非世智聰辯之謂，亦非智識之謂，知俗諦曰智，照眞諦曰慧。法華經義疏：「經論之中，多說慧門照空，智門照有」。（佚名）

三、生死海中之智檝　萬行皆由般若成立，若萬善無般若，空成有漏因，不契無爲果。故知般若是險惡境中之導師，迷暗室中之明炬，生死海中之智檝，煩惱病中之良醫。……

……若般若不明，萬行虛設。（永明壽大師著「宗鏡錄」）

四、智慧貫徹一切法門　增一阿含經，佛言：「戒律成就，是世俗常數；神足飛行成就，亦世俗常數；惟智慧成就，爲第一義。」則知戒定慧三學，布施等六波羅蜜，惟智慧（般若）最重，不可輕也。惟智慧最先，不可後也。惟智慧貫徹一切法門，不可等也。經云：「因戒生定，因定發慧」，蓋語其生發之次第則然，而要當知所重，知所先，知所貫澈，始得。（蓮池大師集）

五、勸修般若　今勸禪人，第一要志求般若，了悟自心，以出生死之苦海。次要廣行衆行，普化十方，莊嚴佛土，以成淨土之淨業。（憨山大師集）

六、眞般若　須菩提巖中宴坐，諸天雨花讚歎。尊者問：「汝是何人？」天曰：「我是天帝釋。」尊者曰：「汝何讚歎？」天曰：「我重尊者善說般若波羅蜜多。」尊者曰：「我於般若，未嘗說一字，汝云何讚歎？」天曰：「尊者無說，我乃無聞，是眞般若。」（碧巖集）

（叁）眞空妙有

衆生患病萬端，不出有空二見。以其染着於有，故縱恣塵情，自尋煩惱。以其偏執於空，故撥無因果，造惡不休。諸佛設教萬方，不出眞俗二諦。眞諦明性空，以破衆生之有執。俗諦明緣起，以破眾生之空執。金剛經以降心、離相、無住、無得為教，真諦所攝也。彌陀經以信、願、念佛、求生淨土為教，俗諦所攝也。雖分二諦，同詮一心。此心本來湛寂清淨，不染一塵，故說真諦。此心本來圓明洞澈，具足萬德，故說俗諦。二諦同本一心，何嘗有二？是以真非離俗之真，真若離俗，不名為諦，仍墮空執。俗非離真之俗，俗若離真，亦不名為諦，仍墮有執。世之妄談般若，不修萬善。欲從邪見深坑，出生福慧者，可以猛然而自省，惕然而自勵矣。（唐文治居士作，載「在家學佛要典」）

（肆）大乘佛法之真精神

大乘佛法之真精神，可以說是空、不空。無我便是空，慈悲便是不空。雖知無我，而不斷慈悲，故空而不空。雖行慈悲而不執有我，故不空而空。有我的慈悲，不是真慈悲。無我的慈悲，才是真慈悲，所謂同體慈悲，便是如實的了知一切眾生和己身無二無別。從這個同體的認識上，才能發出了真慈悲。佛法所講三種慈悲內的「眾生緣慈悲」，差不多句句都可以做「不要離開我」的註腳。這種大慈悲的精神，才真真的是利濟入世的根本呢。

一個人如果證入了佛法徹底的空，自然會徹底的無我。那時說到了犧牲，必定是真能犧牲。那時說到了救世，必定是真能救世。他既然空了名利恭敬，乃至身心性命，他還會汚做什麼？他還欺騙民衆做什麼？他不空的，就只有這救世的誓願，和利他的本懷。如果人們多肯向這空上來立脚，而向這不空上做去，那麼，治世的多是菩薩。所以眞正的佛教人生觀，他是眞能見着萬法皆空，便立於這個空上。他又眞能見着萬法不空，便立於這個不空上。因爲他立於這個空上，他便息滅三毒，滅除四相。因爲他立於這個不空上，他便上求佛法，下化衆生。經言，佛弟子有問佛者：「誰當下地獄？」佛曰：「我當下地獄，不惟下地獄，且常住地獄。不惟常住，且常樂地獄。不惟常樂，且莊嚴地獄。」學道而至於莊嚴地獄，那願力之宏大，威神之廣遠，豈可思議？（李圓淨居士編述「佛法導論」）

（伍） 請學長不死

東坡讚金山妙高臺詩云：「長生未暇學，請學長不死」，是善於學佛者也。「長生」，大抵爲漢以後之方術家言。「長不死」，蓋卽佛家不生不滅意。雖然學佛人個個熟念一卷心經，往往瞥過其要義。觀自在菩薩告舍利子言：「是諸法空相，不生不滅，不垢不淨，不增不減」。明明指出「長不死」境界，教人去觀照，去體行，人却糢糊過去！須知學佛到此，方有個究竟處，豈可忽乎哉？緣凡夫之心，取着於相，所以起生滅、垢淨、增減種種妄見。若心不着相，雖眼前萬法森然，不取不着，自然不見有生相，也不見有滅相，更不見有垢淨增減之相。一體如如，常樂我淨。此甚深般若波羅蜜多之功用也！學佛人學此而已矣！安得別有長生可學耶？（居正居士作序，載龍健行述「學佛修養及健康實驗法」）

（陸）照見蘊空之「照」

只此心經「照見五蘊皆空」一語，人皆知之，但未審其以何爲照也！若照以邪慧，則謂「死後無相」爲空。若照以聲聞般若，則「六分推析，覓我了不可得」爲空。若照以緣起般若，則「體虛無性，如幻如夢」爲空。若照以不共般若，則「二邊叵得，離過絕非」爲空。若照以甚深般若，則「色等諸法，全卽法界，體絕纖塵，量窮橫竪，徧具徧含，無障無礙」爲空。依此修觀，則法法隨心，名觀自在。塵塵圓具，亦名普賢。妙智融澈，亦名文殊。大慈普覆，亦名彌勒。法身眞常，亦名毗盧。（蕅益大師著「絕餘篇」）

（柒）諸法緣起性空

一、先生所謂虛無者，乃老氏之玄宗，非我佛之眞諦也。佛經中所談之空，非虛無之空，乃幻有之空也。幻有非有，卽是眞空。眞空不空，乃名幻有。空有雙亡，卽是中道第一義諦，乃佛經之眞理。爾云虛無，空成斷滅之見。（諦閑大師語錄，覆馬居士函）。

二、佛所覺悟的眞理是什麼呢？無上覺道，不可以言說形容。且舉一義說之：所謂諸法緣起性空。諸法者，一切事物。緣者，包括親、因、助緣。緣起者，諸法生起，是假衆緣和合而成。如稻穀是種子，田地肥料雨露陽光人工等衆緣和合而生。性者，或言體，謂諸法性體，各各本自如此，永恒不變，不待衆緣和合的意思。空者，切不可誤爲空無所有。只是說，某一事物的生起，必待衆緣和合，本無所謂永恒不變的固定體性。既無永恒不變的固定體性，佛法名之曰：「空」。故西土十四祖龍樹菩薩說：「因緣所生法，是卽無自性」。又說：「衆因緣生法，我說卽是空，亦爲是假名，亦是中道義。未曾有一法，不從因緣生，是故一切法，無不是空者。」所以佛說空，並不是說一切事物空無所有，而是說其沒有永恒不變的各別體性。（虛雲和尙事蹟）

三、上根利智，卽生滅法，見不生滅；卽造作法，見非造作；卽依他起，見非依他；乃至卽幻見實，卽俗見眞。……必須由「體法空」體會到一切諸法緣起性空，不着緣法。更進一步，見到諸緣所依，緣所遺者（當深玩味），卽此「空」也。若不能觀緣起性空，必着諸緣。着妄緣故，緣所遺者，如何可見呢？當知衆生之迷，迷在諸緣；二乘之迷，迷在只見緣起性空，未見緣所遺者；諸大菩薩由於觀照般若，見到緣起性空，不着空故，卽見緣所遺者。而此「緣所遺者」，卽心經所謂「諸法空相」也。也就是「第一義空」。（趙亮杰居士講「佛學上的空義」，載獅子吼月刊第十卷第二期。）

(捌) 二十種空觀略釋

從空之境界立說，大般若經共言二十種空，可謂概括無餘。云何二十？

一、內空：眼耳鼻舌身意爲六根，合其相對色法而言，共計十二，稱十二處，又名十二入。內空之空，爲空內六入，即空眼以至意等根。以空無我，無我所等。

二、外空：色聲香味觸法，稱外六入。外空之空，爲能空此六者。

三、內外空：內外六入（即十二處），併觀照皆空，此境界爲內外空。

四、空空：內空，外空，內外空，三者俱能空之，併前三空亦空，爲空空境界。

五、大空：十方皆空，不可思量故，是名大空。十方者，四方四隅及上下是也。

六、勝義空：第一義空不可得，無受着故，是名勝義空。

七、有爲空：世間法是有爲法，因緣和合而生，無自性故。能空一切世間法，此即有爲空境界。

八、無爲空：若離有爲，無爲不可得故，因是無爲亦空。

九、畢竟空：破一切法，令無餘遺，亦無虛實相待，即畢竟空矣。

十、無際空：無際亦即無始。佛不言始，即不言開端之時處，今併無始亦空，爲無際空之境。

十一、散空：有情泯滅，則五蘊非有，人既不可得故，則觀照此境亦空，是名散空。

十二、無變異空：一切法如如不變，了不可得故，爲無變異空之境。

十三、本性空：一切法本性清淨，離性離相故。今觀照本性空，以其清淨離性相故。

十四、自相空：一切情器，皆有其自相，然一切法虛幻不實，如金剛經云：「凡所有相，皆是虛妄。」故觀照自相空。

十五、共相空：觀照一切諸法彼此之共相，本來空寂故，爲共相空。

十六、一切法空：一切法皆由心生。既由心生，則無本體，故一切法空。

十七、不可得空：世出世間法，皆不可得，卽輪廻亦不可得，乃至無餘涅槃亦不可得。故云不怖輪廻，不求涅槃。以不可得故，名不可得空。

十八、無法空：亦名無性空。法旣滅已，焉云有法？此境名無法空。

十九、有法空：亦名自性空。法生而始曰有法。法之生也，須俟因緣和合而成，自性無故，則有法亦空。

二十、無法有法空：亦名無性自性空。因緣空，則有法空。生滅空，則無法空。合無法有法皆不可得故，則爲無法有法空境。（劉銳之講「心經密義闡述」之一節，載菩提樹第二一七期）

（玖）覓心了不可得

二祖（慧可大師）見初祖（達摩大師）云：「我心未安，乞師安心。」初祖云：「將心來，與汝安！」二祖良久云：「覓心了不可得。」初祖云：「與汝安心竟。」只此「覓心了不可得」一語，大須着眼！莫似鸚鵡禪，但能學語！……當知若從了不可得處安心，則更無一物可貪，卽是隨順修行布施波羅蜜；更無一塵可染，卽是隨順修行持戒波羅蜜；更無人我是非可論，卽是隨順修行忍辱波羅蜜；更無懈怠夾雜，卽是隨順修行精進波羅蜜；更無散亂妄想，卽是隨順修行禪定波羅蜜；更無顚倒愚癡，卽是隨順修行般若波羅蜜。者個方是「應無所住而生其心」。（蕅益大師集）

（拾）金剛經中之「卽非」與「是名」

金剛經中，佛屢說「卽非」與「是名」，如：「所言一切法者，卽非一切法，是故名一切法。」但亦有只說「卽非」，而不說「是名」者，如：「忍辱波羅蜜，如來說非忍辱波羅蜜。」其義不同。玆參照江味農居士所著金剛般若經講義，編述於次：

一、本經說「卽非」，說「是名」，是明性與相之不一不異，應明其非一而不執着，復應明其非異而不斷滅。

二、凡言卽非，是約性說。約性而說，則不應着相，故「非」之。應不着相而非之者，是明性相非一也。凡言是名，是約相說。約相而說，則不應壞相，故「是」之。應不壞相而是之者，是明性相非異也。

三、卽非者，約一如之法性，明其本來是空。是名者，約緣生之法相，明其不無假名。

四、卽非是名並說（如上所舉第一例），以明約性則非，約相則是，兩邊不住之義。但說卽非，不說是名（如上所舉第二例），以明相皆虛妄，故不應住之義。（編纂者自作筆記）

（拾壹）對治心疾——人我法我

學佛一道，本以對治心疾爲要訣。心疾，莫過於見愛。見爲我見，愛爲我愛。我們內執有身，是人我。外執有物，是法我。此乃心疾之根源。而我佛治之以般若法藥，令人知人爲假名，不外因緣和合，而人空之眞諦見。令知法爲假名，不外妄生分別，亦復如幻如化，而法空之眞諦見。此二種眞見，卽是般若妙慧。妙慧愈灼，心疾愈消，至於成就，則心疾消盡處，曰：涅槃。妙慧圓照處，曰：菩提。（范古農居士遺札，刊樹刊二三二期）

（拾貳）般若不可失一句

第一利益衆生，無過般若波羅蜜。……除般若，雖有十二部經盡皆忘失，其過甚小；若失般若一句，其過大多。何以故？是般若藏，十方三世之佛母。……能令疾至佛道。如經中說，三世諸佛皆從般若出。（大智度論）

（拾叁）邪見人自誑其身

邪見人，雖口說一切空，然於愛處生愛，瞋處生瞋，慢處生慢，癡處生癡，自誑其身。佛弟子實知空心，不動一切結使，生處不復生。（大智度論）

（拾肆）見　道

如何謂之修道呢？修是修道，道是道理，理是人人的本心。這心是怎樣的呢？聖言所表，心如虛空，說一個空字有點儱侗。空有頑眞之分，我們所見的虛空，就是頑空。那不變隨緣，隨緣不變，靈明妙用，隨處自在，能含一切萬物的才是眞空。修行人要明白這樣的眞空，識自本心，見自本性，淸淸白白，明見無疑，就是見道。拿北京來作比喩，若從地圖看北京，有方的圓的，橫的豎的，宮殿街道，南海西山等等名目。看到能背得出，終不如親到北京一次，隨你提起那裏，他不用看圖就能說得清清楚楚。只看圖而未曾到過北京的人，別人問起來雖然答得出，但不實在，而且有很多地方答不出的。修行人見道之後，如親到北京，親見「本自清淨，本不生滅，本自具足，本無動搖，能生萬法」的本性。不同依文解義的人，只見北京圖而未親到北京。空就能擺得開，無罣無礙，不空就擺不開，就有罣礙，所說和所作就不一樣。色空原來無礙，若實在明見此理，則任他天堂地獄，隨緣不變，不變隨緣，無罣無礙。不明此理的人，雖能說得天花亂墜，也無眞實受用。

（虛雲和尚）

（拾伍）　福德與功德

一、韋刺使爲六祖設大會齋。刺使問曰：「弟子聞達摩初化梁武帝。帝問云：「朕一生造寺度僧，布施設齋，有何功德？」達摩言：「實無功德。」弟子未達此理，願和尚爲說。」六祖云：「實無功德，勿疑先聖之言。武帝心邪，不知正法，造寺度僧，布施設齋，名爲求福，不可將福便爲功德。功德在法身中，不在修福。」又曰：「見性是功，平等是德。念念無滯，常見本性，眞實妙用，名爲功德。內心謙下是功，外行於禮是德。自性建立萬法是功，心體離念是德。不離自性是功，應用無染是德。若覓法身功德，但依此作，是眞功德。」（六祖法寶壇經疑問品第三）

二、福德與功德，二者不能定說同，亦不能定說異。福德，專約「福」言；功德賅「福、慧」言。福德，多就有爲言；功德，多就無爲言。此所以不能定說同。若修功德而着相，則功德成爲福德。若修福德而不着相，則福德卽是功德。此所以不能定說異。（江味農居士著「金剛般若經講義」）

三、有人說：「祇要智慧。」殊不知重慧輕福，卽缺乏大悲，故諸佛教人發大悲心。足見修慧，不能不修福。……修六度，是成就之因，而發心又是起修之因。應離相以進修，應離相以發心。離相爲轉凡成聖之途徑。（江味農居士著「金剛般若經講義」）

（拾陸）福慧雙修

涅槃經說：「二種莊嚴，一者智慧，二者福德。若有菩薩具足如是二種莊嚴者，則知佛性。」菩薩修習此二種法門，則能圓成佛道，親證佛性。所以福慧二種莊嚴，是菩薩修行成佛的總持法門。菩薩修六度（六波羅蜜，布施、持戒、忍辱、精進、禪定、般若）就是福慧雙修的具體表現。六度中，前五度是福莊嚴，第六波羅蜜的般若度，是智慧莊嚴。修六度必須互相資助，不可缺一。因爲修慧不修定，不能得到受用。修定不修慧，難免沉迷危險。定慧雙修而不持戒，就爲習染所障，不能解脫。修戒定慧而不布施，不能廣結衆緣，攝化衆生。布施而不修戒定慧，僅種人天之因，甚至難免墮落（如象身掛瓔珞之類）

。持戒而不能忍辱，則瞋習難除。有精進而不修諸度，則徒勞無功。有諸度而無精進，則不免半途而廢。所以六度齊修，就是福慧雙修。（覺之大德作，載上海佛學月刊）

（拾柒）　預備二十年窗下功夫

佛門有不少大法師大居士，博通經論，辯才無礙，令人羨慕。但要了解，每一種果都有它的因，天下沒有無因之果。他們福慧雙隆，度生無數，這是多生修來的，今生又有幾十年增上的，才有這樣的結果。你今年才二十幾歲，從今日起，當多看經論，至少要預備二十年的窗下功夫，才有出人頭地，躋於善知識之林。當知著書忌早，說法忌早，早了不但中年必悔，晚年必悔，也恐怕智慧不够，說錯了法，輕作野狐，重或墮拔舌地獄，那就慘了。（方倫居士著「佛法一夕談」，刊菩提樹雜誌二〇九期）。

第十類　淨　土

（壹）　念佛了生死

念佛一事，最要在了生死。既爲了生死，則生死之苦，自生厭心。西方之樂，自生欣心。如此，則信願二法，當念圓具，再加以志誠懇切，如子憶母而念，則佛力、法力、自心信願功德力、三法圓彰。……華嚴一經，王於三藏，末後一着，歸重願王。華藏海衆，悉證法身，咸求往生，企圖佛果。我何人斯，敢不景從？捨爾狂心，力行斯道，功德利益當自證知。（印光大師嘉言錄）

（貳）兜率內院與西方淨土

問：彌勒菩薩一生補處，卽將成佛。上品十善，得生彼處，見彌勒菩薩，隨從下生。三會之中，自然得聖果，何須求生西方淨土耶？

答：求生兜率，亦云聞道見佛，勢欲相似。若細比較，大有優劣。且論二種：一者、縱持十善，恐不得生。何以得知？彌勒上生經云：「行衆三昧，深入正定，方始得生。」更無方便接引之義，不如阿彌陀佛本願力、光明力，但有念佛衆生，攝取不捨。又釋迦佛說九品教門，方便接引，殷勤發遣，生彼淨土。但衆生能念阿彌陀佛者，機感相應，必得生也。二者、兜率天宮是欲界，退位者多。……未如彌陀淨土，但生彼國已，悉得無生法忍，未有一人退落三界，爲生死業縛也。又聞西國傳云：有三菩薩，一名無着，二名世親，三名師子覺。此三人契志，同生兜率，願見彌勒。若先亡者，得見彌勒，誓來相報。師子覺前亡，一去數年不來。後世親無常。臨終之時，無着語云：「汝見彌勒，卽來相報。」世親去已，三年始來。無着問曰：「何意如許多時始來？」世親報云：「至彼天中，聽彌勒菩薩一座說法，旋繞卽來相報。爲彼天日長，故此處已經三年。」又問：「師子覺今在何處？」世親報云：「師子覺爲受天樂，五欲自娛，在外眷屬，從去以來，總不見彌勒。」諸小菩薩生彼，尙着五欲，何況凡夫？爲此，願生西方，定得不退，不求生兜率也。（智者大師十疑論之七）

（叄）愛不斷不生淨土

念佛求生淨土一門，元是要了生死大事。故云：「念佛了生死。」今人發心，因要了生死，方才肯念佛。如何是生死根株？古人云：「業不重，不生娑婆，愛不斷，不生淨土。」是知愛根乃生死之根株！今日方才發心念佛，只望空求生西方，連「愛是生死之根本」的名字也不知，何曾有一念斷者？旣不知生死之根，則念佛一邊念，生死根只聽長。如此念佛，與生死兩不相關。臨命終時，只見生死愛根現前！在家出家，但知生死心，便是出生死的時節！（憨山大師集）

（肆）乘戒俱急生品最高

袁中郎曰：「……使我生時，嚴持戒律，尙不止此。大都乘戒俱急，生品最高。次戒急，生最穩。若有乘無戒，多爲業力所牽，流入八部鬼神中去。悟理不能生戒定，亦狂慧

也。」（袁中道記，載淨土十要之西方合論）

（伍）念佛三品人

念佛第一品人，頓悟自心是佛，念念圓明。第二品人，深信自心作佛，念念入理。第三品人，深信佛力無量，念念滅惡。此復四種，謂念佛自性，念佛相好功德，念佛名號，念佛形像。此四，各通三品。（蕅益大師集）

（陸）西方一念卽生

問曰：往生之說，其旨昭然，但今之學者，不能曉了，千人萬人，皆疑極樂遠隔十萬億國，臨命終時，恐難得到，復何策以曉之。

答曰：衆生妄認自心在色身之內，方寸之間，不知自家心量，元自廣大，豈不聞讚佛偈云：心包太虛，量周沙界？且十方虛空無量無邊，被我心量都包了。恒沙世界，無量無數，我之心量，一一周徧。如此看來，十萬億國，在我心中。其實甚近，何遠之有？命終生時，生我心中，其實甚易，何難之有？豈不見十疑論：「十萬億刹，爲對凡夫肉眼生死心量說耳」。但使衆生淨土業成者，臨終在定之心，卽是淨土受生之心，動念卽是生淨土時。爲此觀經云：「彌陀佛國，去此不遠。」又業力不可思議，一念卽生，不須慮遠。又如人夢，身雖在牀，而心意識徧至他方，生淨土亦爾，不須疑也。經云：「一彈指頃，即得往生。」又云：「屈伸臂頃。」又云：「頃刻之間。」故自信錄云：「十萬億剎，頃刻至者，自心本妙耳。」（元師子林天如維則述，載「淨土十要」）

(柒) 蓮宗列祖表

初祖廬山蓮社，（晉）慧遠大師。—二祖長安光明，（唐）善導大師。—三祖南嶽般舟，（唐）承遠大師。—四祖五台竹林，（唐）法照大師。—五祖新定烏龍，（宋）少康大師。—六祖杭州永明，（宋）延壽大師。—七祖杭州昭慶，（宋）省常大師。—八祖杭州雲棲，（明）蓮池大師。—九祖北天目靈峯，（明）蕅益大師。十祖虞山普仁，（清）截流大師。—十一祖杭州梵天，（清）省庵大師。—十二祖紅螺資福，（清）徹悟大師。—十三祖蘇州靈巖，（民國）印光大師。（編纂者自作筆記）

(捌) 念佛法門

一、證入念佛三昧

念佛不能一心者，但息想定慮，徐徐念去，要使聲合乎心，心合乎聲。念久，自得諸念澄清，心境絕照，證入念佛三昧。偈曰：「少說一句話，多念一聲佛，打得念頭死，許汝法身活。」（覺明妙行菩薩法語，載「思歸集」）

二、事　持

彌陀本願，猶如明月，無所不照。衆生念佛，猶如湛水，清淨寂滅。水澄月現，心淨佛顯，念佛機熟，感通相應。承佛願力，得生彼國。

一心念佛，不雜妄想，卽是事持。心佛雙泯，一眞獨脫，卽入理持。我空爲事一心，法空爲理一心。

都攝六根，淨念相繼，爲念佛心要。印光大師云，都攝二字，注重在聽。耳根聽得清清楚楚，心口念得清清楚楚。如是攝心，妄念自息矣。故攝心之法，唯反聞最爲第一。（余定熙輯「念佛精簡提要」）

三、理　持

念佛而解悟般若空義，則助發勝智。不但上品往生，亦且超越多刼，觀經云：行於大乘，解第一義，是名上品生。故知淨土九品，以慧解之深淺，及發心之廣狹，以爲準則也。又理一心，屬慧門攝，以兼得念佛三昧故。

大乘經論，皆以一乘實相爲體。理卽心性不變之體，事卽心性隨緣之用。

念佛當了知，萬法從本以來，本不生滅，清淨寂滅，平等一相，悉皆究竟。能念所念，如幻如化，空華非實。蓋以能所皆無自性，故終日念佛，而未嘗念也。念性本空，卽念無念。念無念相，無念自念。機緣成熟，妙慧相應，三昧成功，定中見佛。

一句彌陀名號，體卽法界。以壽窮三際，光徧十方也。念一彌陀徧一切佛。念念普周虛空法界，全心是佛，全佛是心。了境唯心，了心卽佛。十方淨土，現於一心。一心徧於十方淨土。境寂心空，頓契靈源。內外身心，一時透脫。三昧現前，則無量妙義，咸皆具足。（同上）

念佛正行有二：一稱名，二觀想。稱名如小本彌陀經，七日持名，一心不亂。有事一心，有理一心。若口稱佛號，繫心在緣，聲聲相續，心心不亂，使念心漸漸增長，從漸至久，自少至多，一日二日乃至七日，畢竟要成一心不亂而後已，此事一心也。理一心，亦無他，但於事一心，念念了達，能念之心，所念之佛，三際平等，十方互融，非空非有，非自非他，無去無來，不生不滅，現前一念之心，便是未來生淨土之際，念而無念，無念而念，無生而生，生而無生，於無可念中，熾然而念，於無可生中，熾然求生，是爲事一心中，明理一心也。（明，幽谿大師法語，載「思歸集」）

四、念佛三持

念佛者，有默持，有高聲持，有金剛持。然高聲覺費力，默念易昏沉，只是綿綿密密

，聲在脣齒之間，乃謂金剛持。又不可執定，或覺費力，則不妨默持，或復昏沉，則不妨高聲。（明，蓮池大師法語，載同上）

五、念佛多途

念佛一行，乃有多途。小經重持名，楞嚴但憶念，觀經主於觀境，大集觀佛實相。（明，蕅益大師法語，載同上）

六、四土能淨

信願持名，消伏業障，帶業往生者，即是凡聖同居土。信願持名，見思斷盡而往生者，即是方便有餘淨土。信願持名，豁破一分無明而往生者，即是實報莊嚴淨土。信願持名，持到究竟之處，無明斷盡而往生者，即是常寂光淨土。能淨四土，亦的確不謬矣。（同上）

七、生死心切

修行第一要，爲生死心切。生死心不切，如何敢云念佛一片？若人果爲生死心切，念念如救頭然，只恐一失人身，萬刼難復，要將這一聲佛咬定，定要敵過妄想！一切處，念念現前，不被妄情牽纏遮障。如此下苦功夫，久久成熟，自然相應。如此，不求成片而自然成片矣。（明，憨山大師法語，載「思歸集」）

八、念佛取證

念佛心眞不眞，勘驗關頭，只在歡喜煩惱處取證。其眞假之心，歷然可辨。大抵眞心念佛人，於歡喜煩惱中，必然念念不間斷，是以煩惱也動他不得。二者旣不能動，生死境上，自然不驚怖。今人念佛，些小喜怒到來，阿彌陀佛便抛在腦後矣。如何能得念佛靈驗？（明，紫柏大師法語，載同上）

九、閉目空心

開眼念佛，心易散動，可閉目念。當念佛時，將心放空，提起佛號，卽念卽聽，卽聽卽念，綿綿密密，行之久久，必有相應時也。（清，悟開大師法語，載同上）

十、止觀念佛

當念佛時，不可有別想。無有別想，卽是止。當念佛時，須了了分明。能了了分明，卽是觀。一念中止觀具足，非別有止觀。一念不生，了了分明，卽寂而照。了了分明，一念不生，卽照而寂。能如是者，淨業必無不成。能如是者，皆是上品。（清，徹悟禪師語錄）

十一、下手功夫

念佛法門，以信願行三法為宗，以菩提心為根本。以「是心作佛，是心是佛」為因該果海，果徹因源之實義。以「都攝六根，淨念相繼」為下手最切要之功夫！由是而行，再以四弘誓願，常不離心，則心與佛合，心與道合，現生即入聖流，臨終直登上品！（民國，印光大師嘉言錄）

十二、十念記數

至於念佛，心難歸一，當攝心切念，自能歸一。攝心之法，莫先於至誠懇切。心不至誠，欲攝莫由。既至誠已，猶未純一，當攝耳諦聽。無論出聲默念，皆須念從心起，聲從口出，音從耳入。心口念得清清楚楚，耳根聽得清清楚楚。如是攝心，念自息矣。如或由湧妄波，即用十念記數（從一句至十句念，須念得分明，記得分明。至十句已，又須從一句至十句念，隨念隨記，不可掐珠，惟憑心記。）全心力量，施於一聲佛號。雖欲起妄，力不暇及，此乃攝心念佛之妙法。（印光大師嘉言錄）

十三、十頂念佛

近來一輩善講西方，善勸功課者，皆一曾做度悶決工夫，到得死來，便自失守，致手忙腳亂者多矣。我人不可不知此弊也。若要脫得此弊，除是大勇猛人，照佛經所云「一心不亂」，蓋我佛所親指極則功夫。不過執持四字佛名，一句頂一句，一聲追一聲，如猛將提刀捉賊相似，努力直前，無少憩息。如此𥡳程，定然能射馬擒王者。……只在追頂極力四字上成功耳。（三峯禪師法語，載「淨土津要」）

十四、併耳念佛

念佛宗旨，本爲攝心專注一境，令散亂心漸成片段，乃至一心不亂。若欲達此目的，必須將阿彌陀佛四字洪名，字字都念的淸淸楚楚，聽的明明白白。但耳根對聲塵，須由聽力強銳，方能格外淸晰。併耳者，卽合併兩耳根的聽力，用在一個耳根上。試看古人射箭，今人放槍，當他瞄準時，皆閉一目。用一眼，視力格外分明，而聽力亦復如是。律航初學此法時，先將右耳聽力，作意併在左耳，聽一百聲。再將左耳聽力，併在右耳，聽一百聲。然後兩耳平均聽一百聲。如是循環練習，不過一月，大見功效。日久自成習慣，不必作意併耳，而自然併耳矣。經云：「此方眞敎體，淸淨在音聞。」則持名念佛者，誠不可不加強聽力。（民國，律航法師述編「念佛入門白話解」）

十五、往生須知

凡人臨終之時，卽是善道惡道聖道分判之時。臨終最後念佛的一念，爲生西關鍵，最爲切要。故助念一事，爲淨業行者臨命終時，助成往生西方的大事因緣。行人眞信切願，懇切念佛求生的心，是自力的因。阿彌陀佛四十八願，普度一切衆生，以及淨侶開導，善友助念，皆是他力的緣。因緣和合，感應道交，決定往生西方極樂世界。

醫藥罔效，病篤之時，家屬不可悲哀啼哭，致增情愛牽連煩惱痛苦，而迷失正念，不得往生。宜請善友作簡明開導，和安慰讚歎。勸其放下一切，專聽念佛，心生歡喜，自己隨聲一心念佛，求生西方。

若已停止呼吸，須加緊高聲助念四字佛號，使神識自耳根聽得句句分明，令其念念靠定這句阿彌陀佛。仰仗佛的願力，求生西方去。直至命終最後念佛的一念心，隨着所念的阿彌陀佛，以及來迎的聖衆，於一念頃，生極樂國。

亡人雖已斷氣，但神識尚未離開身體，故仍有知覺。八小時內，不可隨便探其暖熱。更不可搬動或爲其沐浴更衣，致因痛苦而貽誤往生大事。

亡人的昇沉責任，全在家屬身上。生西之後，家屬在四十九天之內，應吃素念佛，請僧超薦作功德事，爲亡者消除業障，增高蓮品，以表孝思，以盡孝道。（余定熙輯「念佛精簡提要」）

十六、往生障礙實例

江味農老居士云：我親臨助念送終，不知凡幾回。有一次，應居士德閎疾革，眷屬早皆明理，同聲念佛不哭泣。我與衆道友助念，應居士亦安詳隨念。臨欲命終，忽其胞弟闖入，對應言：「有某一筆帳未清。」應言：「早已算結」，顏色遽變，卽氣絕，而功敗垂成。又有汪居士，自知時至，邀余等往爲助念。値食頃，余等出旁室吃飯。汪大聲謂：「佛來也！西方境界現前了！好看極了！」余等急趨進念佛。不意其姨太太忽握其臂，大哭大嚷道：「你去了，叫我那裏能過呢？」汪卽應聲云：「我寫遺囑。」忽瞪視云：「不好了，佛不見了，眼前墨黑！」就嗚呼哀哉了。江老居士又言：「這皆是多生以來的冤對，當緊要關頭來障道。所以修淨土行，信願行三資糧外，還要加一懺悔。須是懇切至誠，涕淚悲泣，消除無始來惡業，超脫多刼的冤對，臨終才無障礙。」（鄭因達居士作「訪江味農老居士備忘記」，載樹刊二三五期）

緊要關頭

全書編校竟，尚有餘白，爰再另選古德法語五則於後，暮鼓晨鐘，互資惕勵。

一、古之學者，賓主相見，纔入門，便以此一大事因緣，遞相研究。今群居雜談，率多世諦，漫遊千里，靡涉參詢。遐哉古風，不可復矣。悲夫。（蓮池大師著「竹窗隨筆」）

二、古人貴實證者，直欲於生死法中，親切勘破而已，非別有奇突處。（憨山大師集）

三、不為生死，決不能發起大心。不發大心，決不能開發正眼。（蕅益大師集）

四、看教，貴精不貴多，一部中精研妙義，徹骨徹髓，自然旁通眾典，勢如破竹。（同上）

五、禪宗用心，務須離心離識。教下修觀，亦要絕慮絕思。即如淨土，最極方便，也要一心不亂，始能成就。（諦閑大師語錄，上堂法語）

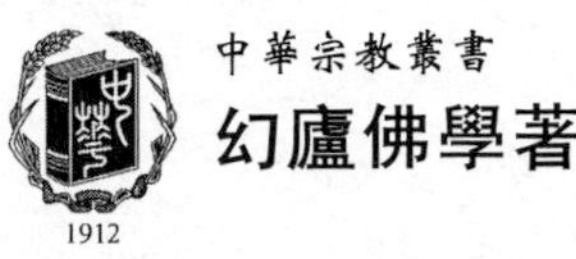

中華宗教叢書

幻廬佛學著述三種

作　　者／周曉安　著述
主　　編／劉郁君
美術編輯／臺灣中華書局編輯部

出 版 者／臺灣中華書局股份有限公司
發 行 人／張敏君
行銷經理／王新君
地　　址／11494 臺北市內湖區舊宗路二段181巷8號5樓
客服專線／02-8797-8396　　傳　　真／02-8797-8909
網　　址／www.chunghwabook.wordpress.com
匯款帳號／兆豐國際商業銀行　東內湖分行
　　　　　067-09-311980　臺灣中華書局股份有限公司

法律顧問／安侯法律事務所
印刷公司／秀威資訊科技股份有限公司
版　　本／1973年5月初版
　　　　　2015年4月再版
定　　價／NTD 529

國家圖書館出版品預行編目（CIP）資料

幻廬佛學著述三種 / 周曉安著述. -- 再版. --
臺北市 : 臺灣中華, 2015.04
面 ; 公分. -- (中華宗教叢書)
ISBN 978-957-43-2341-8(平裝)

1.佛教

220　　　　104005050

NO.C0004
ISBN 978-957-43-2341-8